出る順 宅建士

2022年版

合格のLEC

Deru-jun Takkenshi

ウォーク問 過去問題集

① 権利関係

はしがき

　本書は，宅建士試験合格のためのテキスト「出る順宅建士 合格テキスト」の姉妹本の過去問題集として1988年に発刊され，多くの受験者の皆様から支持されてきました。過去に出題された問題を単に並べるのではなく，同じ項目ごとに出題された問題を編集し，同じ項目に関する問題を連続して解き，その項目に関する知識が完全に理解できるようにしています。さらに，2021年（10月試験）の出題傾向を踏まえ，確実に試験に合格できるよう，下記のような工夫をしています。

① 「出る順宅建士 合格テキスト」と完全リンク

　受験勉強の王道は，「テキストを読み，問題を解き，知識を頭に入れる」ことです。これを実現するため，「出る順宅建士 合格テキスト」の暗記項目「合格ステップ」に本書の問題番号及び選択肢を記載し，1項目勉強するごとに，その項目に該当する問題を解くことができるようにしました。是非本書と合わせて，「出る順宅建士 合格テキスト」もお求めください。

② 解説に「出る順宅建士 合格テキスト」の合格ステップ及びテキスト掲載箇所を記載

　過去問を解く，といっても，全く同じ問題が出るわけではないので，正解できるか否かは問題ではありません。その問題を解くために必要な知識を覚えることが重要です。それが「出る順宅建士 合格テキスト」の暗記項目「合格ステップ」です。これを本書の選択肢ごとに記載し，その問題を通して何を暗記すればいいのか，がわかるようにしています。また，問題に該当する合格ステップが無い場合も，テキストの本文に記述があれば，その箇所を記載しています。

③ 問題ごとの重要度について特AからCまでの4段階の重要度ランクを掲載

　最近の問題は，満点をとらせないために，普通の受験者では到底勉強しないような知識が出題されることがあります。このような問題は正解できなくても合否に影響はありません。捨ててもいい問題です。これをCランクとして表示し，効率よく勉強できるようにしています。

④ 2021年（10月試験）に出題された問題を巻末に一挙収録

　変動する宅建士試験の最近の傾向を体感していただくために，最新の本試験問題をそのまま収録しました。これを連続して解くことにより，実際の試験を体感してください。

　上記のような特長のある本書を姉妹編の「出る順宅建士 合格テキスト」とともにご利用され，一人でも多くの方が合格されることを祈念します。

2021年11月吉日

　　　　　　　　　　　　　　　　　株式会社　東京リーガルマインド
　　　　　　　　　　　　　　　　　LEC総合研究所　宅建士試験部

CONTENTS

はしがき
ウォーク問・本試験問題対照表
本書の使い方
こうして使えば効果バツグン！
インターネット情報提供サービス

第1編　権利関係

意思表示	3
制限行為能力者	17
時効	23
代理	33
債務不履行・解除	53
危険負担	71
弁済	73
契約不適合責任	79
相続	95
物権変動	117
不動産登記法	135
抵当権	151
根抵当権	163
保証債務・連帯保証	167
保証債務	169
連帯保証	171
連帯債務・連帯保証	175
連帯債務	177
共有	183
建物区分所有法	191
区分所有建物の登記	205
賃貸借	207
借地借家法（借家）	217

借地借家法(借地)	239
不法行為	259
請負	275
委任	279
債権譲渡	283
地役権	289
相隣関係	291
占有権	293
留置権	295
質権	297
相殺	299
贈与	301
民法総合	303

第2編 令和3年度(10月試験)本試験問題

ウォーク問・本試験問題対照表

年 問	1991	1992	1993	1994	1995	1996	1997	1998	1999	2000
問1								① 58		
問2						① 24				
問3						① 61				
問4			① 86	① 23				① 85		
問5					① 3					
問6	① 89		① 36	① 33	① 77	① 135				① 141
問7					① 119					① 34
問8										① 130
問9		① 132				① 30				
問10							① 55			
問11										
問12										
問13	① 109									
問14										① 69
問15								① 73		
問16						① 102			③ 76	
問17								③ 31		
問18					③ 30					
問19										
問20						③ 12		③ 53	③ 55	
問21		③ 57							③ 37	
問22				③ 45				③ 39	③ 48	
問23			③ 40		③ 54	③ 58				③ 33
問24			③ 52		③ 41					③ 44
問25						③ 43	③ 51		③ 111	
問26							③ 124			
問27							③ 97		③ 132	③ 123
問28	③ 142					③ 131				
問29				③ 129						③ 148
問30		③ 127						② 35		
問31									② 36	
問32							② 29			
問33							② 46			
問34										
問35										
問36										
問37				② 34					② 76	
問38										
問39						② 48				
問40			② 47							
問41										
問42										
問43										
問44						② 65				
問45									② 31	
問46										
問47									③ 167	
問48						② 143				
問49				② 49						
問50							③ 177			

【表の読み方】 例：本試験 2011 年度問 1 出題が『① 1』であることを示し，
　　　　　　　 『① 1』は「ウォーク問 ①権利関係」の問 1 を表す。

年 問	2001	2002	2003	2004	2005	2006	2007	2008	2009	2010
問1	① 93	① 6	① 9				① 5			
問2						① 22		① 25	① 66		① 16
問3		① 146		① 65	① 18			① 21	① 11	① 13
問4	① 88			① 26		① 91				① 64
問5	① 63	① 148					① 129			
問6						① 137	① 60	① 87		
問7										
問8			① 142				① 82	① 38	① 28	① 83
問9		① 45		① 32				① 46	① 150	① 31
問10		① 139	① 40				① 35		① 39	① 51
問11			① 106			① 133	① 41			① 126
問12		① 50			① 52	① 54	① 56			
問13	① 113	① 128		① 110	① 120		① 127	① 125	① 96	① 100
問14						① 118			① 70	
問15				① 72					③ 81	③ 75
問16				③ 80	① 67					③ 7
問17		③ 1			③ 82				③ 18	
問18	③ 13			③ 15	③ 17	③ 10		③ 28		
問19	③ 19		③ 23		③ 3		③ 24	③ 21	③ 63	③ 35
問20	③ 46	③ 34		③ 64		③ 16		③ 38		
問21				③ 65	③ 50			③ 36	③ 103	
問22						③ 42	③ 70			③ 93
問23		③ 88	③ 84	③ 107				③ 98	③ 143	
問24	③ 113	③ 114				③ 104	③ 96		③ 139	③ 116
問25					③ 92					
問26							③ 130	③ 133		② 3
問27	③ 140	③ 141					③ 137		② 13	
問28	③ 119		③ 122	③ 134		③ 121	③ 117		② 18	
問29	③ 157	③ 151							② 33	
問30		② 4	② 1		② 7			② 50	② 52	
問31		② 39					② 37			
問32					② 51		② 2			
問33			② 32					② 45		② 77
問34	② 137									② 100
問35		② 40			② 120					② 90
問36										② 93
問37							② 58	② 95	② 128	
問38							② 138			
問39		② 154	② 113	② 71						② 123
問40								② 129	② 140	
問41									② 145	
問42	② 158							② 11		
問43									② 24	
問44								② 67		
問45		② 110	② 136		② 61					
問46										
問47										③ 171
問48										
問49									③ 174	
問50					③ 173					③ 182

ウォーク問・本試験問題対照表

問\年	2011	2012	2013	2014	2015	2016	2017	2018	2019	2020(10月)
問1	① 1						① 17	① 7	① 59	① 145
問2			① 8		① 4	① 10	① 152	① 19		
問3	① 94				① 107			① 151	① 44	
問4	① 81	① 20	① 147		① 15	① 76		① 14		① 105
問5	① 143						① 43	① 154		① 140
問6		① 62			① 78	① 42	① 57	① 79		① 2
問7		① 75		① 104					① 37	① 84
問8		① 29	① 155		① 27	① 103	① 90	① 153	① 138	
問9		① 134	① 136				① 49	① 149		
問10		① 48	① 53			① 47	① 80			① 12
問11	① 121	① 124	① 112		① 108	① 122			① 123	
問12				① 111	① 115	① 117		① 116	① 114	
問13		① 95					① 97	① 98	① 99	① 101
問14						① 71		① 68		① 74
問15	③ 74		③ 32	③ 5	③ 22	③ 78	③ 85		③ 2	
問16	③ 6	③ 27	③ 11	③ 14		③ 8	③ 29	③ 4	③ 9	③ 26
問17	③ 20		③ 49	③ 68	③ 56	③ 25				③ 60
問18	③ 47	③ 69	③ 66		③ 72		③ 59		③ 61	
問19	③ 67	③ 71	③ 108				③ 73	③ 62	③ 106	③ 109
問20		③ 110	③ 102	③ 101	③ 100	③ 105				
問21			③ 83		③ 77	③ 95	③ 94	③ 99	③ 86	③ 91
問22	③ 90	③ 89		③ 112	③ 87		③ 115			
問23	③ 138	③ 128	③ 135	③ 144	③ 146	③ 136		③ 145		
問24		③ 120			③ 126				③ 125	③ 118
問25	③ 150	③ 156	③ 152		③ 153	③ 154	③ 149	③ 155	③ 147	
問26	② 8	② 16	② 22	② 5		② 151	② 146			
問27			② 60		② 14	② 78		② 107	② 139	② 83
問28	② 41	② 86	② 81	② 25	② 73		② 157	② 155		
問29		② 74	② 144	② 59					② 150	② 75
問30	② 54							② 147	② 82	② 149
問31			② 99	② 127					② 72	② 97
問32		② 142		② 80			② 53			
問33		② 55		② 117	② 148				② 63	
問34	② 106	② 118	② 115	② 88	② 122		② 108	② 105		② 27
問35			② 102				② 10	② 94		
問36	② 85	② 42	② 135				② 21		② 103	② 68
問37					② 84			② 114	② 130	
問38			② 124			② 43	② 104	② 116	② 111	
問39	② 126	② 121	② 69		② 125		② 70	② 91	② 89	
問40				② 98	② 119	② 56				
問41		② 141	② 12	② 160	② 109	② 156	② 96	② 9	② 92	② 87
問42		② 23	② 152			② 101		② 38		
問43	② 66	② 62	② 20		② 153		② 79	② 57	② 15	
問44			② 44		② 26	② 112	② 17	② 64	② 28	
問45				② 134	② 131				② 132	② 133
問46		③ 162	③ 159	③ 160			③ 161			③ 158
問47	③ 168	③ 165	③ 166	③ 163			③ 170	③ 164		
問48										
問49			③ 176	③ 178			③ 175		③ 172	
問50	③ 183		③ 179		③ 184	③ 181	③ 185	③ 180		

【表の読み方】 例：本試験 2011 年度問 1 出題が『① 1 』であることを示し，
『① 1 』は「ウォーク問 ①権利関係」の問 1 を表す。

年 問	2020 (12月)	2021 (10月)
問1	① 131	① 156
問2		① 157
問3		① 158
問4		① 159
問5		① 160
問6		① 161
問7		① 162
問8		① 163
問9	① 144	① 164
問10	① 92	① 165
問11		① 166
問12		① 167
問13		① 168
問14		① 169
問15		③ 186
問16		③ 187
問17		③ 188
問18		③ 189
問19		③ 190
問20		③ 191
問21		③ 192
問22	③ 79	③ 193
問23		③ 194
問24		③ 195
問25		③ 196
問26		② 161
問27		② 162
問28		② 163
問29	② 159	② 164
問30		② 165
問31	② 19	② 166
問32		② 167
問33		② 168
問34		② 169
問35		② 170
問36		② 171
問37		② 172
問38		② 173
問39		② 174
問40		② 175
問41		② 176
問42		② 177
問43	② 30	② 178
問44	② 6	② 179
問45		② 180
問46		③ 197
問47	③ 169	③ 198
問48		③ 199
問49		③ 200
問50		③ 201

本書の使い方

◆問題文

重要度ランク

直近3年間の試験における出題を分析し、全問に重要度ランクを表記しています。

特Aランク
最も重要な問題。

Aランク
かなり重要な問題。

Bランク
まあまあ重要な問題

Cランク
参考程度の問題

●第1編 権利関係

意思表示

問 1 A所有の甲土地につき、AとBとの間で売買契約が締結された場合における次の記述のうち、民法の規定及び判例によれば、正しいものはどれか。

❶ Bは、甲土地は将来地価が高騰すると勝手に思い込んで売買契約を締結したところ、実際には高騰しなかった場合、相手方に表示していなくとも、動機の錯誤を理由に本件売買契約を取り消すことができる。

❷ Bは、第三者であるCから甲土地がリゾート開発される地域内になるとだまされて売買契約を締結した場合、AがCによる詐欺の事実を知っていたとしても、Bは本件売買契約を詐欺を理由に取り消すことはできない。

❸ AがBにだまされたとして詐欺を理由にAB間の売買契約を取り消した後、Bが甲土地をAに返還せずにDに転売してDが所有権移転登記を備えても、AはDから甲土地を取り戻すことができる。

❹ BがEに甲土地を転売した後に、AがBの強迫を理由にAB間の売買契約を取り消した場合には、EがBによる強迫につき知らなかったときであっても、AはEから甲土地を取り戻すことができる。

(本試験 2011 年問1改題)

LEC東京リーガルマインド 2022年版出る順宅建士 ウォーク問過去問題集①権利関係

問題文

過去の出題の中で、本年度の試験対策に不可欠な問題だけを厳選し、収録しました。問題文末尾に、出題された年度と問番号があります。なお、法改正等に対応してかたちを変えた問題は、「改題」として掲載しています。

チェックボックス

1回問題を解くごとに、日付や結果を記入しましょう。試験前には、2回以上間違えた問題を解くというような使い方もできます。

本書は、本年度の試験対策に必要不可欠の過去問を厳選し、収録しています。収録問題を何度も徹底的に学習することで、本試験を突破するための実力がつきます！

◆解説文

合格者正解率 **98.2%** ｜ 不合格者正解率 **89.0%**
受験者正解率 **93.8%**

☆❶ **誤** 動機の錯誤は相手方に表示していなければ、取り消すことはできない。

　意思表示は、表示の錯誤又は動機の錯誤に基づくものであって、それが法律行為の目的及び取引上の社会通念に照らして重要なものであり（民法95条1項）、表意者に重大な過失がなかったとき（民法95条3項柱書）は、取り消すことができる。しかし、動機の錯誤は、その事情が法律行為の基礎とされていることが表示されていたときに限り、取り消すことができる（民法95条2項）。Bは、甲土地の地価が将来高騰することが勝手に思い込んでいるにすぎず、法律行為の基礎とされていることが表示されていない。よって、本肢は誤り。

☆❷ **誤** 相手方が悪意であるから、取り消すことができる。

　相手方に対する意思表示について第三者が詐欺を行った場合においては、相手方がその事実を知り、又は知ることができたときに限り、その意思表示を取り消すことができる（民法96条2項）。したがって、相手方であるAが第三者Cによる詐欺の事実を知っていた場合には、Bは、本件売買契約を詐欺を理由に取り消すことが……

☆❸ **誤** 登記を備えた取消し後の第三者には対抗することができない。　　　　　　　　　　　　　　　　　ステップ46

……者との優劣は登記の先後によって決する（民法177条　　判例）。したがって、Aは、取消し後に甲土地を取得して登記……備えたDに対して、甲土地の所有権を対抗することができず、……はDから甲土地を取り戻すことはできない。よって、本肢は誤り。

☆❹ **正** ……による意思表示は、取り消すことができ（民法96条1項）、こ……取消しは、詐欺の場合と異なり、取消……無過失の第三……に対しても対抗することができる（民……96条3項反対解釈）。したがって、Aは、EがBによる強迫を知……なかったときであっても、Eに対して甲土地の所有権を対抗することができ、Eから……土地を取り戻すことができる。よって、本肢は正しく、本問の……解肢となる。

4　LEC東京……ーガルマインド　2022年版出る順宅建士 ウォーク問過……問題集①権利関係

正解率

LECでは2000年以降、多くの受験者の皆様に解答番号の再現をお願いし、問題ごとの正解率を出しています。合格者正解率が70％以上の問題は確実に正解できるようにしましょう。

※2021年（令和3年度）10月試験の問題の正解率は、合格発表後に、「Myページ」で公開します。詳しくは「インターネット情報提供サービス」のページをご覧ください。

『合格テキスト』とのリンク

出題知識の復習が出来るよう、『合格テキスト』の関連箇所、「合格ステップ」の番号を併記しています。詳しくは次頁参照。

☆マーク

近年の本試験問題の傾向分析から、重要な肢には☆印を付けました。

一言解説

誤りの選択肢には、「どこが誤っているのか」が一目で分かるように「一言解説」を入れました。「一言解説」だけで理解できれば、効率のよい学習が可能になります！

こうして使えば効果バツグン!

1 合格テキストに完全対応!

解説右側にある「ステップ番号」、「項目番号」は、『合格テキスト』に完全対応しています。本書と併用していただくことで、理解を深めることが可能です。例えば、 ステップ15 は、『合格テキスト』の「合格ステップ15」、制1-5-5 は、章、項目番号等へのリンクを表しています。

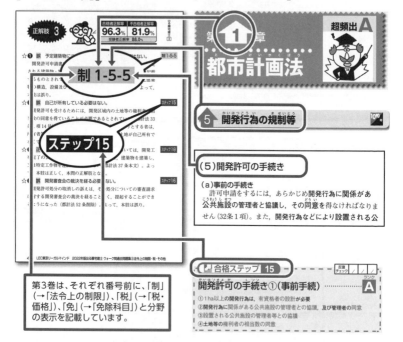

2 直近3年間の出題を分野ごとに分析！

実際に出題された試験問題のうち、直近3年間の出題を分野ごとにまとめました。この「最近の出題傾向」表で、直近3年間の出題傾向を把握し、効率的な問題練習をしましょう！

最近の出題傾向

	2019	2020(10月)	2020(12月)	2021(10月)		2019	2020(10月)	2020(12月)	2021(10月)
意思表示	○	○			不動産登記法	○	○	○	○
制限行為能力者				○	抵当権・根抵当権	○			
時効	○	○	○	○	保証・連帯債務			○	○
代理	○		○		共有			○	

3 いつでもどこでも『ウォーク問』！

持ち運び便利なハンディタイプのため、ちょっとした空き時間や外出先等、いつでもどこでも学習できます。通勤・通学電車の中やスキマ時間に、1問2分ぐらいと決めて、実戦感覚を養いましょう。

4 貼り合わせてオリジナル本にも！

本書は、オモテ面に問題文、ウラ面に解説文を配置した1枚完結型問題集です。できなかった問題だけを切り離して、直前期に集中して問題練習に取り組んだり、『合格テキスト』の同じ項目のページに貼り合わせて、あなただけのオリジナル対策本を作ることも可能です。

5 「実力判断模試」にチャレンジしよう！

『ウォーク問』を一通り終えた方は、本試験を想定した総合問題である「実力診断模試」にチャレンジしてみましょう。
本試験をシュミレートするとともに、個人成績表で受験者中の自分の順位を把握することができます。自身の弱点を発見し、本試験までにぜひ克服しましょう。

※2022年向け「実力診断模試」は、6月実施予定です。弊社ホームページよりお申込みください。

インターネット情報提供サービス

登録無料

お届けするフォロー内容

- **12月本試験 問題&解説**
- **法改正情報**
- **宅建NEWS（統計情報）**

アクセスして試験に役立つ最新情報を手にしてください。

登録方法
情報閲覧にはLECのMyページ登録が必要です。

LEC東京リーガルマインドのサイトにアクセス
https://www.lec-jp.com/

↓

» Myページ ログイン をクリック

↓

Myページ ID・会員番号をお持ちの方	Myページお持ちでない方 LECで初めてお申込頂く方
Myページログイン	**Myページ登録**

必須

Myページ内 希望資格として **宅地建物取引士** を選択して、  をクリックしてください。

ご選択頂けない場合は、情報提供が受けられません。
また、ご登録情報反映に半日程度時間を要します。しばらく経ってから再度ログインをお願いします（時間は通信環境により異なる可能性がございます）。

※サービス提供方法は変更となる場合がございます。その場合もMyページ上でご案内いたします。
※インターネット環境をお持ちでない方はご利用いただけません。ご了承ください。
※上記の図は、登録の手順を示すものです。Webの実際の画面と異なります。

注目 本書ご購入者のための特典

① 2021年度12月本試験問題&解説（2022年3月下旬公開予定）
② 2022年法改正情報（2022年8月下旬公開予定）
③ 2022年「宅建NEWS」（2022年5月中旬と8月下旬に公開予定）

〈注意〉上記情報提供サービスは、2022年宅建士試験前日までとさせていただきます。予めご了承ください。

お得情報!
LECの講座が無料で受講できます!

LECの講座に興味があるけど、なかなか受講料が高くて始めるのに迷っている方におススメの制度です。

【対象講座】

2022年合格目標

スーパー合格講座

【通学講座】各科目(「権利関係」・「宅建業法」・「法令上の制限・税・その他」)の1回目、各2.5時間
【通信講座】「権利関係」の1回目〜3回目、各2.5時間

通学講座 無料体験入学

LEC各本校で上記の講座を無料で体験できます。実施校・スケジュール等の詳細につきましてはLECコールセンターへお問い合わせいただくか、LEC宅建士ホームページをご覧ください。

通信講座 お試しWeb受講

(2021年12月上旬から順次UP予定)

【受講方法】 https://www.lec-jp.com/

↓

インフォメーション一覧

おためしWeb受講制度

↓

対象講座・対象クラス一覧

宅地建物取引士

↓

おためしWeb受講利用申込

第1編
権利関係

最近の出題傾向

	2019	2020(10月)	2020(12月)	2021(10月)		2019	2020(10月)	2020(12月)	2021(10月)
意思表示	○	○	○		不動産登記法	○	○	○	○
制限行為能力者				○	抵当権・根抵当権	○			
時効	○	○	○		保証・連帯債務		○		○
代理	○		○		共有			○	
債務不履行・解除		○	○		建物区分所有法	○	○	○	○
危険負担					賃貸借	○	○		○
弁済	○				借地借家法(借家)	○	○	○	○
契約不適合責任	○		○	○	借地借家法(借地)	○	○	○	○
相続	○	○	○	○	不法行為	○		○	○
物権変動	○				民法～その他～	○	○	○	○

●第1編　権利関係

意思表示

重要度 特A

問 1

A所有の甲土地につき，AとBとの間で売買契約が締結された場合における次の記述のうち，民法の規定及び判例によれば，正しいものはどれか。

❶ Bは，甲土地は将来地価が高騰すると勝手に思い込んで売買契約を締結したところ，実際には高騰しなかった場合，相手方に表示していなくとも，動機の錯誤を理由に本件売買契約を取り消すことができる。

❷ Bは，第三者であるCから甲土地がリゾート開発される地域内になるとだまされて売買契約を締結した場合，AがCによる詐欺の事実を知っていたとしても，Bは本件売買契約を詐欺を理由に取り消すことはできない。

❸ AがBにだまされたとして詐欺を理由にAB間の売買契約を取り消した後，Bが甲土地をAに返還せずにDに転売してDが所有権移転登記を備えても，AはDから甲土地を取り戻すことができる。

❹ BがEに甲土地を転売した後に，AがBの強迫を理由にAB間の売買契約を取り消した場合には，EがBによる強迫につき知らなかったときであっても，AはEから甲土地を取り戻すことができる。

（本試験 2011 年問 1 改題）

正解肢 4

合格者正解率 **98.2%** | 不合格者正解率 **89.0%**
受験者正解率 **93.8%**

☆❶ **誤** 動機の錯誤は相手方に表示していなければ，取り消すことはできない。 ステップ5

意思表示は，表示の錯誤又は動機の錯誤に基づくものであって，それが法律行為の目的及び取引上の社会通念に照らして重要なものであり（民法95条1項），表意者に重大な過失がなかったとき（民法95条3項柱書）は，取り消すことができる。しかし，動機の錯誤は，その事情が法律行為の基礎とされていることが表示されていたときに限り，取り消すことができる（民法95条2項）。Bは，甲土地の地価が将来高騰すると勝手に思い込んでいるにすぎず，法律行為の基礎とされていることが表示されていない。よって，本肢は誤り。

☆❷ **誤** 相手方が悪意であるから，取り消すことができる。 ステップ2

相手方に対する意思表示について第三者が詐欺を行った場合においては，相手方がその事実を知り，又は知ることができたときに限り，その意思表示を取り消すことができる（民法96条2項）。したがって，相手方であるAが第三者Cによる詐欺の事実を知っていた場合には，Bは，本件売買契約を詐欺を理由に取り消すことができる。よって，本肢は誤り。

☆❸ **誤** 登記を備えた取消し後の第三者には対抗することができない。 ステップ46

詐欺によって契約を取り消した者と取消し後に物権を取得した者との優劣は登記の先後によって決する（民法177条，判例）。したがって，Aは，取消し後に甲土地を取得して登記を備えたDに対して，甲土地の所有権を対抗することができず，AはDから甲土地を取り戻すことはできない。よって，本肢は誤り。

☆❹ **正** 強迫による意思表示は，取り消すことができ（民法96条1項），この取消しは，詐欺の場合と異なり，取消し前の善意無過失の第三者に対しても対抗することができる（民法96条3項反対解釈）。したがって，Aは，EがBによる強迫を知らなかったときであっても，Eに対して甲土地の所有権を対抗することができ，Eから甲土地を取り戻すことができる。よって，本肢は正しく，本問の正解肢となる。 ステップ3

●第1編　権利関係

意思表示

重要度 B

問 2

AとBとの間で令和4年7月1日に締結された売買契約に関する次の記述のうち、民法の規定によれば、売買契約締結後、AがBに対し、錯誤による取消しができるものはどれか。

❶ Aは、自己所有の自動車を100万円で売却するつもりであったが、重大な過失によりBに対し「10万円で売却する」と言ってしまい、Bが過失なく「Aは本当に10万円で売るつもりだ」と信じて購入を申し込み、AB間に売買契約が成立した場合

❷ Aは、自己所有の時価100万円の壺を10万円程度であると思い込み、Bに対し「手元にお金がないので、10万円で売却したい」と言ったところ、BはAの言葉を信じ「それなら10万円で購入する」と言って、AB間に売買契約が成立した場合

❸ Aは、自己所有の時価100万円の名匠の絵画を贋作だと思い込み、Bに対し「贋作であるので、10万円で売却する」と言ったところ、Bも同様に贋作だと思い込み「贋作なら10万円で購入する」と言って、AB間に売買契約が成立した場合

❹ Aは、自己所有の腕時計を100万円で外国人Bに売却する際、当日の正しい為替レート（1ドル100円）を重大な過失により1ドル125円で計算して「8,000ドルで売却する」と言ってしまい、Aの錯誤について過失なく知らなかったBが「8,000ドルなら買いたい」と言って、AB間に売買契約が成立した場合

（本試験 2020年10月問6出題）

正解肢 3

合格者正解率 83.0% | 不合格者正解率 59.5%
受験者正解率 73.3%

☆❶ **できない** 表意者に重大な過失があれば錯誤による取消しはできない。

錯誤が表意者の重大な過失によるものであった場合には，原則として，錯誤による取消しができない（民法95条3項柱書）。ただし，相手方が表意者に錯誤があることを知り又は重大な過失によって知らなかった場合は，錯誤による取消しができる（民法95条3項1号，1項）。本肢の場合，Aの錯誤は重大な過失によるものであり，BはAの「10万円で売却する」との意思表示を過失なく信じている。よって，本肢は錯誤による取消しができない。

☆❷ **できない** 基礎とした事情が，相手方に表示されていたときには，錯誤による取消しができる。

意思表示の動機に錯誤がある場合，表意者が法律行為の基礎とした事情を相手方に表示した場合には，その意思表示を取り消すことができる（民法95条2項）。本肢の場合，Aは，法律行為の基礎とした事情をBに表示していない。よって，本肢は錯誤による取消しができない。

☆❸ **できる** 肢2の解説で述べたように，動機の錯誤の場合，表意者が法律行為の基礎とした事情を相手方に表示しているときは，その意思表示を取り消すことができる（民法95条2項）。本肢の場合，Aは，名匠の絵画を贋作と思い込み，その旨をBに表示して売却している。よって，本肢は錯誤による取消しができ，本問の正解肢となる。なお，Aに重大な過失があった場合でも，Bが表意者と同一の錯誤に陥っているので，Aは，錯誤による取消しができる（民法95条3項2号，1項）。

☆❹ **できない** 表意者に重大な過失があれば錯誤による取消しができない。

①で述べたように，表意者に重大な過失がある場合でも，相手方が表意者に錯誤があることを知り又は重大な過失によって知らなかったときは，錯誤による取消しができる（民法95条3項1号）。本肢の場合，Aの錯誤は重大な過失によるものであり，BはAの「8,000ドルで売却する」との意思表示を過失なく知らなかった。よって，本肢は錯誤による取消しができない。

●第1編 権利関係

意思表示

問 3

A所有の土地について、AがBに、BがCに売り渡し、AからBへ、BからCへそれぞれ所有権移転登記がなされた場合に関する次の記述のうち、民法の規定によれば、正しいものはどれか。

❶ Cが移転登記を受ける際に、AB間の売買契約がBの詐欺に基づくものであることを知らず、かつ過失がなかった場合で、当該登記の後にAによりAB間の売買契約が取り消されたとき、Cは、Aに対して土地の所有権の取得を対抗できる。

❷ Cが移転登記を受ける際に、AB間の売買契約が公序良俗に反し無効であることを知らなかった場合、Cは、Aに対して土地の所有権の取得を対抗できる。

❸ Cが移転登記を受ける際に、AB間の売買契約に解除原因が生じていることを知っていた場合で、当該登記の後にAによりAB間の売買契約が解除されたとき、Cは、Aに対して土地の所有権の取得を対抗できない。

❹ Cが移転登記を受ける際に、既にAによりAB間の売買契約が解除されていることを知っていた場合、Cは、Aに対して土地の所有権の取得を対抗できない。

(本試験 1996 年問 5 改題)

☆❶ 正　詐欺による取消しは，善意かつ無過失の第三者に対抗することができない（民法96条3項）。Cは，AB間の売買契約がBの詐欺に基づくものであることを知らず，かつ過失がなかったのであるから善意無過失の第三者にあたる。したがって，Aに対して土地の所有権の取得を対抗することができる。よって，本肢は正しく，本問の正解肢となる。

ステップ2

☆❷ 誤　公序良俗違反である以上，第三者CはAに対抗できない。
　公序良俗に反する法律行為は無効であり（民法90条），第三者との関係においても無効となる。したがって，Cは，AB間の売買契約が無効であることを知らなかったとしても，Aに土地の所有権の取得を対抗できない。よって，本肢は誤り。

1-7

☆❸ 誤　登記を備えた解除前の第三者Cは，Aに対抗できる。
　当事者の一方がその解除権を行使した場合，各当事者は，互いに原状回復義務を負うことになるが，第三者の権利を害することはできない（民法545条1項但書）。ここで，第三者が保護されるためには，第三者が対抗要件を備えていることが必要である（判例）。したがって，登記を備えているCは，登記移転の際にAB間の売買契約に解除原因があることを知っていたとしても保護され，Aに対して土地の所有権の取得を対抗できる。よって，本肢は誤り。

ステップ30
ステップ46

☆❹ 誤　登記を備えた解除後の第三者Cは，Aに対抗できる。
　契約を解除した者と解除後に所有権を取得した第三者との優劣は登記で決する（民法177条，判例）。なぜなら，解除による所有権の復帰と第三者への所有権の移転は二重譲渡と同様の関係にあると考えられるからである。そして，不動産の二重譲渡においては，悪意であっても，先に登記を備えた者が優先する（判例）。Cは，登記移転の際にAB間の売買契約が解除されていることを知っているが，登記を受けている以上，Aに土地の所有権の取得を対抗できる。よって，本肢は誤り。

ステップ46

●第1編 権利関係

意思表示

問 4

Aは、その所有する甲土地を譲渡する意思がないのに、Bと通謀して、Aを売主、Bを買主とする甲土地の仮装の売買契約を締結した。この場合に関する次の記述のうち、民法の規定及び判例によれば、誤っているものはどれか。なお、この問において「善意」又は「悪意」とは、虚偽表示の事実についての善意又は悪意とする。

❶ 善意のCがBから甲土地を買い受けた場合、Cがいまだ登記を備えていなくても、AはAB間の売買契約の無効をCに主張することができない。

❷ 善意のCが、Bとの間で、Bが甲土地上に建てた乙建物の賃貸借契約（貸主B、借主C）を締結した場合、AはAB間の売買契約の無効をCに主張することができない。

❸ Bの債権者である善意のCが、甲土地を差し押さえた場合、AはAB間の売買契約の無効をCに主張することができない。

❹ 甲土地がBから悪意のCへ、Cから善意のDへと譲渡された場合、AはAB間の売買契約の無効をDに主張することができない。

(本試験 2015 年問 2 出題)

正解肢 2

合格者正解率 56.8%
不合格者正解率 34.8%
受験者正解率 49.3%

☆❶ 正 虚偽表示に基づく契約は無効である（民法94条1項）。もっとも，虚偽表示について善意の「第三者」には契約の無効を対抗できない（民法94条2項）。ここにいう「第三者」（民法94条2項の第三者）とは，当事者及び包括承継人以外の者で，虚偽表示による法律行為の存在を前提として新たな利害関係を有するに至った者を指す。そして，第三者として保護されるために登記を備えることは不要である（判例）。本肢のCは仮装譲受人からの譲受人であるため，民法94条2項の「第三者」に該当する。したがって，AはCに無効を主張できない。よって，本肢は正しい。

❷ 誤 Aは，AB間の売買契約の無効をCに主張できる。

甲土地の仮装譲受人Bから，Bが甲土地上に建てた乙建物を借り受けたCは，甲土地について法律上の利害関係を有しない（判例）。したがって，Cは民法94条2項の「第三者」に該当せず，AはAB間の売買契約の無効をCに主張できる。よって，本肢は誤りであり，本問の正解肢となる。

❸ 正 仮装譲受人の債権者が，虚偽表示による売買の目的物である土地を差し押さえた場合には，虚偽表示に基づく法律関係を前提とした利害関係を有するといえる。本肢のCは民法94条2項の「第三者」に該当する。したがって，AはAB間の売買契約の無効をCに主張できない（判例）。よって，本肢は正しい。

☆❹ 正 虚偽表示による売買の目的物の転得者も民法94条2項の「第三者」に該当する（判例）。したがって，AはAB間の売買契約の無効を善意のDに対して主張できない。よって，本肢は正しい。

●第1編　権利関係

意思表示

問 5

A所有の甲土地についてのＡＢ間の売買契約に関する次の記述のうち，民法の規定及び判例によれば，正しいものはどれか。

❶ Aは甲土地を「1,000万円で売却する」という意思表示を行ったが当該意思表示はAの真意ではなく，Bもその旨を知っていた。この場合，Bが「1,000万円で購入する」という意思表示をすれば，ＡＢ間の売買契約は有効に成立する。

❷ ＡＢ間の売買契約が，AとBとで意を通じた仮装のものであったとしても，Aの売買契約の動機が債権者からの差押えを逃れるというものであることをBが知っていた場合には，ＡＢ間の売買契約は有効に成立する。

❸ Aが第三者Cの強迫によりBとの間で売買契約を締結した場合，Bがその強迫の事実を知っていたか否かにかかわらず，AはＡＢ間の売買契約に関する意思表示を取り消すことができる。

❹ ＡＢ間の売買契約が，Aが泥酔して意思無能力である間になされたものである場合，Aは，酔いから覚めて売買契約を追認するまではいつでも売買契約を取り消すことができ，追認を拒絶すれば，その時点から売買契約は無効となる。

（本試験 2007 年問 1 出題）

正解肢 3

合格者正解率 **97.7%**
不合格者正解率 **86.2%**
受験者正解率 **92.9%**

☆❶ 誤　相手方Ｂが悪意である以上，ＡＢ間の契約は無効である。　ステップ6

　表意者が，真意でないと知りつつなした意思表示も，原則として，表示どおりの効力が生じる（心裡留保，民法93条1項本文）。ただし，相手方がその意思表示が表意者の真意ではないことを知り，又は知ることができたときは，その意思表示は無効とされる（同法93条1項但書）。したがって，Ｂが悪意である以上，ＡＢ間の売買契約の意思表示は無効であり，契約は有効に成立しない。よって，本肢は誤り。

☆❷ 誤　仮装の契約である以上，ＡＢ間の契約は無効である。　ステップ4

　相手方と通じてした虚偽の意思表示は，無効である（虚偽表示，民法94条1項）。したがって，ＡＢ間の仮装契約は無効であり，契約は成立しない。よって，本肢は誤り。

☆❸ 正　強迫による意思表示は，取り消すことができる（民法96条1項）。そして，詐欺の場合と異なり，意思表示の相手方以外の第三者が強迫した場合でも，相手方が強迫の事実を知っていたか否かにかかわらず取り消すことができる（同法96条2項反対解釈）。よって，本肢は正しく，本問の正解肢となる。　ステップ3

☆❹ 誤　意思無能力者が結んだ契約は，取消しできない。　2-1-3

　意思無能力者が結んだ契約はそもそも無効である（民法3条の2）。そして，無効な行為は，取消しができる行為と異なり，追認しても効力が生じない（民法119条本文）。したがって，Ａが泥酔して意思無能力である間になされた売買契約は無効であり，追認することも，追認拒絶することもできない。よって，本肢は誤り。

●第1編 権利関係

意思表示

問 6

Aが，Bの欺罔行為によって，A所有の建物をCに売却する契約をした場合に関する次の記述のうち，民法の規定及び判例によれば，誤っているものはどれか。

❶ Aは，Bが欺罔行為をしたことを，Cが知っているとき又は知ることができたときでないと，売買契約の取消しをすることができない。

❷ AがCに所有権移転登記を済ませ，CがAに代金を完済した後，詐欺による有効な取消しがなされたときには，登記の抹消と代金の返還は同時履行の関係になる。

❸ Aは，詐欺に気が付いていたが，契約に基づき，異議を留めることなく所有権移転登記手続をし，代金を請求していた場合，詐欺による取消しをすることはできない。

❹ Cが当該建物を，詐欺について善意無過失のDに転売して所有権移転登記を済ませても，Aは詐欺による取消しをして，Dから建物の返還を求めることができる。

(本試験 2002 年問 1 改題)

正解肢 4

合格者正解率 **94.8%** 不合格者正解率 **80.4%**
受験者正解率 **88.3%**

☆**❶ 正** AはBの欺罔（ぎもう）行為，つまり詐欺によってCと売買契約を結んでいることから，いわゆる第三者の詐欺の問題である。そして，第三者の詐欺によって意思表示をした場合，その意思表示の相手方が，その詐欺の事実を知らず，又は知ることができなかったときはその意思表示を取り消すことができないが，知っていたとき又は知ることができたときは取り消すことができる（民法96条2項）。よって，本肢は正しい。 <small>ステップ2</small>

☆**❷ 正** 売買契約を詐欺を理由として取り消した場合，その契約は初めからなかったものとなるので，契約当事者は，互いに相手方に対して，すでに受け取った物を返還する義務を負う（民法121条, 121条の2第1項）。この場合における，当事者の義務は，同時履行の関係にある（判例，民法533条本文）。したがって，Cに移転された登記の抹消とAが受け取った代金の返還は，同時履行の関係になる。よって，本肢は正しい。 <small>ステップ27</small>

❸ 正 本肢のAのように，詐欺に気が付いていても，異議を留めることなく契約の全部もしくは一部の履行をし，又は相手方に履行の請求をしたときは，追認をしたものとみなされる（法定追認，民法125条1号，2号）。したがって，Aは，詐欺による取消しをすることができない。よって，本肢は正しい。 <small>1-2-1</small>

☆**❹ 誤** 詐欺による意思表示の取消しは善意かつ無過失の第三者に対抗不可。 <small>ステップ2</small>

詐欺による意思表示の取消しは，善意かつ無過失の第三者に対抗することができない（民法96条3項）。したがって，Bの詐欺を理由としてAが取消しをしても，Aは，善意無過失のDから建物の返還を求めることはできない。よって，本肢は誤りであり，本問の正解肢となる。

● 第1編　権利関係

意思表示

問 7

AがBに甲土地を売却した場合に関する次の記述のうち，民法の規定及び判例によれば，誤っているものはどれか。

❶ 甲土地につき売買代金の支払と登記の移転がなされた後，第三者の詐欺を理由に売買契約が取り消された場合，原状回復のため，BはAに登記を移転する義務を，AはBに代金を返還する義務を負い，各義務は同時履行の関係となる。

❷ Aが甲土地を売却した意思表示に錯誤があったとしても，Aに重大な過失があって取消しを主張することができない場合は，BもAの錯誤を理由として取消しを主張することはできない。

❸ AB間の売買契約が仮装譲渡であり，その後BがCに甲土地を転売した場合，Cが仮装譲渡の事実を知らなければ，Aは，Cに虚偽表示による無効を対抗することができない。

❹ Aが第三者の詐欺によってBに甲土地を売却し，その後BがDに甲土地を転売した場合，Bが第三者の詐欺の事実を過失なく知らなかったとしても，Dが第三者の詐欺の事実を知っていれば，Aは詐欺を理由にAB間の売買契約を取り消すことができる。

(本試験 2018 年問 1 出題)

正解肢 4

☆❶ **正** 詐欺に基づく取消しがあった場合，当事者の原状回復義務は同時履行になる（民法533条，判例）。第三者の詐欺による場合も同様である。よって，本肢は正しい。

ステップ27

❷ **正** 錯誤に基づく取消しの主張は，原則として表意者のみがすることができる（民法95条，判例）。したがって，表意者が錯誤に基づく取消し主張をできない場合，相手方も当該取消しの主張をすることはできない。よって，本肢は正しい。

ステップ5

☆❸ **正** 虚偽表示による意思表示の無効は，善意の第三者に対抗することができない（民法94条2項）。よって，本肢は正しい。

ステップ4

☆❹ **誤** 相手方が善意かつ無過失なので取り消すことができない。

ステップ2

　第三者が詐欺を行った場合，相手方がその事実について悪意又は有過失のとき，その意思表示を取り消すことができる（民法96条2項）。本肢の場合，相手方Bが善意かつ無過失なのでAは売買契約を取り消すことはできない。この場合，新たな買受人であるDの主観は影響しない。よって，本肢は誤りであり，本問の正解肢となる。

●第1編　権利関係

制限行為能力者

問 8 未成年者に関する次の記述のうち、民法の規定及び判例によれば、正しいものはどれか。

❶ 父母とまだ意思疎通することができない乳児は、不動産を所有することができない。

❷ 営業を許可された未成年者が、その営業のための商品を仕入れる売買契約を有効に締結するには、父母双方がいる場合、父母のどちらか一方の同意が必要である。

❸ 未成年後見人は、自ら後見する未成年者について、後見開始の審判を請求することはできない。

❹ Aが死亡し、Aの妻Bと嫡出でない未成年の子CとDが相続人となった場合に、CとDの親権者である母EがCとDを代理してBとの間で遺産分割協議を行っても、有効な追認がない限り無効である。

(本試験 2013 年問 2 改題)

正解肢 4

合格者正解率 **51.2%** | 不合格者正解率 **45.0%**
受験者正解率 **48.8%**

❶ 誤　乳児も権利能力を有しているので，不動産を所有することができる。

2-1-3

　権利能力を有する者は，所有者（民法206条）となることができる。権利能力とは権利義務の主体となり得る能力をいい，自然人（個人のこと）の場合は出生によって権利能力を取得する（民法3条1項）。したがって，父母と意思疎通ができない乳児であっても，権利能力を有し，不動産を所有することができる。よって，本肢は誤り。

☆❷ 誤　営業の範囲内の契約を結ぶ場合，父母の同意は不要である。

ステップ8

　未成年者が法律行為をするには原則として法定代理人の同意を得なければならない（民法5条1項本文）。もっとも，営業を許可された未成年者は，その営業に関して成年者と同一の行為能力を有する（民法6条1項）。つまり，許可された営業を遂行するのに必要な範囲内においては，法定代理人の同意を要しない。したがって，営業を許可された未成年者が，その営業のための商品を仕入れる売買契約を有効に締結するためには，法定代理人である父母のいずれの同意も不要である。よって，本肢は誤り。

❸ 誤　未成年後見人は後見開始の審判の請求権者である。

2-2-3

　精神上の障害により事理を弁識する能力を欠く常況にあるものについては，家庭裁判所は，未成年後見人等の請求により後見開始の審判をすることができる（民法7条）。よって，本肢は誤り。

❹ 正　親権を行う者が数人の子に対して親権を行う場合，その一人と他の子との利益が相反する行為について，その親権を行う者は，その一方のために特別代理人の選任を家庭裁判所に請求しなければならず（民法826条2項，利益相反行為），これに反する行為は無権代理行為となるから（判例），有効な追認がない限り無効となる（民法113条1項）。そして，親権者が共同相続人である数人の子を代理して遺産分割の協議をすることは，利益相反行為に当たる（判例）。したがって，母EがCとDを代理してBとの間で遺産分割協議をすることは，利益相反行為であり，特別代理人が選任されていない本肢では無権代理行為となるから，有効な追認がない限り無効である。よって，本肢は正しく，本問の正解肢となる。

4-5

18　LEC東京リーガルマインド　2022年版出る順宅建士 ウォーク問過去問題集①権利関係

●第1編　権利関係

制限行為能力者

問 9　意思無能力者又は制限行為能力者に関する次の記述のうち、民法の規定及び判例によれば、正しいものはどれか。

❶ 意思能力を欠いている者が土地を売却する意思表示を行った場合、その親族が当該意思表示を取り消せば、取消しの時点から将来に向かって無効となる。

❷ 土地を売却すると、土地の管理義務を免れることになるので、未成年者が土地を売却するに当たっては、その法定代理人の同意は必要ない。

❸ 成年被後見人が成年後見人の事前の同意を得て土地を売却する意思表示を行った場合、成年後見人は、当該意思表示を取り消すことができる。

❹ 被保佐人が保佐人の事前の同意を得て土地を売却する意思表示を行った場合、保佐人は、当該意思表示を取り消すことができる。

(本試験 2003 年問 1 改題)

合格者正解率 **83.3%** 不合格者正解率 **61.1%**
受験者正解率 **71.7%**

正解肢 3

☆❶ **誤** 意思無能力者が結んだ契約は、取消しできない。　2-1-3

意思能力を欠いている者の意思表示は、無効である（民法3条の2）。意思表示の取消しにより無効となるわけではない。よって、本肢は誤り。

☆❷ **誤** 未成年者が契約をするには、法定代理人の同意を要する。　ステップ8

未成年者が有効に売買契約を締結するためには法定代理人の同意を得なければならない（民法5条1項本文）。そして、未成年者が法定代理人の同意なしに売買契約を締結した場合、その契約は取り消すことができる（民法5条2項）。よって、法定代理人の同意が必要でないとする本肢は誤り。

☆❸ **正** 成年被後見人の法律行為は、日用品の購入その他日常生活に関する行為を除き、取り消すことができる（民法9条）。これは、成年後見人の事前の同意を得ていた場合でも同様である。そして、この取消しは、成年被後見人のみならず、成年後見人も行うことができる（民法120条1項）。よって、本肢は正しく、本問の正解肢となる。　ステップ9

☆❹ **誤** 保佐人の同意を得て結んだ契約は、取消しできない。　ステップ10

被保佐人が保佐人の同意を得て行った行為は、取り消すことはできない（民法13条4項）。よって、本肢は誤り。

●第1編　権利関係

制限行為能力者

重要度 B

問 10　制限行為能力者に関する次の記述のうち，民法の規定及び判例によれば，正しいものはどれか。

❶　古着の仕入販売に関する営業を許された未成年者は，成年者と同一の行為能力を有するので，法定代理人の同意を得ないで，自己が居住するために建物を第三者から購入したとしても，その法定代理人は当該売買契約を取り消すことができない。

❷　被保佐人が，不動産を売却する場合には，保佐人の同意が必要であるが，贈与の申し出を拒絶する場合には，保佐人の同意は不要である。

❸　成年後見人が，成年被後見人に代わって，成年被後見人が居住している建物を売却する際，後見監督人がいる場合には，後見監督人の許可があれば足り，家庭裁判所の許可は不要である。

❹　被補助人が，補助人の同意を得なければならない行為について，同意を得ていないにもかかわらず，詐術を用いて相手方に補助人の同意を得たと信じさせていたときは，被補助人は当該行為を取り消すことができない。

（本試験 2016 年問 2 出題）

正解肢 4

合格者正解率 **88.7%** 不合格者正解率 **64.1%**
受験者正解率 79.9%

☆❶ **誤** 営業に関しない法律行為には，法定代理人の同意が必要。　　ステップ8

　未成年者が法律行為をするには，原則としてその法定代理人の同意を得なければならない（民法5条1項本文）。もっとも，一種又は数種の営業を許された未成年者は，その営業に関しては，成年者と同一の行為能力を有する（民法6条1項）。本肢の未成年者が，自己が居住するために建物を購入する行為は，古着の仕入販売に関する営業と関係が無い。したがって，本肢の未成年者は，当該行為につき行為能力がなく，当該行為を行うには原則どおり法定代理人の同意を得なければならない。よって，本肢は誤り。

❷ **誤** 贈与の申込みを拒絶するには，保佐人の同意が必要。　　ステップ10

　被保佐人が，不動産を売却する場合に，保佐人の同意が必要であるとする本肢の前半は正しい（民法13条1項3号）。もっとも，被保佐人が贈与の申込みを拒絶するには，その保佐人の同意を得なければならない（民法13条1項7号）。よって，本肢は誤り。

☆❸ **誤** 成年後見人による居住用の建物の売却には，家庭裁判所の許可が必要。　　2-3-3

　成年後見人は，成年被後見人に代わって，その居住の用に供する建物を売却するには，家庭裁判所の許可を得なければならない（民法859条の3）。また，後見監督人の許可があれば，家庭裁判所の許可が不要になるという制度はない。よって，本肢は誤り。

☆❹ **正** 制限行為能力者が行為能力者であることを信じさせるため詐術を用いたときは，その行為を取り消すことができない（民法21条）。したがって，詐術を用いて相手方に補助人の同意を得たと信じさせていたときは，被補助人は当該行為を取り消すことができない。よって，本肢は正しく，本問の正解肢となる。　　2-1-2

22　　LEC東京リーガルマインド　2022年版出る順宅建士 ウォーク問過去問題集①権利関係

●第1編 権利関係

時 効

重要度 B

問 11

Aは，Bに対し建物を賃貸し，月額10万円の賃料債権を有している。この賃料債権の消滅時効に関する次の記述のうち，民法の規定及び判例によれば，誤っているものはどれか。

❶ Aが，Bに対する賃料債権につき支払督促の申立てをし，さらに期間内に適法に仮執行の宣言の申立てをし，確定判決と同一の効力を有するものによって権利が確定したときは，消滅時効は新たに進行を始める。

❷ Bが，Aとの建物賃貸借契約締結時に，賃料債権につき消滅時効の利益はあらかじめ放棄する旨約定したとしても，その約定に法的効力は認められない。

❸ Aが，Bに対する賃料債権につき内容証明郵便により支払を請求したときは，その請求により消滅時効は新たに進行を始める。

❹ Bが，賃料債権の消滅時効が完成した後にその賃料債権を承認したときは，消滅時効の完成を知らなかったときでも，その完成した消滅時効の援用をすることは許されない。

(本試験2009年問3改題)

正解肢 3

合格者正解率 **54.6%** 　不合格者正解率 **30.0%**
受験者正解率 **47.1%**

❶ **正** 支払督促の申立てにより、時効の完成は猶予される（民法147条1項2号）。そして、確定判決と同一の効力を有するものによって権利が確定したときは、時効は新たに進行を始める（民法147条2項）。よって、本肢は正しい。　3-4-1

☆❷ **正** 時効を援用しないという意思の表明を時効の利益の放棄という。ただし、この時効の利益は、時効の完成前にあらかじめ放棄することはできない（民法146条）。したがって、債権者Aと債務者Bとの間で消滅時効の利益をあらかじめ放棄する旨約定したとしても、その約定につき法的効力は認められない。よって、本肢は正しい。　3-5-2

☆❸ **誤** 内容証明郵便により支払を請求しただけでは消滅時効は新たに進行を始めない。　ステップ13

裁判外の請求は、「催告」（民法150条）にすぎず、催告は、その時から6か月を経過するまでの間は、時効は完成しないという効果しか生じず、新たに消滅時効が進行を始めるわけではない。したがって、債権者Aが内容証明郵便により支払を請求しただけでは、消滅時効は新たに進行を始めない。よって、本肢は誤りであり、本問の正解肢となる。

☆❹ **正** 時効が完成したのちに債務者が債務の承認をすれば、消滅時効の完成を知らなかったときでも、信義則上その完成した消滅時効を援用することは許されない（判例）。したがって、Bは賃料債権につき承認をした以上、完成した消滅時効の援用をすることは許されない。よって、本肢は正しい。　3-5-1

●第1編 権利関係

時 効

問 12

Aが甲土地を所有している場合の時効に関する次の記述のうち、民法の規定及び判例によれば、誤っているものはどれか。

❶ Bが甲土地を所有の意思をもって平穏かつ公然に17年間占有した後、CがBを相続し甲土地を所有の意思をもって平穏かつ公然に3年間占有した場合、Cは甲土地の所有権を時効取得することができる。

❷ Dが、所有者と称するEから、Eが無権利者であることについて善意無過失で甲土地を買い受け、所有の意思をもって平穏かつ公然に3年間占有した後、甲土地がAの所有であることに気付いた場合、そのままさらに7年間甲土地の占有を継続したとしても、Dは、甲土地の所有権を時効取得することはできない。

❸ Dが、所有者と称するEから、Eが無権利者であることについて善意無過失で甲土地を買い受け、所有の意思をもって平穏かつ公然に3年間占有した後、甲土地がAの所有であることを知っているFに売却し、Fが所有の意思をもって平穏かつ公然に甲土地を7年間占有した場合、Fは甲土地の所有権を時効取得することができる。

❹ Aが甲土地を使用しないで20年以上放置していたとしても、Aの有する甲土地の所有権が消滅時効にかかることはない。

(本試験 2020年10月問10出題)

正解肢 2

合格者正解率 **78.1%** | 不合格者正解率 **58.8%**
受験者正解率 **70.1%**

☆❶ **正** 時効期間中に占有の承継があった場合、占有者の承継人は、その選択に従い、自己の占有のみを主張し、又は自己の占有に前の占有者の占有を併せて主張することができる（民法187条1項）。本肢においてBは所有の意思をもって平穏・公然と甲土地を占有している。Bの占有とCの占有を併せると、その期間は20年であるため、Cは甲土地の所有権を時効取得することができる（民法162条1項）。よって、本肢は正しい。

3-2-2

☆❷ **誤** 占有開始時に善意・無過失であれば10年の取得時効が成立する。

ステップ11

占有の開始時に善意であり、かつ過失がなかったときは、所有の意思をもって平穏に、かつ公然と他人の物を10年間占有することにより所有権を時効取得できる（162条2項）。占有の開始後に悪意となっても、時効期間に影響を与えない。よって、本肢は誤りであり、本問の正解肢となる。

☆❸ **正** 時効期間中に占有の承継があった場合、占有者の承継人は、その選択に従い自己の占有のみを主張し、又は自己の占有に、前の占有者の占有を併せて主張することができる（民法187条1項）。前主の占有を併せて主張した場合には、善意・無過失の判断は、前の占有者の占有開始の時点で判断すれば足りる（判例）。したがって、Dが善意・無過失で占有を開始しているので、Fは10年の取得時効を主張できる。よって、本肢は正しい。

3-2-2

☆❹ **正** 所有権は消滅時効にかからない（民法166条2項参照）。よって、本肢は正しい。

3-3

●第1編　権利関係

時　効

問 13

所有権及びそれ以外の財産権の取得時効に関する次の記述のうち，民法の規定及び判例によれば，誤っているものはどれか。

❶ 土地の賃借権は，物権ではなく，契約に基づく債権であるので，土地の継続的な用益という外形的かつ客観的事実が存在したとしても，時効によって取得することはできない。

❷ 自己の所有と信じて占有している土地の一部に，隣接する他人の土地の筆の一部が含まれていても，他の要件を満たせば，当該他人の土地の一部の所有権を時効によって取得することができる。

❸ 時効期間は，時効の基礎たる事実が開始された時を起算点としなければならず，時効援用者において起算点を選択し，時効完成の時期を早めたり遅らせたりすることはできない。

❹ 通行地役権は，継続的に行使され，かつ，外形上認識することができるものに限り，時効によって取得することができる。

(本試験 2010 年問 3 出題)

正解肢 1

❶ 誤 不動産賃借権も時効取得の対象となる。

不動産賃借権等の所有権以外の権利も時効取得の対象となる（民法163条）。そして，土地の継続的な用益という外形的事実が存在し，かつ，それが賃借の意思に基づくことが客観的に表現されているときは，土地賃借権を時効取得することができる（判例）。よって，本肢は誤りであり，本問の正解肢となる。

❷ 正 所有の意思をもって平穏かつ公然に占有を継続した者は，その所有権を取得する（民法162条）。そして，一筆の土地の一部についても，時効取得が認められる（判例）。よって，本肢は正しい。

❸ 正 時効取得は，時効の基礎である事実の開始された時を起算点とすべきもので，時効援用者において起算点を選択し，時効完成の時期を早めたり遅らせたりすることはできない（民法162条，判例）。よって，本肢は正しい。

❹ 正 地役権は，継続的に行使され，かつ，外形上認識することができるものに限り，時効によって取得することができる（民法283条）。よって，本肢は正しい。

●第1編 権利関係

時 効

問 14

時効の援用に関する次の記述のうち，民法の規定及び判例によれば，誤っているものはどれか。

❶ 消滅時効完成後に主たる債務者が時効の利益を放棄した場合であっても，保証人は時効を援用することができる。

❷ 後順位抵当権者は，先順位抵当権の被担保債権の消滅時効を援用することができる。

❸ 詐害行為の受益者は，債権者から詐害行為取消権を行使されている場合，当該債権者の有する被保全債権について，消滅時効を援用することができる。

❹ 債務者が時効の完成の事実を知らずに債務の承認をした場合，その後，債務者はその完成した消滅時効を援用することはできない。

(本試験 2018 年問 4 出題)

正解肢 2

❶ **正** 時効の利益の放棄の効力は相対的である。したがって、主たる債務者が時効の利益を放棄した場合であっても、保証人は時効を援用することができる（判例）。よって、本肢は正しい。

❷ **誤** 後順位抵当権者は時効の援用はできない。

　時効の援用ができる者は、「時効によって直接利益を受ける者」である。後順位抵当権者は、先順位抵当権の被担保債権が消滅することにより、抵当権の順位が上昇するが、これは「直接」ではなく「反射的」に利益を受けるだけである（判例）。したがって、後順位抵当権者は消滅時効を援用できない。よって、本肢は誤りであり、本問の正解肢となる。

❸ **正** 詐害行為の受益者は、債権者の有する被保全債権が消滅することにより、詐害行為取消権の行使を免れるため、「直接利益を受ける者」といえる（判例）。よって、本肢は正しい。

☆❹ **正** 消滅時効が完成した後に債務を承認した債務者は、承認した時点において時効完成の事実を知らなくても、信義則上消滅時効を援用することができない（時効援用権の喪失、判例）。よって、本肢は正しい。

3-5-1

●第1編　権利関係

時 効

問 15

A所有の甲土地を占有しているBによる権利の時効取得に関する次の記述のうち、民法の規定及び判例によれば、正しいものはどれか。

❶ Bが父から甲土地についての賃借権を相続により承継して賃料を払い続けている場合であっても、相続から20年間甲土地を占有したときは、Bは、時効によって甲土地の所有権を取得することができる。

❷ Bの父が11年間所有の意思をもって平穏かつ公然に甲土地を占有した後、Bが相続によりその占有を承継し、引き続き9年間所有の意思をもって平穏かつ公然に占有していても、Bは、時効によって甲土地の所有権を取得することはできない。

❸ Aから甲土地を買い受けたCが所有権の移転登記を備えた後に、Bについて甲土地所有権の取得時効が完成した場合、Bは、Cに対し、登記がなくても甲土地の所有者であることを主張することができる。

❹ 甲土地が農地である場合、BがAと甲土地につき賃貸借契約を締結して20年以上にわたって賃料を支払って継続的に耕作していても、農地法の許可がなければ、Bは、時効によって甲土地の賃借権を取得することはできない。

(本試験 2015年問4出題)

正解肢 **3**

合格者正解率 **90.7%** | 不合格者正解率 **60.7%**
受験者正解率 **80.4%**

☆ ❶ **誤** 賃借人には所有の意思が認められない。　　　ステップ11

所有権の取得時効が成立するには，占有が所有の意思に基づくことが必要である（民法162条1項）。Bは相続によって賃借人としての地位を承継して甲土地の占有を開始している（民法896条）。賃借人には所有の意思が認められないため，20年間占有しても取得時効により所有権を取得することはできない。よって，本肢は誤り。

❷ **誤** 自己の占有と前の占有者の占有を併せて主張して時効取得できる。　　　3-2-2

占有を承継した場合，前の占有者の占有を併せて主張することが可能である（民法187条1項）。Bの父は所有の意思をもって平穏・公然と甲土地を占有している。本肢において，Bの父の占有とBの占有を併せると，その期間は20年であるため，取得時効が成立する（民法162条1項）。よって，本肢は誤り。

☆ ❸ **正** CがAから売買によって甲土地の所有権を取得した後，Bは時効取得によって甲土地の所有権を原始取得する。時効完成前の承継人Cは，時効取得者Bにとっては物権変動の当事者と評価できるため，Cは「第三者」に当たらず，Bは登記なくして甲土地の所有権をCに主張できる（民法177条，判例）。よって，本肢は正しく，本問の正解肢となる。　　　ステップ46

❹ **誤** 農地法の許可がなくても賃借権の時効取得はできる。　　　3-2-1

農地法の許可のない賃貸借契約は効力を生じないため（農地法3条6項），農地法の許可がない場合は，原則として賃借権を取得することはできない。ところで，賃借権も一定の場合，時効取得できる（民法163条，判例）。また，農地法が許可を求めた趣旨に反することがなければ，許可を受けていなくても，賃借権の時効取得も認められる。本肢のBは，賃借人として継続的に耕作しているため，農地法が許可を求めた趣旨に反することはない。したがって，Bは農地法の許可がなくても賃借権を時効取得することができる（判例）。よって，本肢は誤り。

●第1編　権利関係

代 理

問 16 AがA所有の甲土地の売却に関する代理権をBに与えた場合における次の記述のうち、民法の規定によれば、正しいものはどれか。なお、表見代理は成立しないものとする。

❶ Aが死亡した後であっても、BがAの死亡の事実を知らず、かつ、知らないことにつき過失がない場合には、BはAの代理人として有効に甲土地を売却することができる。

❷ Bが死亡しても、Bの相続人はAの代理人として有効に甲土地を売却することができる。

❸ 17歳であるBがAの代理人として甲土地をCに売却した後で、Bが17歳であることをCが知った場合には、CはBが未成年者であることを理由に売買契約を取り消すことができる。

❹ Bが売主Aの代理人であると同時に買主Dの代理人としてAD間で売買契約を締結しても、あらかじめ、A及びDの承諾を受けていれば、この売買契約は有効である。

(本試験 2010 年問 2 出題)

正解肢 4

合格者正解率 **87.2%** 　不合格者正解率 **65.8%**
受験者正解率 **79.4%**

☆❶ **誤** 代理権が消滅するから代理人として有効に契約できない。 ステップ19 ステップ20
　代理権は，本人の死亡によって消滅する（民法111条1項1号）。代理人が，本人の死亡の事実を知らず，かつ，知らないことにつき過失がない場合であっても，代理権消滅後の代理人による土地の売却は無権代理行為となる。本人の地位を承継する相続人の追認がない以上，相続人に対して効力を生じない（民法113条1項）。したがって，Bは，Aの代理人として有効に甲土地の売却をすることはできない。よって，本肢は誤り。

☆❷ **誤** 代理権が消滅するから代理人として有効に契約できない。 ステップ19 ステップ20
　代理権は，代理人の死亡によって消滅する（民法111条1項2号）。代理権消滅後の代理人の相続人による土地の売却は無権代理行為となる。本人の追認がない以上，本人に対して効力を生じない（民法113条1項）。したがって，Bの相続人は，Aの代理人として有効に土地の売却をすることはできない。よって，本肢は誤り。

☆❸ **誤** 相手方は代理人が未成年であることを理由に取り消すことはできない。 ステップ17
　制限行為能力者が代理人としてした行為は，行為能力の制限によっては取り消すことができない（民法102条本文）。17歳である未成年者も，代理人として有効に代理行為をすることができる。したがって，未成年者である代理人Bが行った甲土地の売却という代理行為について，Cは，Bが未成年者であることを理由に取り消すことはできない。よって，本肢は誤り。

☆❹ **正** 同一の法律行為について，当事者双方の代理人としてした行為は，代理権を有しない者がした行為とみなす。ただし，本人があらかじめ許諾した行為については，当事者双方の代理人として法律行為を行うことができる（民法108条1項）。代理人Bが，売主Aの代理人であるとともに買主Dの代理人となり，売買契約を締結しているので，双方代理となるが，双方代理における本人は，売主A及び買主Dであり，双方の承諾を得ていることから，有効な代理行為となる。よって，本肢は正しく，本問の正解肢となる。 ステップ18

●第1編 権利関係

代 理

問 17 代理に関する次の記述のうち,民法の規定及び判例によれば,誤っているものはどれか。

❶ 売買契約を締結する権限を与えられた代理人は,特段の事情がない限り,相手方からその売買契約を取り消す旨の意思表示を受領する権限を有する。

❷ 委任による代理人は,本人の許諾を得たときのほか,やむを得ない事由があるときにも,復代理人を選任することができる。

❸ 復代理人が委任事務を処理するに当たり金銭を受領し,これを代理人に引き渡したときは,特段の事情がない限り,代理人に対する受領物引渡義務は消滅するが,本人に対する受領物引渡義務は消滅しない。

❹ 夫婦の一方は,個別に代理権の授権がなくとも,日常家事に関する事項について,他の一方を代理して法律行為をすることができる。

(本試験 2017 年問 1 出題)

正解肢 3　合格者正解率 57.4%　不合格者正解率 47.6%　受験者正解率 53.1%

❶ 正　売買契約を締結する権限を与えられた代理人は，特段の事情がない限り，相手方からその売買契約を取り消す旨の意思表示を受領する権限を有する（判例）。よって，本肢は正しい。

☆❷ 正　委任による代理人は，本人の許諾を得たとき，又はやむを得ない事由があるときでなければ，復代理人を選任することができない（民法104条）。したがって，本人の許諾を得たときのほか，やむを得ない事由があるときにも復代理人を選任することができる。よって，本肢は正しい。

ステップ24

❸ 誤　代理人に引き渡せば，本人に対する引渡義務は消滅する。
　委任による代理人は，委任事務を処理するに当たって受領した金銭その他の物を委任者である本人に引き渡さなければならない（民法646条1項）。ただし，復代理人が委任事務を処理して受領した金銭を代理人に引き渡せば，本人に対する引渡義務は消滅する（判例）。よって，本肢は誤りであり，本問の正解肢となる。

❹ 正　夫婦の一方が日常の家事に関して第三者と法律行為をした場合，これによって生じた債務を夫婦は連帯して負う（民法761条）。そして，夫婦は互いに日常家事に関する法律行為について個別の授権がなくても代理権を有する（判例）。よって，本肢は正しい。

●第1編 権利関係

代 理

問 18

買主Aが，Bの代理人Cとの間でB所有の甲地の売買契約を締結する場合に関する次の記述のうち，民法の規定によれば，正しいものはいくつあるか。

ア CがBの代理人であることをAに告げていなくても，Aがその旨を知っていれば，当該売買契約によりAは甲地を取得することができる。

イ Bが従前Cに与えていた代理権が消滅した後であっても，Aが代理権の消滅について善意無過失であれば，当該売買契約によりAは甲地を取得することができる。

ウ CがBから何らの代理権を与えられていない場合であっても，当該売買契約の締結後に，Bが当該売買契約をAに対して追認すれば，Aは甲地を取得することができる。

❶ 一つ
❷ 二つ
❸ 三つ
❹ なし

(本試験 2005 年問 3 出題)

正解肢 3

合格者正解率 **74.9%** 不合格者正解率 **47.1%**
受験者正解率 **64.3%**

☆**ア 正** 代理人が本人のためにすることを示さないでした意思表示であっても、相手方が、代理人が本人のためにすることを知り、又は知ることができたときは、本人のためにすることを示した意思表示があるものとして、本人に対して直接にその効力を生ずる（民法100条但書）。AはCがBの代理人であることを知っているので、当該売買契約によりAは甲地を取得することができる。よって、本肢は正しい。 *ステップ15*

☆**イ 正** 他人に代理権を与えた者は、代理権の消滅後にその代理権の範囲内においてその他人が第三者との間でした行為について、代理権の消滅の事実を知らなかった第三者に対してその責任を負う。ただし、第三者が過失によってその事実を知らなかったときは、この限りでない（民法112条1項）。Aは善意無過失であり、代理権消滅後の表見代理が成立するため、当該売買契約によりAは甲地を取得することができる。よって、本肢は正しい。 *ステップ21*

☆**ウ 正** 無権代理人がした契約は、本人がその追認をしなければ、本人に対してその効力を生じない（民法113条1項）。また、無権代理行為は、追認されると、別段の意思表示がないときは、契約の時にさかのぼってその効力を生ずる（民法116条本文）。したがって、Cが無権代理人であっても、Bが当該売買契約をAに対して追認すれば、Aは甲地を取得することができる。よって、本肢は正しい。 *ステップ20*

以上より、正しいものはア、イ、ウの三つであり、**❸**が本問の正解肢となる。

●第1編 権利関係

代 理

問 19

Aが，所有する甲土地の売却に関する代理権をBに授与し，BがCとの間で，Aを売主，Cを買主とする甲土地の売買契約（以下この問において「本件契約」という。）を締結した場合における次の記述のうち，民法の規定及び判例によれば，正しいものはどれか。

❶ Bが売買代金を着服する意図で本件契約を締結し，Cが本件契約の締結時点でこのことを知っていた場合であっても，本件契約の効果はAに帰属する。

❷ AがBに代理権を授与するより前にBが補助開始の審判を受けていた場合，Bは有効に代理権を取得することができない。

❸ BがCの代理人にもなって本件契約を成立させた場合，Aの許諾の有無にかかわらず，本件契約は無効となる。

❹ AがBに代理権を授与した後にBが後見開始の審判を受け，その後に本件契約が締結された場合，Bによる本件契約の締結は無権代理行為となる。

(本試験 2018 年問 2 出題)

正解肢 4

合格者正解率 **75.9%** 　不合格者正解率 **48.1%**
受験者正解率 **63.7%**

❶ **誤** 相手方が代理人の意図を知っていたので効果は生じない。

4-4-1

代理人が自己又は第三者の利益を図る目的で代理権の範囲内の行為をした場合において，相手方がその目的を知り，又は知ることができたときは，その行為は，代理権を有しない者がした行為とみなす（代理権の濫用，民法107条）。そして，代理権を有しない者が他人の代理人としてした契約は，本人がその追認をしなければ，本人に対してその効力を生じない（民法113条1項）。本肢において，相手方Cが代理人Bの意図を知っていたのであるから，代理権を有しない者の代理行為として，本件契約の効果はAに帰属しない。よって，本肢は誤り。

☆❷ **誤** 代理人は制限行為能力者でもよい。

ステップ17

代理人は，行為能力者であることを要しない（民法102条本文参照）。したがって，Bが代理権を授与される前に補助開始の審判を受けていたことを理由として，Bの代理権取得が否定されるものではない。よって，本肢は誤り。

☆❸ **誤** 本人の許諾があれば双方代理は有効となる。

ステップ18

同一の法律行為については，当事者双方の代理人となることはできないが，本人があらかじめ許諾した行為については，代理人は有効に代理行為をすることができる（民法108条1項）。本肢の場合，AとCの両者の許諾があれば本件契約は有効となる。したがって，「Aの許諾の有無にかかわらず無効となる」と断言できるものではない。よって，本肢は誤り。

☆❹ **正** 代理人が後見開始の審判を受けた場合，代理権は消滅する（民法111条1項2号）。したがって，代理権消滅後の代理行為は，無権代理行為となる（民法113条1項）。よって，本肢は正しく，本問の正解肢となる。

ステップ19

●第1編 権利関係

代 理

問 20

A所有の甲土地につき、Aから売却に関する代理権を与えられていないBが、Aの代理人として、Cとの間で売買契約を締結した場合における次の記述のうち、民法の規定及び判例によれば、誤っているものはどれか。なお、表見代理は成立しないものとする。

❶ Bの無権代理行為をAが追認した場合には、AC間の売買契約は有効となる。

❷ Aの死亡により、BがAの唯一の相続人として相続した場合、Bは、Aの追認拒絶権を相続するので、自らの無権代理行為の追認を拒絶することができる。

❸ Bの死亡により、AがBの唯一の相続人として相続した場合、AがBの無権代理行為の追認を拒絶しても信義則には反せず、AC間の売買契約が当然に有効になるわけではない。

❹ Aの死亡により、BがDとともにAを相続した場合、DがBの無権代理行為を追認しない限り、Bの相続分に相当する部分においても、AC間の売買契約が当然に有効になるわけではない。

(本試験 2012 年問 4 出題)

正解肢 2

合格者正解率 95.5% | 不合格者正解率 75.3%
受験者正解率 88.6%

☆❶ **正** 無権代理人がした契約は，本人がその追認をした場合には，本人に対して効力が生じる（民法113条1項）。したがって，Bが無権代理人であっても，Aが当該売買契約をCに対して追認すれば，AC間の売買契約は有効となる。よって，本肢は正しい。 ステップ20

☆❷ **誤** 無権代理人が単独で本人を相続すると，追認拒絶はできない。 ステップ22

無権代理人が単独で本人を相続した場合には，当該無権代理行為は当然に有効となる。無権代理人による追認拒絶は信義に反し許されないからである（判例）。したがって，無権代理人Bが本人Aを相続した場合，Bは自らの無権代理行為の追認を拒絶することはできない。よって，本肢は誤りであり，本問の正解肢となる。

☆❸ **正** 本人が単独で無権代理人を相続しても，本人による追認拒絶は信義に反するものではない（判例）。したがって，本人Aが無権代理人Bを相続した場合には，AC間の売買契約が当然に有効となるわけではない。よって，本肢は正しい。 ステップ22

❹ **正** 無権代理人が本人を他の相続人と共同相続した場合，他の共同相続人全員が共同して追認しない限り，無権代理行為は，無権代理人の相続分に相当する部分においても，当然に有効となるものではない（判例）。よって，本肢は正しい。 ステップ23

●第1編　権利関係

代　理

重要度 A

問 21

AがBの代理人としてB所有の甲土地について売買契約を締結した場合に関する次の記述のうち、民法の規定及び判例によれば、正しいものはどれか。

❶ Aが甲土地の売却を代理する権限をBから書面で与えられている場合、A自らが買主となって売買契約を締結したときは、Aは甲土地の所有権を当然に取得する。

❷ Aが甲土地の売却を代理する権限をBから書面で与えられている場合、AがCの代理人となってBC間の売買契約を締結したときは、Cは甲土地の所有権を当然に取得する。

❸ Aが無権代理人であってDとの間で売買契約を締結した後に、Bの死亡によりAが単独でBを相続した場合、Dは甲土地の所有権を当然に取得する。

❹ Aが無権代理人であってEとの間で売買契約を締結した後に、Aの死亡によりBが単独でAを相続した場合、Eは甲土地の所有権を当然に取得する。

(本試験 2008 年問 3 出題)

受験者正解率 86.7%

☆❶ 誤　Aの行為は自己契約であり，Aは甲土地を取得しない。　ステップ18

　自己契約は，本人があらかじめ許諾した場合を除き，原則として許されず（民法108条1項），これに違反して行われた行為は，無権代理行為となる。したがって，Aは，原則として，甲土地の所有権を取得しない。よって，本肢は誤り。

☆❷ 誤　Aの行為は双方代理であり，Cは甲土地を取得しない。　ステップ18

　双方代理は，本人があらかじめ許諾した場合を除き，原則として許されず（民法108条1項），これに違反して行われた行為は，無権代理行為となる。したがって，Cは，原則として，甲土地の所有権を取得しない。よって，本肢は誤り。

☆❸ 正　無権代理人が単独で本人を相続した場合には，当該無権　ステップ22
代理行為は当然に有効となる（判例）。無権代理人による追認拒絶は信義に反し許されないからである。したがって，無権代理人Aが本人Bを相続した場合，Dは甲土地の所有権を当然に取得する。よって，本肢は正しく，本問の正解肢となる。

☆❹ 誤　本人BがAを相続した場合，Eは当然には取得できない。　ステップ22

　本人が単独で無権代理人を相続しても，本人による追認拒絶は信義に反するものではない（判例）。また，相手方が善意無過失でなければ，本人が無権代理人の責任を負うこともない。したがって，本人Bが無権代理人Aを相続した場合には，Eは，当然には甲土地の所有権を取得することはできない。よって，本肢は誤り。

●第1編　権利関係

代　理

重要度 特A

問 22

AはBの代理人として、B所有の甲土地をCに売り渡す売買契約をCと締結した。しかし、Aは甲土地を売り渡す代理権は有していなかった。この場合に関する次の記述のうち、民法の規定及び判例によれば、誤っているものはどれか。

❶ BがCに対し、Aは甲土地の売却に関する代理人であると表示していた場合、Aに甲土地を売り渡す具体的な代理権はないことをCが過失により知らなかったときは、BC間の本件売買契約は有効となる。

❷ BがAに対し、甲土地に抵当権を設定する代理権を与えているが、Aの売買契約締結行為は権限外の行為となる場合、甲土地を売り渡す具体的な代理権がAにあるとCが信ずべき正当な理由があるときは、BC間の本件売買契約は有効となる。

❸ Bが本件売買契約を追認しない間は、Cはこの契約を取り消すことができる。ただし、Cが契約の時において、Aに甲土地を売り渡す具体的な代理権がないことを知っていた場合は取り消せない。

❹ Bが本件売買契約を追認しない場合、Aは、Cの選択に従い、Cに対して契約履行又は損害賠償の責任を負う。ただし、Cが契約の時において、Aに甲土地を売り渡す具体的な代理権はないことを知っていた場合は責任を負わない。

(本試験 2006 年問 2 出題)

正解肢 1

合格者正解率 60.4%　不合格者正解率 33.2%
受験者正解率 50.4%

☆❶ 誤　相手方Cには過失があることから，契約は無効である。 ステップ21
　本人が，無権代理人に代理権を与えた旨を表示した場合，相手方が善意・無過失であれば，責任を負わなければならない（授権表示の表見代理，民法109条1項）。本肢の場合，Cは，Aが甲土地を売り渡す代理権を与えられていないことを過失により知らなかった以上，表見代理は成立せず，BC間の本件売買契約は有効とはならない（民法109条1項但書）。よって，本肢は誤りであり，本問の正解肢となる。

☆❷ 正　代理人が権限外の行為を行った場合でも，相手方が代理人の権限があると信ずべき正当な理由があるときは，表見代理が成立し，本人に効果が帰属する（権限外行為の表見代理，民法110条）。よって，本肢は正しい。 ステップ21

☆❸ 正　無権代理行為の相手方は，契約の当時，無権代理であることを知らない場合，本人の追認がない間は，契約を取り消すことができる（民法115条）。Cが無権代理であることを知っていた場合は，取り消すことはできない。よって，本肢は正しい。 ステップ21

☆❹ 正　無権代理人は，自己の代理権を証明したとき，又は本人の追認を得たときを除いて，相手方の選択に従い，履行又は損害賠償の責任を負う（民法117条1項）。ただし，①相手方が契約の当時，無権代理人であることについて知っていたとき，②過失によって知らなかったとき，③無権代理人が制限行為能力者であるときには，無権代理人の責任を負わない（民法117条2項各号）。本肢の場合，Cが契約時にAに代理権がないことを知っているため，Aは責任を負わない。よって，本肢は正しい。 ステップ21

●第1編 権利関係

代 理

問 23

Aは，Bの代理人として，Bの所有地をCに売却した。この場合，民法の規定及び判例によれば，次の記述のうち正しいものはどれか。

❶ Aが未成年者であって，法定代理人の同意を得ないで売買契約を締結した場合，Bは，Aに代理権を与えていても，その売買契約を取り消すことができる。

❷ BがAに抵当権設定の代理権しか与えていなかったにかかわらず，Aが売買契約を締結した場合，Bは，Cが善意無過失であっても，その売買契約を取り消すことができる。

❸ Aに代理権がないにもかかわらず，AがBの代理人と偽って売買契約を締結した場合，Bの追認により契約は有効となるが，その追認はCに対して直接行うことを要し，Aに対して行ったときは，Cがその事実を知ったとしても，契約の効力を生じない。

❹ Aが代理権を与えられた後売買契約締結前に破産すると，Aの代理権は消滅するが，Aの代理権が消滅しても，Cが善意無過失であれば，その売買契約は有効である。

(本試験 1994 年問 4 出題)

正解肢 4

合格者正解率 ／ 不合格者正解率 ／ 受験者正解率

☆ ❶ **誤** 代理人が未成年者であっても，契約の取消しはできない。 ステップ17

制限行為能力者であっても，代理人となることができる。このとき，本人は，制限行為能力者が代理人として契約したことを理由として，契約を取り消すことはできない（民法102条本文）。よって，本肢は誤り。

☆ ❷ **誤** 契約を取り消せるのはCであってBではない。 ステップ21

無権代理の場合，相手方には取消権があるが，本人には取消権はない。よって，本肢は誤り。なお，代理人がその権限を越える行為をすれば，その行為は，原則として無効であるが，代理人がその権限外の行為をし，相手方が，代理権の範囲内の行為であると善意無過失で信頼したときは，当該行為は有効と扱われる（権限外行為の表見代理，民法110条）。

☆ ❸ **誤** 追認はCのみならずAに対しても行うことができる。 ステップ20

無権代理行為は原則として無効となるが，本人が追認すれば，有効なものとなる（民法113条1項）。そして，追認は，本人が相手方に直接追認の意思表示をするのが原則だが，本人が代理人に対して意思表示をした場合でも，相手方が追認の事実を知った後には効力を生じる（民法113条2項）。よって，本肢は誤り。

☆ ❹ **正** 代理人が破産すると，その代理権は消滅する（民法111条1項2号）。しかし，代理権が消滅した後の代理人の行為であっても，相手方が，代理人に以前と同様に代理権があるものと善意無過失で信頼したときには，有効なものとなる（代理権消滅後の表見代理，民法112条1項）。よって，本肢は正しく，本問の正解肢となる。 ステップ19 ステップ21

●第1編 権利関係

代 理

問 24

Aが，Bの代理人として，Cとの間でB所有の土地の売買契約を締結した場合に関する次の記述のうち，民法の規定及び判例によれば，誤っているものはどれか。

❶ AがBから土地売買の代理権を与えられていた場合で，所有権移転登記の申請についてCの同意があったとき，Aは，B及びC双方の代理人として登記の申請をすることができる。

❷ AがBから抵当権設定の代理権を与えられ，土地の登記済証，実印，印鑑証明書の交付を受けていた場合で，CがBC間の売買契約についてAに代理権ありと過失なく信じたとき，Cは，Bに対して土地の引渡しを求めることができる。

❸ Aが，Bから土地売買の代理権を与えられ，CをだましてBC間の売買契約を締結した場合は，Bが詐欺の事実を知っていたと否とにかかわらず，Cは，Bに対して売買契約を取り消すことができる。

❹ Aが，Bから土地売買の委任状を受領した後，破産手続開始の決定を受けたのに，Cに当該委任状を示して売買契約を締結した場合，Cは，Aが破産手続開始の決定を受けたことを知っていたときでも，Bに対して土地の引渡しを求めることができる。

(本試験 1996 年問 2 改題)

正解肢 4

合格者正解率　不合格者正解率
受験者正解率

☆❶ 正　双方代理は、原則として許されない（民法108条1項本文）が、同一人が登記権利者及び登記義務者の双方の代理人として登記申請行為をすることは例外的に許される（判例）。よって、本肢は正しい。　ステップ18

☆❷ 正　代理人がその権限を越える行為をすれば、その行為は、原則として、無権代理となるが、相手方が、その行為をする代理権があると善意無過失で信頼したときには、表見代理が成立し、有効となる（権限外行為の表見代理、民法110条）。本肢では、Cは、Aに売買契約の代理権ありと過失なく信じている以上、表見代理が成立する。よって、Cは、Bに対して土地の引渡しを求めることができるとする本肢は正しい。　ステップ21

❸ 正　Cは、Aにだまされている以上、詐欺を理由に契約を取り消すことができる（民法96条1項）。なお、代理人が詐欺を行った事実を本人が知っているか否かは、相手方Cの取消権行使の可否には影響しない。よって、本肢は正しい。　ステップ16

☆❹ 誤　Cが悪意の場合には、引渡しを求めることができない。　ステップ19 ステップ21
代理人が破産すると代理権は消滅する（民法111条1項2号）。そして、代理権が消滅した後の代理人の行為は、原則として無効であるが、相手方が、代理人に代理権があるものと善意無過失で信頼したときには、その代理人の行為は有効なものとなる（代理権消滅後の表見代理、民法112条1項）。本肢では、相手方CはAが破産したことを知っている。したがって、表見代理は成立せず、CはBに対して土地の引渡しを求めることはできない。よって、本肢は誤りであり、本問の正解肢となる。

●第1編　権利関係

代　理

問 25　Aは不動産の売却を妻の父であるBに委任し，売却に関する代理権をBに付与した。この場合に関する次の記述のうち，民法の規定によれば，正しいものはどれか。

❶　Bは，やむを得ない事由があるときは，Aの許諾を得なくとも，復代理人を選任することができる。

❷　Bが，Bの友人Cを復代理人として選任することにつき，Aの許諾を得たときは，Bはその選任に関し過失があったとしても，Aに対し責任を負うことはない。

❸　Bが，Aの許諾及び指名に基づき，Dを復代理人として選任したときは，Bは，Aに対する債務不履行につき責めに帰すべき事由はないが，Dの不誠実さを見抜けなかった場合，Aに対し責任を負う。

❹　Bが復代理人Eを適法に選任したときは，EはAに対して，代理人と同一の権利を有し，義務を負うため，Bの代理権は消滅する。

(本試験 2007 年問2改題)

☆❶ 正　任意代理人は，本人の許諾があるとき又はやむを得ない事由があるときでなければ，復代理人を選任できない（民法104条）。Bは，やむを得ない事情があるのでAの許諾を得なくとも，復代理人を選任できる。よって，本肢は正しく，本問の正解肢となる。

ステップ24

❷ 誤　Bに責めに帰すべき事由が認められれば，Aに対し責任を負う。

4-6-4

　復代理人を選任した代理人が本人に対して責任を負うか否かは，債務不履行の一般原則に従って判断される（民法415条）。したがって，復代理人の選任に関してBに過失があり，Bに責めに帰すべき事由が認められる場合は，Aに対して責任を負う。よって，本肢は誤り。

❸ 誤　Bに責めに帰すべき事由がないので，Aに対し責任を負わない。

　復代理人を選任した代理人が本人に対して責任を負うか否かは，債務不履行の一般原則に従って判断される（民法415条）。したがって，Bは，Dの不誠実さを見抜けなかった場合でも，Aに対する債務不履行につき責めに帰すべき事由がないため，Aに対して責任を負わない。よって，本肢は誤り。

☆❹ 誤　復代理人を選任しても，Bの代理権は消滅しない。

4-6-3

　復代理人Eは，本人Aに対し，代理人と同一の権利を有し，その権限の範囲内において義務を負う（民法106条2項）。しかし，復代理人を選任したからといって，Bの代理権が消滅するわけではない。よって，本肢は誤り。

● 第1編 権利関係

債務不履行・解除

重要度 A

問 26

共に宅地建物取引業者であるＡＢ間でＡ所有の土地について，令和4年9月1日に売買代金3,000万円（うち，手付金200万円は同年9月1日に，残代金は同年10月31日に支払う。）とする売買契約を締結した場合に関する次の記述のうち，民法の規定及び判例によれば，正しいものはどれか。

❶ 本件売買契約に利害関係を有しないＣは，同年10月31日を経過すれば，Ｂの意思に反しても残代金をＡに対して支払うことができる。

❷ 同年10月31日までにＡが契約の履行に着手した場合には，手付が解約手付の性格を有していても，Ｂが履行に着手したかどうかにかかわらず，Ａは，売買契約を解除できなくなる。

❸ Ｂの債務不履行によりＡが売買契約を解除する場合，手付金相当額を損害賠償の予定とする旨を売買契約で定めていた場合には，特約がない限り，Ａの損害が200万円を超えていても，Ａは手付金相当額以上に損害賠償請求はできない。

❹ Ａが残代金の受領を拒絶することを明確にしている場合であってもＢは同年10月31日には，2,800万円をＡに対して現実に提供しなければ，Ｂも履行遅滞の責任を負わなければならない。

(本試験 2004 年問 4 改題)

正解肢 3

合格者正解率 **78.6%** / 不合格者正解率 **55.3%**
受験者正解率 69.5%

☆**❶ 誤** 利害関係を有しないCはBの意思に反して弁済できない。　ステップ36

弁済をするについて正当な利益を有する者でない第三者は、債務者に意思に反して弁済することができない（民法474条2項本文）。ただし、債務者の意思に反することを債権者が知らなかったときは、弁済をするについて正当な利益を有する者でない第三者の弁済も有効となる（民法474条2項但書）。したがって、弁済をするについて正当な利益を有する者でないCは、Bの意思に反して残代金をAに対して支払うことができない。よって、本肢は誤り。

☆**❷ 誤** Bが履行に着手するまでは、Aは手付解除できる。　ステップ32

売買において、自ら履行に着手した当事者であっても、相手方が履行に着手するまでは、手付解除をすることができる（民法557条1項、判例）。したがって、Aが契約の履行に着手した場合であっても、Bが履行に着手するまでは、Aは売買契約を解除することができる。よって、本肢は誤り。

☆**❸ 正** 当事者が、債務の不履行につき損害賠償額の予定をした場合、特約がない限り、債権者は、実損害が予定賠償額よりも多いことを理由として、予定額を超える損害の賠償請求をすることができない（民法420条1項）。したがって、手付金相当額を損害賠償の予定とする旨を定めていた場合、Aは、手付金相当額以上の損害賠償請求はできない。よって、本肢は正しく、本問の正解肢となる。　ステップ28

❹ 誤 Bは現実の提供をしなくても履行遅滞の責任を負わない。　5-2-3

債務者は、履行の提供をすれば、その提供の時から債務不履行責任を免れることができる（民法492条）。履行の提供の方法は、現実の提供を原則とするが、債権者があらかじめ受領を拒んでいる場合などは、口頭の提供（弁済の準備をしたことを通知して、受領を催告すること）でも足りる（民法493条但書）。さらに、債権者が受領しない意思が明確であるときには、債務者は口頭の提供をしなくても債務不履行責任を免れる（判例）。したがって、現実の提供をしなくても、Aが残代金の受領を拒絶することを明確にしている場合には、Bは履行遅滞の責任を免れる。よって、本肢は誤り。

● 第1編　権利関係

債務不履行・解除

重要度 A

問 27

同時履行の抗弁権に関する次の記述のうち，民法の規定及び判例によれば，正しいものはいくつあるか。

ア　マンションの賃貸借契約終了に伴う賃貸人の敷金返還債務と，賃借人の明渡債務は，特別の約定のない限り，同時履行の関係に立つ。

イ　マンションの売買契約がマンション引渡し後に債務不履行を理由に解除された場合，契約は遡及的に消滅するため，売主の代金返還債務と，買主の目的物返還債務は，同時履行の関係に立たない。

ウ　マンションの売買契約に基づく買主の売買代金支払債務と，売主の所有権移転登記に協力する債務は，特別の事情のない限り，同時履行の関係に立つ。

❶　一つ
❷　二つ
❸　三つ
❹　なし

（本試験 2015 年問 8 出題）

正解肢 1

☆**ア 誤** 敷金返還債務は，賃貸目的物の明渡し後に発生する。

ステップ27
ステップ89

敷金は賃貸借契約の締結から賃貸目的物の明渡しまでに発生する，一切の賃借人の債務を担保するものであるから，敷金返還債務は賃貸目的物の明渡し後に発生する。したがって，明渡債務が先に履行されるものであるため，敷金返還債務と明渡債務は同時履行の関係に立たない（判例）。よって，本肢は誤り。

☆**イ 誤** 解除に基づく原状回復義務は同時履行の関係に立つ。

ステップ27

判例は解除の効果により契約は遡及的に消滅するとしているが（判例），解除に基づく原状回復義務は同時履行の関係に立つ（民法546条，533条，545条1項）。よって，本肢は誤り。

ウ 正 売買契約の売主は売買契約の内容として登記移転の協力義務を負い（民法560条，判例），登記移転の協力義務は買主の代金支払義務と同時履行の関係に立つ（判例）。よって，本肢は正しい。

ステップ27

以上より，正しいものはウの一つであり，❶が本問の正解肢となる。

● 第1編 権利関係

債務不履行・解除

重要度 B

問 28

売主Aは，買主Bとの間で甲土地の売買契約を締結し，代金の3分の2の支払と引換えに所有権移転登記手続と引渡しを行った。その後，Bが残代金を支払わないので，Aは適法に甲土地の売買契約を解除した。この場合に関する次の記述のうち，民法の規定及び判例によれば，正しいものはどれか。

❶ Aの解除前に，BがCに甲土地を売却し，BからCに対する所有権移転登記がなされているときは，BのAに対する代金債務につき不履行があることをCが知っていた場合においても，Aは解除に基づく甲土地の所有権をCに対して主張できない。

❷ Bは，甲土地を現状有姿の状態でAに返還し，かつ，移転登記を抹消すれば，引渡しを受けていた間に甲土地を貸駐車場として収益を上げていたときでも，Aに対してその利益を償還すべき義務はない。

❸ Bは，自らの債務不履行で解除されたので，Bの原状回復義務を先に履行しなければならず，Aの受領済み代金返還義務との同時履行の抗弁権を主張することはできない。

❹ Aは，Bが契約解除後遅滞なく原状回復義務を履行すれば，契約締結後原状回復義務履行時までの間に甲土地の価格が下落して損害を被った場合でも，Bに対して損害賠償を請求することはできない。

(本試験 2009 年問 8 出題)

正解肢 1

合格者正解率 **67.3%** 不合格者正解率 **34.6%**
受験者正解率 **57.3%**

☆❶ 正　当事者の一方がその解除権を行使したときは，各当事者は，その相手方を原状に復させる義務を負うが，第三者の権利を害することはできない（民法545条1項）。ここで，第三者が保護されるためには，第三者が対抗要件を備えていることが必要である（判例）。したがって，登記を備えているCは，登記移転の際にAB間の売買契約に解除原因があることを知っていたとしても保護されるから，Aは解除に基づく甲土地の所有権をCに対して主張できない。よって，本肢は正しく，本問の正解肢となる。

ステップ30
ステップ46

❷ 誤　Bは，Aに対してその利益を償還すべき義務がある。

当事者の一方がその解除権を行使した場合，各当事者は互いに原状回復義務を負う（民法545条1項）。したがって，Bは，解除されるまで所有者として物を使用収益したことによる利益をAに償還すべき義務がある。よって，本肢は誤り。

ステップ30

☆❸ 誤　Bは，同時履行の抗弁権を主張することができる。

当事者の一方がその解除権を行使した場合，各当事者は互いに原状回復義務を負う（民法545条1項本文）。そして，この場合の各当事者が負う原状回復義務は，同時履行の関係にある（民法546条）。したがって，Bは，自己の原状回復義務につき，Aの受領済み代金返還義務との同時履行を主張することができる。よって，本肢は誤り。

ステップ27
ステップ30

❹ 誤　Aは，Bに対して損害賠償を請求できる。

債務者が債務の本旨に従った履行をしない場合，債権者は，解除及び損害賠償請求をすることができる（民法541条，545条4項，415条）。したがって，Aは，契約を解除するとともに，甲土地の価格の下落により被った損害の賠償を請求できる。よって，本肢は誤り。

ステップ30

●第1編 権利関係

債務不履行・解除 重要度 B

問 29

債務不履行に基づく損害賠償請求権に関する次の記述のうち、民法の規定及び判例によれば、誤っているものはどれか。

❶ AがBと契約を締結する前に、信義則上の説明義務に違反して契約締結の判断に重要な影響を与える情報をBに提供しなかった場合、Bが契約を締結したことにより被った損害につき、Aは、不法行為による賠償責任を負うことはあっても、債務不履行による賠償責任を負うことはない。

❷ AB間の利息付金銭消費貸借契約において、利率に関する定めがない場合、借主Bが債務不履行に陥ったことによりAがBに対して請求することができる遅延損害金は、年3パーセントの利率により算出する。

❸ AB間でB所有の甲不動産の売買契約を締結した後、Bが甲不動産をCに二重譲渡してCが登記を具備した場合、AはBに対して債務不履行に基づく損害賠償請求をすることができる。

❹ AB間の金銭消費貸借契約において、借主Bは当該契約に基づく金銭の返済をCからBに支払われる売掛代金で予定していたが、その入金がなかった(Bの責めに帰すべき事由はない。)ため、返済期限が経過してしまった場合、Bは債務不履行には陥らず、Aに対して遅延損害金の支払義務を負わない。

(本試験 2012 年問 8 改題)

正解肢 4

合格者正解率 **89.1%** 不合格者正解率 **71.4%**
受験者正解率 83.0%

❶ **正** 契約の一方当事者は，契約締結に先立ち，信義則上の説明義務に違反して，契約を締結するか否かに関する判断に影響を及ぼすべき情報を相手方に提供しなかった場合には，相手方が契約締結により被った損害について，不法行為責任を負うことはあっても，債務不履行責任を負うことはない（判例）。よって，本肢は正しい。

☆❷ **正** 利息付金銭消費貸借契約において，利率に関する定めがない場合，借主の債務不履行により貸主が借主に対して請求することができる遅延損害金は，債務者が遅滞の責任を負った最初の時点における法定利率（年3パーセント）による（民法419条1項本文,404条1項，2項）。よって，本肢は正しい。

5-4

❸ **正** 不動産の売買契約においては，売主が不動産を第一の買主とは別に，第二の買主に二重に譲渡し，第二の買主への移転登記が終了した場合には，売主に帰責事由があるといえるので，第一の買主は売主に対して債務不履行に基づく損害賠償請求をすることができる（判例）。よって，本肢は正しい。

5-2-1

☆❹ **誤** 金銭債務においては，不可抗力をもって抗弁とすることはできない。

ステップ29

金銭の給付を目的とする債務の不履行については，債務者は，不可抗力を抗弁とすることができない（民法419条3項）。したがって，ＡＢ間の金銭消費貸借契約において，借主Ｂは当該契約に基づく金銭の返済をＣからＢに支払われる売掛債権で予定していたが，その入金がなかった（Ｂの責めに帰すべき事由はない。）ため，返済期限が経過してしまった場合，Ｂは債務不履行に陥り，Ａに対して遅延損害金の支払義務を負う。よって，本肢は誤りであり，本問の正解肢となる。

●第1編　権利関係

債務不履行・解除

重要度 A

問 30

Aが，B所有の建物を代金8,000万円で買い受け，即日3,000万円を支払った場合で，残金は3カ月後所有権移転登記及び引渡しと引換えに支払う旨の約定があるときに関する次の記述のうち，民法の規定によれば，正しいものはどれか。

❶ Aは，履行期前でも，Bに残金を提供して建物の所有権移転登記及び引渡しを請求し，Bがこれに応じない場合，売買契約を解除することができる。

❷ Bが，履行期に建物の所有権移転登記はしたが，引渡しをしない場合，特別の合意がない限り，Aは，少なくとも残金の半額2,500万円を支払わなければならない。

❸ Bが，Aの代金支払いの受領を拒否してはいないが，履行期になっても建物の所有権移転登記及び引渡しをしない場合，Aは，Bに催告するだけで売買契約を解除することができる。

❹ Aが，履行期に残金を提供し，相当の期間を定めて建物の引渡しを請求したにもかかわらず，Bが建物の引渡しをしないので，AがCの建物を賃借せざるを得なかった場合，Aは，売買契約の解除のほかに，損害賠償をBに請求することができる。

(本試験 1996 年問 9 出題)

正解肢 4

合格者正解率	不合格者正解率
―	―

受験者正解率 ―

❶ **誤** 履行期前にBが履行に応じなくても，Aは解除できない。 5-2-2

買主Aが履行期前に残金を提供したとしても，Bの履行期が到来していない以上，Bには期限の利益がある（民法136条1項）。したがって，いまだBは履行遅滞に陥っていないので，AはBに対して債務不履行を理由とする解除をすることはできない。よって，本肢は誤り。

☆❷ **誤** Bが引渡しをしない以上，Aは残金を払わなくてよい。 ステップ27

本問のように残金と登記・引渡しを同時履行とする約定がある場合，売主・買主は同時履行の抗弁権を有する（民法533条）。したがって，買主Aは引渡しがなされなければ残金を支払わなくてよい。よって，本肢は誤り。

☆❸ **誤** 催告するだけでは解除できない。 ステップ27

売主が同時履行の抗弁権を有する場合，買主は履行の提供をすることなしに催告のみで契約を解除することはできない。したがって，買主Aは，売主Bに履行の提供をすることなしに催告するだけで契約を解除することができない。よって，本肢は誤り。

☆❹ **正** 履行期に履行の提供をし，催告をしたにもかかわらず相手方が履行をしない場合，債務不履行を理由とする解除ができ，（ただし，その期間を経過した時における債務の不履行がその契約及び取引上の社会通念に照らして軽微であるときは，契約を解除できない。）また，損害が発生していれば損害賠償を請求することができる（民法541条，545条4項，415条1項）。したがって，Aは，残金を提供して建物の引渡しを請求した場合，契約の解除及び損害賠償をBに請求することができる。よって，本肢は正しく，本問の正解肢となる。

●第1編　権利関係

債務不履行・解除

重要度 C

問 31

契約の解除に関する次の1から4までの記述のうち、民法の規定及び下記判決文によれば、誤っているものはどれか。

（判決文）

同一当事者間の債権債務関係がその形式は甲契約及び乙契約といった2個以上の契約から成る場合であっても、それらの目的とするところが相互に密接に関連付けられていて、社会通念上、甲契約又は乙契約のいずれかが履行されるだけでは契約を締結した目的が全体としては達成されないと認められる場合には、甲契約上の債務の不履行を理由に、その債権者が法定解除権の行使として甲契約と併せて乙契約をも解除することができる。

❶ 同一当事者間で甲契約と乙契約がなされても、それらの契約の目的が相互に密接に関連付けられていないのであれば、甲契約上の債務の不履行を理由に甲契約と併せて乙契約をも解除できるわけではない。

❷ 同一当事者間で甲契約と乙契約がなされた場合、甲契約の債務が履行されることが乙契約の目的の達成に必須であると乙契約の契約書に表示されていたときに限り、甲契約上の債務の不履行を理由に甲契約と併せて乙契約をも解除することができる。

❸ 同一当事者間で甲契約と乙契約がなされ、それらの契約の目的が相互に密接に関連付けられていても、そもそも甲契約を解除することができないような付随的義務の不履行があるだけでは、乙契約も解除することはできない。

❹ 同一当事者間で甲契約（スポーツクラブ会員権契約）と同時に乙契約（リゾートマンションの区分所有権の売買契約）が締結された場合に、甲契約の内容たる屋内プールの完成及び供用に遅延があると、この履行遅延を理由として乙契約を民法第541条により解除できる場合がある。

（本試験 2010 年問9出題）

❶ **正** 甲契約と併せて乙契約を解除することができるのは、契約の目的が相互に密接に関連付けられている場合である（判決文）。したがって、本肢のように、契約の目的が相互に密接に関連付けられていない場合には、甲契約上の債務の不履行を理由に、甲契約と併せて乙契約をも解除できるわけではない。よって、本肢は正しい。

❷ **誤** 乙契約の契約書に表示されていたときに限定されない。

契約の目的が相互に密接に関連付けられていて、社会通念上、甲契約又は乙契約のいずれかが履行されるだけでは契約を締結した目的が全体として達成されないと認められる場合に、甲契約と併せて乙契約をも解除することができる（判決文）。乙契約の契約書に表示されているときに限定されるわけではない。よって、本肢は誤りであり、本問の正解肢となる。

❸ **正** 甲契約と併せて乙契約をも解除することができるのは、甲契約上の債務不履行が認められる場合である（判決文）。本肢のように、そもそも甲契約を解除することができないような付随的義務の不履行があるにすぎない場合には、契約の目的が相互に密接に関連付けられていても、甲契約を解除することができない以上、乙契約も解除することはできない。よって、本肢は正しい。

❹ **正** 契約の目的が相互に密接に関連付けられていて、社会通念上、甲契約又は乙契約のいずれかが履行されるだけでは契約を締結した目的が全体として達成されないと認められる場合に、甲契約と併せて乙契約をも解除することができる（判決文）。甲契約と乙契約とがこのような関係にあれば、甲契約の履行遅延を理由に乙契約を解除することができる（民法541条、判例）。よって、本肢は正しい。

債務不履行・解除 重要度 B

問 32

AはBに甲建物を売却し、AからBに対する所有権移転登記がなされた。AB間の売買契約の解除と第三者との関係に関する次の記述のうち、民法の規定及び判例によれば、正しいものはどれか。

❶ BがBの債権者Cとの間で甲建物につき抵当権設定契約を締結し、その設定登記をした後、AがAB間の売買契約を適法に解除した場合、Aはその抵当権の消滅をCに主張できない。

❷ Bが甲建物をDに賃貸し引渡しも終えた後、AがAB間の売買契約を適法に解除した場合、Aはこの賃借権の消滅をDに主張できる。

❸ BがBの債権者Eとの間で甲建物につき抵当権設定契約を締結したが、その設定登記をする前に、AがAB間の売買契約を適法に解除し、その旨をEに通知した場合、BE間の抵当権設定契約は無効となり、Eの抵当権は消滅する。

❹ AがAB間の売買契約を適法に解除したが、AからBに対する甲建物の所有権移転登記を抹消する前に、Bが甲建物をFに賃貸し引渡しも終えた場合、Aは、適法な解除後に設定されたこの賃借権の消滅をFに主張できる。

(本試験 2004 年問 9 出題)

正解肢 1

合格者正解率 **56.3%** / 不合格者正解率 **35.9%**
受験者正解率 **48.4%**

☆❶ **正** 売買契約が解除された場合でも、第三者は、登記などの対抗要件を備えていれば保護される（判例）。したがって、Aは抵当権設定登記を備えたCに抵当権の消滅を主張できない。よって、本肢は正しく、本問の正解肢となる。

ステップ30
ステップ49

☆❷ **誤** Aは建物の引渡しを受けたDには主張できない。

売買契約が解除された場合でも、第三者は、登記などの対抗要件を備えていれば保護される（判例）。そして、建物賃貸借では、建物の引渡しをもって、第三者への対抗要件となる（借地借家法31条）。したがって、Aは、建物の引渡しを受けているDに賃借権の消滅を主張できない。よって、本肢は誤り。

ステップ30
ステップ46
ステップ92

❸ **誤** 抵当権設定行為が無効となるわけではない。

売買契約が解除された場合でも、第三者は、登記などの対抗要件を備えていれば保護される（判例）。ただし、第三者が対抗要件を備えていなくても、契約そのものが無効になるわけではない。よって、本肢は誤り。

ステップ30

☆❹ **誤** Aは建物の引渡しを受けたFには主張できない。

売買契約を解除した者と解除後に権利を取得した第三者とは、対抗関係に立つ（民法177条、判例）。したがって、Aは、建物の引渡しを受けているFに賃借権の消滅を主張できない。よって、本肢は誤り。

ステップ46
ステップ92

●第1編　権利関係

債務不履行・解除 重要度 特A

問 33

Aは，Bから土地建物を購入する契約（代金5,000万円，手付300万円，違約金1,000万円）を，Bと締結し，手付を支払ったが，その後資金計画に支障を来し，残代金を支払うことができなくなった。この場合，民法の規定及び判例によれば，次の記述のうち誤っているものはどれか。

❶ 「Aのローンが某日までに成立しないとき，契約は解除される」旨の条項がその契約にあり，ローンがその日までに成立しない場合は，Aが解除の意思表示をしなくても，契約は効力を失う。

❷ Aは，Bが履行に着手する前であれば，中間金を支払っていても，手付を放棄して契約を解除し，中間金の返還を求めることができる。

❸ Aの債務不履行を理由に契約が解除された場合，Aは，Bに対し違約金を支払わなければならないが，手付の返還を求めることはできる。

❹ Aの債務不履行を理由に契約が解除された場合，Aは，実際の損害額が違約金よりも少なければ，これを立証して，違約金の減額を求めることができる。

（本試験1994年問6出題）

正解肢 4

合格者正解率 ―
不合格者正解率 ―
受験者正解率 ―

☆❶ **正** 「Aのローンが某日までに成立しないとき，契約は解除される」旨の特約を結んだ以上，ローンがその日までに成立しなければ，Aが解除の意思表示をしなくても契約は解除され，効力を失うことになる。よって，本肢は正しい。 　5-5-4

☆❷ **正** 売買契約において手付が交付された場合，買主は，自らが契約の履行に着手していても，売主が契約の履行に着手する前であれば，手付を放棄して，契約を解除することができる（解約手付，民法557条1項）。よって，本肢は正しい。 　ステップ32

☆❸ **正** 違約金は，損害賠償額の予定と推定される（民法420条3項）。そして，損害賠償額の予定をした場合，債務不履行があれば，債権者は，予定賠償額を請求することができる。したがって，本肢の場合，Aは，Bに対し違約金（すなわち予定賠償額）を支払わなければならない。また，債務不履行を理由に契約が解除された場合には，手付金は返還される（原状回復義務，民法545条1項）。したがって，Aは，手付金の返還を求めることができる。よって，本肢は正しい。 　ステップ28 ステップ33

☆❹ **誤** 違約金は損害賠償額の予定と推定。減額はできない。 　ステップ28

契約で違約金が約定された場合，違約金は損害賠償額の予定と推定される（民法420条3項）。そして，損害賠償額の予定ということになれば，実際の損害額を立証しても，裁判所は，原則としてその額を増減することはできない。よって，本肢は誤りであり，本問の正解肢となる。

●第1編　権利関係

債務不履行・解除　重要度 B

問 34

買主Ａと売主Ｂとの間で建物の売買契約を締結し，ＡはＢに手付を交付したが，その手付は解約手付である旨約定した。この場合，民法の規定及び判例によれば，次の記述のうち正しいものはどれか。

❶ 手付の額が売買代金の額に比べて僅少である場合には，本件約定は，効力を有しない。

❷ Ａが，売買代金の一部を支払う等売買契約の履行に着手した場合は，Ｂが履行に着手していないときでも，Ａは，本件約定に基づき手付を放棄して売買契約を解除することができない。

❸ Ａが本件約定に基づき売買契約を解除した場合で，Ａに債務不履行はなかったが，Ｂが手付の額を超える額の損害を受けたことを立証できるとき，Ｂは，その損害全部の賠償を請求することができる。

❹ Ｂが本件約定に基づき売買契約を解除する場合は，Ｂは，Ａに対して，単に口頭で手付の額の倍額を償還することを告げて受領を催告するだけでは足りず，これを現実に提供しなければならない。

（本試験 2000 年問 7 出題）

正解肢 4

合格者正解率 **88.9%**
不合格者正解率 ―
受験者正解率 **78.2%**

❶ 誤　手付の額が少なくても、解約手付の効力を有する。

　手付の額が売買代金の額に比べて僅少（きんしょう）であっても、当事者が当該手付を解約手付と約定すれば、当該約定は有効である。よって、本肢は誤り。

☆❷ 誤　Bが履行に着手していないので、Aは手付解除できる。　ステップ32

　解約手付による解除は、自ら履行に着手している場合でも相手方が契約の履行に着手するまで認められる（民法557条1項ただし書）。したがって、Aは、自ら履行に着手していても、Bが履行に着手していないので、当該売買契約を解除することができる。よって、本肢は誤り。

☆❸ 誤　Aが手付解除したときは、Bは損害賠償請求できない。　ステップ33

　解約手付による解除は、買主は手付を放棄して、売主は手付の倍額を現実に提供して、契約を解除するものであり、当該解除に基づいて、損害賠償の請求をすることはできない（民法557条2項）。したがって、Bは手付の額を超える額の損害を受けたことを立証できたとしても、賠償請求することはできない。よって、本肢は誤り。

❹ 正　売主が手付の倍額を償還して売買契約を解除するためには、買主に対して現実の提供をすることを要する（民法557条1項）。よって、本肢は正しく、本問の正解肢となる。　ステップ32

●第1編　権利関係

危険負担

問 35

令和4年9月1日にA所有の甲建物につきAB間で売買契約が成立し、当該売買契約において同年9月30日をもってBの代金支払と引換えにAは甲建物をBに引き渡す旨合意されていた。この場合に関する次の記述のうち、民法の規定によれば、正しいものはどれか。

❶ 甲建物が同年8月31日時点でAB両者の責に帰すことができない火災により滅失していた場合、甲建物の売買契約は無効となり、Aの甲建物引渡し債務も、Bの代金支払債務も共に消滅する。

❷ 甲建物が同年9月15日時点でAの責に帰すべき火災により滅失した場合、有効に成立していた売買契約は、Aの債務不履行によって無効となる。

❸ 甲建物が同年9月15日時点でBの責に帰すべき火災により滅失した場合、Bは、代金支払債務の履行を拒むことができる。

❹ 甲建物が同年9月15日時点で自然災害により滅失した場合、Bは、代金支払債務の履行を拒むことができる。

(本試験 2007 年問 10 改題)

正解肢 4

合格者正解率 **49.0%** 不合格者正解率 **27.2%**
受験者正解率 **39.9%**

❶ **誤** 契約前に滅失しても，契約は有効である。 　6-1

A所有の甲建物は，売買契約成立前に滅失している。この場合，Aの甲建物引渡債務は原始的不能であるが，それによって甲建物の売買契約が無効となることはない（民法412条の2第2項参照）。よって，本肢は誤り。

☆❷ **誤** 債務不履行によって契約は無効とならない。 　6-1

A所有の甲建物が債務者Aの責めに帰すべき火災により滅失した場合，売買契約が無効となるのではなく，債務不履行の問題となり，Bは契約の解除（民法542条1項1号）や損害賠償請求（民法415条）をすることができる。よって，本肢は誤り。

☆❸ **誤** Bに帰責事由がある以上，Bは債務の履行を拒むことができない。 　ステップ34

A所有の甲建物が買主Bの責めに帰すべき火災により滅失した場合，買主Bは，反対給付である代金支払債務の履行を拒むことができない。（民法536条2項）。よって，本肢は誤り。

❹ **正** 当事者双方の責めに帰することができない事由によって債務を履行することができなくなったときは，債権者は，反対給付の履行を拒むことができる（民法536条1項）。よって，本肢は正しく，本問の正解肢となる。 　6-2-1

●第1編　権利関係

弁　済

問 36　AのBからの借入金100万円の弁済に関する次の記述のうち、民法の規定及び判例によれば、誤っているものはどれか。

❶　Aの兄Cは、Aが反対しても、Aの意思に反することをBが知っている場合には、Bに弁済することができる。

❷　Aの保証人DがBに弁済した場合、Dは、Aの承諾がなくても、Bに代位することができる。

❸　B名義の領収証をEが持参したので、AがEに弁済した場合において、Eに受領権限がなくても、Aが過失無くしてその事情を知らなかったときは、Aは、免責される。

❹　Aは、弁済に当たり、Bに対して領収証を請求し、Bがこれを交付しないときは、その交付がなされるまで弁済を拒むことができる。

(本試験1993年問6改題)

正解肢 1

合格者正解率　不合格者正解率

受験者正解率

☆❶ 誤　Aの兄にすぎないCは，Aが反対すれば弁済できない。　ステップ36

　弁済をすることについて正当な利益を有する者でない第三者は，債務者の意思に反して弁済することができない（民法474条2項本文）。ここでいう，「正当な利益を有する者」とは，物上保証人，抵当不動産の第三取得者，後順位担保権者等の自ら債務を負わないが，債務者の意思に反してでも弁済しうる「利害関係」を有する第三者をいう。そのため，単に債務者の兄弟というだけでは，利害関係があるとはいえない。したがって，Cは，Aの意思に反することをBが知っている場合には，Bに弁済をすることができない。よって，本肢は誤りであり，本問の正解肢となる。

☆❷ 正　弁済をするにつき正当な利益を有する者は，弁済によって当然に債権者に代位する（法定代位民法499条）。法定代位の場合，債務者への通知又は債務者の承諾は不要である（民法500条かっこ書）。保証人は弁済をすれば保証債務を免れるから，弁済をするにつき正当な利益を有する。したがって，Dは，弁済した場合，当然にBに代位する。よって，本肢は正しい。　ステップ37

☆❸ 正　弁済者が善意無過失で受取証書（領収証）の持参人に弁済した場合，たとえその者が受領権限を有しない者であっても，弁済は有効となる（民法478条）。よって，本肢は正しい。　ステップ35

❹ 正　弁済者は弁済受領者に対して受取証書の交付を請求することができる。そして，弁済者は，弁済受領者が受取証書を交付しないときは，弁済を拒むことができる（民法486条1項）。よって，本肢は正しい。　ステップ27

●第1編　権利関係

弁　済

問 37

Aを売主，Bを買主として甲建物の売買契約が締結された場合におけるBのAに対する代金債務（以下「本件代金債務」という。）に関する次の記述のうち，民法の規定及び判例によれば，誤っているものはどれか。

❶ Bが，本件代金債務につき受領権限のないCに対して弁済した場合，Cに受領権限がないことを知らないことにつきBに過失があれば，Cが受領した代金をAに引き渡したとしても，Bの弁済は有効にならない。

❷ Bが，Aの代理人と称するDに対して本件代金債務を弁済した場合，Dに受領権限がないことにつきBが善意かつ無過失であれば，Bの弁済は有効となる。

❸ Bが，Aの相続人と称するEに対して本件代金債務を弁済した場合，Eに受領権限がないことにつきBが善意かつ無過失であれば，Bの弁済は有効となる。

❹ Bは，本件代金債務の履行期が過ぎた場合であっても，特段の事情がない限り，甲建物の引渡しに係る履行の提供を受けていないことを理由として，Aに対して代金の支払を拒むことができる。

(本試験2019年問7改題)

正解肢 1

合格者正解率 **55.6%** 　不合格者正解率 **46.5%**
受験者正解率 **52.8%**

❶ **誤** Cが受領した金銭をAに引き渡せば，Bの弁済は有効となる。

受領権者以外の者に対してした弁済は，債権者がこれによって利益を受けた限度においてのみ，その効力を有する（民法479条）。これには，弁済者の善意・無過失は不要である。したがって，Bに過失があっても，Cが受領した代金をAに引き渡せば，Bの弁済は有効となる。よって，本肢は誤りであり，本問の正解肢となる。

☆❷ **正** 「受領権者以外の者であって取引上の社会通念に照らして受領権者としての外観を有するもの」に対してした弁済は，その弁済をした者が善意・無過失であれば有効となる（民法478条）。そして，代理人と称する者（詐称代理人）は，「受領権者以外の者であって取引上の社会通念に照らして受領権者としての外観を有するもの」にあたる（判例）。したがって，Bは，Dに受領権限がないことについて善意・無過失であれば，Bの弁済は有効となる。よって，本肢は正しい。

ステップ35

☆❸ **正** 「受領権者以外の者であって取引上の社会通念に照らして受領権者としての外観を有するもの」に対してした弁済は，その弁済をした者が善意・無過失であれば有効となる（民法478条）。そして，相続人と称する者（表見相続人）は，「受領権者以外の者であって取引上の社会通念に照らして受領権者としての外観を有するもの」にあたる（判例）。したがって，Bは，Eに受領権限がないことについて善意・無過失であれば，Bの弁済は有効となる。よって，本肢は正しい。

ステップ35

☆❹ **正** 同一の双務契約から生じた債務が存在する場合，当事者の一方は，相手方がその債務の履行の提供をするまでは，自己の債務の履行を拒むことができる（民法533条本文）。したがって，特段の事情がない本肢において，Bは甲建物の引渡しに係る履行の提供を受けていないことを理由として，Aに対して，代金の支払いを拒むことができる。よって，本肢は正しい。

ステップ27

●第1編　権利関係

弁済

問 38

弁済に関する次の1から4までの記述のうち，判決文及び民法の規定によれば，誤っているものはどれか。

（判決文）
借地上の建物の賃借人はその敷地の地代の弁済について法律上の利害関係を有すると解するのが相当である。思うに，建物賃借人と土地賃貸人との間には直接の契約関係はないが，土地賃借権が消滅するときは，建物賃借人は土地賃貸人に対して，賃借建物から退去して土地を明け渡すべき義務を負う法律関係にあり，建物賃借人は，敷地の地代を弁済し，敷地の賃借権が消滅することを防止することに法律上の利益を有するものと解されるからである。

---

❶ 借地人が地代の支払を怠っている場合，借地上の建物の賃借人は，借地人の意思に反しても，地代を弁済することができる。

❷ 借地人が地代の支払を怠っている場合，借地上の建物の賃借人が土地賃貸人に対して地代を支払おうとしても，土地賃貸人がこれを受け取らないときは，当該賃借人は地代を供託することができる。

❸ 借地人が地代の支払を怠っている場合，借地上の建物の賃借人は，土地賃貸人の意思に反しても，地代について金銭以外のもので代物弁済することができる。

❹ 借地人が地代の支払を怠っている場合，借地上の建物の賃借人が土地賃貸人に対して地代を弁済すれば，土地賃貸人は借地人の地代の不払を理由として借地契約を解除することはできない。

(本試験 2008 年問 8 改題)

☆❶ 正 弁済をするについて正当な利益を有する者でない第三者は、債務者の意思に反して、弁済をすることはできない。「正当な利益を有する者」とは、物上保証人、抵当不動産の第三取得者、後順位担保権者等の自ら債務を負わないが、債務者の意思に反してでも弁済しうる「利害関係」を有する第三者をいう（民法474条2項）。（判決文）によれば、借地上の建物の賃借人は敷地の地代の弁済について法律上の利害関係を有するとしている。したがって、借地上の建物の賃借人は、借地人の意思に反しても、地代の弁済をすることができる。よって、本肢は正しい。

ステップ36

❷ 正 債権者が弁済の受領を拒むときは、弁済をできる者は、供託をすることができる（民法494条1項1号）。借地上の建物の賃借人は、地代の弁済をするについて正当な利益を有し、弁済をできる者である。したがって、土地賃貸人が地代を受け取らないときは、借地上の建物の賃借人は、地代を供託することができる。よって、本肢は正しい。

7-1

☆❸ 誤 債権者の意思に反する代物弁済はできない。

代物弁済をするためには、弁済者が債権者との間で、債務者の負担した給付に代えて他の給付をすることにより債務を消滅させる旨の契約をする必要がある（民法482条）。したがって、借地上の建物の賃借人が代物弁済する場合には、土地賃貸人との代物弁済契約が必要である。本肢では、借地上の建物の賃借人は土地の賃貸人と代物弁済契約をしていないため、借地上の建物の賃借人は、代物弁済をすることはできない。よって、本肢は誤りであり、本問の正解肢となる。

7-5

☆❹ 正 地代の支払いがなされない場合、土地賃貸人は、一定の要件を満たすことにより、借地人の債務不履行を理由に借地契約を解除することができる（民法541条）。もっとも、第三者の弁済も、弁済である以上、債務者の弁済と変わらず、その債務を消滅させる。したがって、借地上の建物の賃借人が土地賃貸人に対して地代を弁済すれば、借地人の地代債務は消滅するのだから、土地賃貸人が借地人の地代の不払いを理由に借地契約を解除することはできなくなる。よって、本肢は正しい。

ステップ31

契約不適合責任

問 39

Aを売主，Bを買主として甲土地の売買契約を締結した場合における次の記述のうち，民法の規定及び判例によれば，正しいものはどれか。

❶ A所有の甲土地が契約の内容に適合しないものであることをAが知らなかった場合は，かかる不適合がBの責めに帰すべき事由によるものでないときであっても，Aは契約不適合責任を負う必要がない。

❷ BがAに解約手付を交付している場合，Aが契約の履行に着手していない場合であっても，Bが自ら履行に着手していれば，Bは手付を放棄して売買契約を解除することができない。

❸ 甲土地がAの所有地ではなく，他人の所有地であった場合には，AB間の売買契約は無効である。

❹ A所有の甲土地に契約内容に適合しない抵当権の登記があり，Bが当該土地の抵当権消滅請求をした場合には，Bは当該請求の手続が終わるまで，Aに対して売買代金の支払を拒むことができる。

(本試験 2009 年問 10 改題)

正解肢 4

合格者正解率 **90.4%** | 不合格者正解率 **67.5%**
受験者正解率 **83.4%**

☆❶ **誤** Ａは契約不適合責任を負わなければならない。 ステップ38

契約不適合責任は，引き渡された目的物が種類，品質又は数量に関して契約の内容に適合しないものである場合や移転した権利が契約の内容に適合しない場合に売主が負う責任である（民法562条～566条）。Ａ所有の甲土地が契約の内容に適合しないものである以上，売主Ａが知らなかったとしても，契約不適合責任を負わなければならない。よって，本肢は誤り。

☆❷ **誤** Ｂは手付を放棄して売買契約を解除できる。 ステップ32

買主が売主に手付を交付したときは，当事者の一方が契約の履行に着手するまでは，買主はその手付を放棄し，売主はその倍額を現実に提供して，契約の解除をすることができる（民法557条1項）。そして，解約手付による解除は，自ら履行に着手している場合でも，相手方が契約の履行に着手していなければ認められる（民法557条1項ただし書）。よって，本肢は誤り。

☆❸ **誤** ＡＢ間の売買契約は無効ではない。

他人の物を売る契約も，有効である（他人物売買，民法561条）。したがって，甲土地がＡの所有地ではなく，他人の所有地であった場合でも，ＡＢ間の売買契約は有効である。よって，本肢は誤り。

❹ **正** 買い受けた不動産に契約内容に適合しない抵当権の登記があるときは，買主は，抵当権消滅請求の手続が終わるまで，その代金の支払いを拒むことができる（民法577条1項）。よって，本肢は正しく，本問の正解肢となる。 12-5-1

●第1編 権利関係

契約不適合責任

問 40

Aが、BからB所有の土地付中古建物を買い受けて引渡しを受けたが、建物の主要な構造部分に欠陥があり、契約内容に適合しないものであった。この場合、民法の規定及び判例によれば、次の記述のうち正しいものはどれか。なお、契約不適合責任については、特約はない。

❶ Aが、この契約不適合の存在を知って契約を締結した場合、AはBの契約不適合責任を追及して損害賠償請求をすることはできず、また契約の解除もすることができない。

❷ Aが、この契約不適合を理由に、Bの契約不適合責任を追及して催告による契約の解除をするためには、その契約不適合が契約及び取引上の社会通念に照らして軽微でないことが必要である。

❸ Aが、この契約不適合を知らないまま契約を締結した場合、契約締結から1年以内にその旨を売主に通知しなければ、原則として、AはBに対して契約不適合責任を追及することができなくなる。

❹ AB間の売買契約が、宅地建物取引業者Cの媒介により契約締結に至ったものである場合、Bに対して契約不適合責任が追及できるのであれば、AはCに対しても契約不適合責任を追及することができる。

(本試験 2003 年問 10 改題)

正解肢 2

合格者正解率 **90.8%** 　不合格者正解率 **64.8%**
受験者正解率 **77.1%**

☆❶ **誤** Aは悪意であっても，契約不適合責任を追及できる。 　ステップ38

引き渡された目的物が種類，品質又は数量に関して契約の内容に適合しないものであるときは，買主は，売主に対し，契約不適合責任として損害賠償請求（売主に帰責事由がある場合）及び契約の解除をすることができる。この場合，買主の主観は問わない（民法564条，415条，541条，542条）。したがって，Aが建物の契約不適合の存在を知って契約を締結した場合であっても，損害賠償請求（売主に帰責事由がある場合）及び契約の解除をすることができる。よって，本肢は誤り。

☆❷ **正** 引き渡された目的物が種類，品質又は数量に関して契約 　ステップ38
の内容に適合しないものである場合，買主は，相当の期間を定めて催告をし，その期間に履行がないときは，その契約を解除することができる（民法564条，541条本文）。ただし，その期間を経過した時における債務の不履行がその契約及び取引上の社会通念に照らして軽微でないことが必要である（民法541条但書）。よって，本肢は正しく，本問の正解肢となる。

☆❸ **誤** 契約締結から1年ではなく，知った時から1年である。 　ステップ38

売主が種類又は品質に関して契約の内容に適合しない目的物を買主が引き渡した場合において，買主がその不適合を知った時から1年以内にその旨を売主に通知しないときは，買主は，原則として，その不適合を理由として，契約不適合責任を追及することができない（民法566条本文）。本肢の場合，契約不適合を「知った時から」1年以内に通知をしなければならず，「契約締結から」ではない。よって，本肢は誤り。

☆❹ **誤** 媒介業者Cに契約不適合責任を追及することはできな 　ステップ38
い。

契約不適合責任は，売買の目的物につき，売主が負う責任である（民法562条1項本文）。したがって，売買契約の媒介を行ったにすぎないCに対して，Aは，契約不適合責任を追及することができない。よって，本肢は誤り。

●第1編 権利関係

契約不適合責任

問 41

宅地建物取引業者でも事業者でもないＡＢ間の不動産売買契約における売主Ａの責任に関する次の記述のうち、民法の規定及び判例によれば、誤っているものはどれか。

❶ 売買契約に、種類又は品質に関して契約不適合責任を負わない旨の特約が規定されていても、Ａが知りながらＢに告げなかった事実については、Ａは契約不適合責任を負わなければならない。

❷ Ｂは、引き渡された不動産が種類又は品質に関して契約の内容に適合しないものであることを発見しても、その債務の不履行がその契約及び取引上の社会通念に照らして軽微でないときであっても、契約不適合責任に基づいて売買契約を解除することはできない。

❸ Ｂが不動産に種類又は品質に関して契約不適合があることを契約時に知っていた場合や、Ｂの過失により不動産に種類又は品質に関して契約不適合があることに気付かず引渡しを受けてから当該契約不適合があることを知った場合でも、Ａは契約不適合責任を負う。

❹ Ｂは、種類又は品質に関して契約内容の不適合を知った時から1年以内にその旨をＡに通知しないときは、原則として、契約不適合責任を追及することができない。

（本試験 2007 年問 11 改題）

正解肢 2

合格者正解率 **88.6%** / 不合格者正解率 **67.7%**
受験者正解率 **79.9%**

☆❶ **正** 売主が契約不適合責任を負わないとする特約は有効である。しかし，売主は，契約不適合責任を負わない旨の特約をしたときであっても，知りながら告げなかった事実及び自ら第三者のために設定し又は第三者に譲り渡した権利については，その責任を免れることはできない（民法572条）。よって，本肢は正しい。

8-2-6

☆❷ **誤** 目的を達成することができないとまでいえない場合でも解除することができる。

引き渡された目的物が種類，品質又は数量に関して契約の内容に適合しないものである場合には，売主は契約不適合責任を負う（民法562条〜564条，566条）。契約不適合により買主が契約の目的を達成することができないとまではいえない場合でも債務不履行が契約及び社会通念に照らして軽微なものでなければ，催告による解除をすることができる（民法564条,541条）。よって，本肢は誤りであり，本問の正解肢となる。

ステップ38

☆❸ **正** 買主が売主に対して契約不適合責任を追及するためには，目的物が種類，品質又は数量に関して契約の内容に適合しないものであればよく，善意・無過失である必要はない（民法562条〜564条，566条）。よって，本肢は正しい。

ステップ38

☆❹ **正** 種類又は品質に関して契約不適合責任を追及するためには,買主が契約内容の不適合を知った時から1年以内にその旨を売主に通知しなければならず，これを怠った場合には，原則として，契約不適合責任を追及することができなくなる（民法566条本文）。よって，本肢は正しい。なお,売主が引渡しの時に契約内容の不適合について悪意・重過失の場合には,この限りでない（民法566条但書）。

●第1編　権利関係

契約不適合責任

重要度 特A

問 42

Aを売主, Bを買主とする甲土地の売買契約（以下この問において「本件契約」という。）が締結された場合の売主の責任に関する次の記述のうち, 民法の規定及び判例によれば, 誤っているものはいくつあるか。

ア Bが, 甲土地がCの所有物であることを知りながら本件契約を締結した場合, Aが甲土地の所有権を取得してBに移転することができないときであっても, BはAに対して, 損害賠償を請求することができない。

イ Bが, 甲土地がCの所有物であることを知りながら本件契約を締結した場合, Aが甲土地の所有権を取得してBに移転することができないときは, Bは, 本件契約を解除することができる。

ウ Bが, A所有の甲土地が抵当権の目的となっていることを知りながら本件契約を締結した場合, 当該抵当権の実行によってBが甲土地の所有権を失い損害を受けたとしても, BはAに対して, 損害賠償を請求することができない。

エ Bが, A所有の甲土地が抵当権の目的となっていることを知りながら本件契約を締結した場合, 当該抵当権の実行によってBが甲土地の所有権を失ったときは, Bは, 本件契約を解除することができる。

❶　一つ
❷　二つ
❸　三つ
❹　四つ

（本試験 2016 年問 6 改題）

正解肢 2

合格者正解率 **83.8%** 不合格者正解率 **45.1%**
受験者正解率 **70.0%**

☆**ア 誤** 全部他人物売買における損害賠償請求につき，買主の善意・悪意は問わない。

全部他人物売買において，売主が権利の全部を移転することができない場合は，買主は売主に帰責事由があれば損害の賠償を請求することができる（民法415条）。この場合，買主が善意であるか悪意であるかは問わない。本肢では，Bは甲土地がCの所有物であることを知っていても，Aに帰責事由があればAに対して損害の賠償を請求することができる。よって，本肢は誤り。

☆**イ 正** 全部他人物売買において，売主がその売却した権利を取得して買主に移転することができないときは，買主は，善意・悪意を問わず契約の解除をすることができる（民法542条1項）。したがって，Bは本件契約を解除することができる。よって，本肢は正しい。

☆**ウ 誤** 抵当権の行使により所有権を失った場合の損害賠償請求につき，買主の善意・悪意は問わない。

売買の目的である不動産について存した抵当権の行使により買主がその所有権を失ったときは，売主が権利の全部を移転することができない場合にあたり，買主は，売主に帰責事由があれば損害の賠償を請求することができる。この場合，買主が善意であるか悪意であるかは問わない。本肢では，Bは甲土地が抵当権の目的となっていることを知っているが，Aに帰責事由があればAに対して損害の賠償を請求することができる。よって，本肢は誤り。

☆**エ 正** 売買の目的である不動産について存した抵当権の行使により買主がその所有権を失ったときは，売主が権利の全部を移転することができない場合にあたり，買主は，善意・悪意を問わず契約の解除をすることができる（民法542条1項）。したがって，Bは，本件契約を解除することができる。よって，本肢は正しい。

以上より，誤っているものはア，ウの二つであり，❷が本問の正解肢となる。

●第1編　権利関係

契約不適合責任

問 43

Aは，中古自動車を売却するため，Bに売買の媒介を依頼し，報酬として売買代金の3%を支払うことを約した。Bの媒介によりAは当該自動車をCに100万円で売却した。この場合に関する次の記述のうち，民法の規定及び判例によれば，正しいものはどれか。

❶ Bが報酬を得て売買の媒介を行っているので，CはAから当該自動車の引渡しを受ける前に，100万円をAに支払わなければならない。

❷ 当該自動車の品質が契約内容に適合しない場合には，CはAに対しても，Bに対しても，契約不適合責任を追及することができる。

❸ 売買契約が締結された際に，Cが解約手付として手付金10万円をAに支払っている場合には，Aはいつでも20万円を現実に提供して，売買契約を解除することができる。

❹ 売買契約締結時には当該自動車がAの所有物ではなく，Aの父親の所有物であったとしても，AC間の売買契約は有効に成立する。

（本試験 2017 年問 5 改題）

正解肢 4
合格者正解率 86.4%
不合格者正解率 59.5%
受験者正解率 74.5%

☆❶ 誤 代金の支払いが先履行とはならない。 ステップ27

　売買契約は双務契約であり，目的物の引渡しと代金の支払いは同時に行うことが原則である（民法533条）。また，目的物の引渡し時期や代金の支払い時期は当事者の合意によって決めることもできる。いずれにしろ，報酬を得る者が媒介を行っているからといって，代金の支払いが先履行となるということはない。したがって，CはAから当該自動車の引渡しを受ける前に100万円を支払う必要はない。よって，本肢は誤り。

☆❷ 誤 媒介を行う者に契約不適合責任を追及することはできない。 ステップ38

　契約不適合責任は，引き渡された目的物が種類，品質又は数量に関して契約の内容に適合しない場合に売主が負う責任である（民法562条1項本文）。本問の場合，Bは媒介を行っているのであって売主ではない。したがって，Cは，売主であるAに対して契約不適合責任の追及はできるが，Bに対して契約不適合責任を追及することはできない。よって，本肢は誤り。

☆❸ 誤 いつでも解除ができるわけではない。 ステップ32

　手付を交付したときは，相手方が契約の履行に着手するまでは，買主はその手付を放棄し，売主はその倍額を現実に提供して，契約の解除をすることができる（民法557条1項）。相手方が履行に着手した後は手付解除ができなくなる。したがって，Aはいつでも解除することができるわけではない。よって，本肢は誤り。

☆❹ 正 民法上，他人の物を売買契約の目的としても，売買契約は有効である（民法561条　他人物売買）。したがって，当該自動車がAの所有物でなくても，AC間の売買契約は有効に成立する。よって，本肢は正しく，本問の正解肢となる。

●第1編　権利関係

契約不適合責任

重要度 A

問 44

事業者ではないAが所有し居住している建物につきAB間で売買契約を締結するに当たり，Aは建物引渡しから3か月以内に通知した場合に限り品質に関して契約不適合責任を負う旨の特約を付けたが，売買契約締結時点において当該建物の構造耐力上主要な部分の品質が契約の内容に適合せず（契約不適合），Aはそのことを知っていたがBに告げず，Bはそのことを知らなかった。この場合に関する次の記述のうち，民法の規定によれば，正しいものはどれか。

❶ Bが当該契約不適合の存在を建物引渡しから1年が経過した時に知ったとしても，BはAに対して契約不適合責任を追及することができる。

❷ 引き渡された当該建物の構造耐力上主要な部分の品質が契約の内容に適合しない場合には，当該契約不適合がBの責めに帰すべき事由によるものであるか否かにかかわらず，Bは契約不適合を理由に売買契約を解除することができる。

❸ Bが契約不適合を理由にAに対して損害賠償請求をすることができるのは，契約不適合を理由に売買契約を解除することができない場合に限られる。

❹ AB間の売買をBと媒介契約を締結した宅地建物取引業者Cが媒介していた場合には，BはCに対して契約不適合責任を追及することができる。

(本試験 2019 年問 3 改題)

正解肢 1

合格者正解率 **93.3%** | 不合格者正解率 **75.1%**
受験者正解率 **87.7%**

☆❶ 正 売主が品質に関して契約不適合責任を負わないとする特約は有効である。しかし、売主が、その目的物が品質に関して契約の内容に適合しないことを知りながら告げなかった事実については、契約不適合責任を免れることはできない（民法572条）。なお、この特約には売主の契約不適合責任を軽減する場合も含む。そして、買主は、売主が契約不適合であることを知り又は重大な過失によって知らなかったときは、売主に目的物が契約不適合である旨の通知をする必要はない（民法566条但書）。本肢では、売主Aと買主Bとの間で、その通知期間を3ヵ月として、Aの契約不適合責任を軽減する特約がなされているが、Aは契約不適合の存在を知りながらこれをBに告げていないため、契約不適合責任を免れることはできない。したがって、BはAに対して契約不適合責任を追及することができる。よって、本肢は正しく、本問の正解肢となる。

ステップ38

☆❷ 誤 Bの責めに帰すべき事由によるときは契約を解除することができない。

引き渡された目的物が種類、品質又は数量に関して契約の内容に適合しないものであるときは、解除の要件を満たせば、買主は契約を解除することができる（民法564条, 562条1項, 541条, 542条）。ただし、その契約不適合が買主の責めに帰すべき事由によるものであるときは、買主は、当該契約の解除をすることができない（民法543条）。したがって、Bが契約を解除するためには、その当該契約不適合がBの責めに帰すべき事由によるものでないことが必要である。よって、本肢は誤り。

8-2

☆❸ 誤 買主は、契約を解除できる場合も損害賠償の請求をすることができる。

引き渡された目的物が種類、品質又は数量に関して契約の内容に適合しないものであるときは、解除の要件を満たせば、買主は契約を解除することができる（民法564条, 562条1項, 541条, 542条）。そして、解除権の行使は、損害賠償の請求を妨げない（民法545条4項）。したがって、Bは、売買契約を解除することができる場合であっても、契約不適合を理由にAに対して損害賠償請求をすることができるのであり、売買契約を解除することができない場合に限られない。よって、本肢は誤り。

ステップ30
ステップ38

☆❹ 誤 媒介業者Cに契約不適合責任を追及することができない。

契約不適合責任は、売買の目的物につき、売主が負う責任である（民法562条1項参照）。したがって、売買契約の媒介を行ったにすぎないCに対して、Bは、契約不適合責任を追及することができない。よって、本肢は誤り。

8-2

90　LEC東京リーガルマインド　2022年版出る順宅建士 ウォーク問過去問題集①権利関係

●第1編　権利関係

契約不適合責任

問 45　Aが，Bに建物を売却し，代金受領と引換えに建物を引き渡した後に，Bが，この建物が品質に関して契約の内容に適合しないこと（契約不適合）を発見したが，売主の契約不適合責任についての特約はない。この場合，民法の規定及び判例によれば，次の記述のうち誤っているものはどれか。

❶ Bは，この契約不適合がAの責めに帰すべき事由により生じたものであることを証明した場合に限り，この契約不適合に基づき履行の追完請求を主張できる。

❷ Bは，この売買契約を解除できない場合でも，この契約不適合により受けた損害につき，Aに対し賠償請求できる。

❸ Bが，Aに対し，この契約不適合に基づき行使できる権利は，原則として，Bがその不適合を知った時から1年以内にその旨を売主に通知しなければ行使できない。

❹ この契約不適合部分の履行の一部が不能であり，残存する部分のみではこの売買契約を締結した目的を達することができない場合，Bは，この売買契約を解除できる。

（本試験 2002 年問9改題）

正解肢 1

☆❶ **誤** 契約不適合責任に基づく履行の追完請求は，損害賠償請求権（民法415条1項）と異なり，売主の帰責性は要求されていない（民法562条1項参照）。よって，本肢は誤りであり，本問の正解肢となる。 ステップ38

☆❷ **正** 売買の目的物が種類，品質又は数量に関して契約の内容に適合しない場合，買主は，①責めに帰すべき事由のある売主に対し損害賠償請求することができ，②さらに，一部履行不能であり契約をした目的を達することができない等の場合には，売買契約を解除することができる（民法564条，415条，541条，542条）。したがって，解除できない場合でも，損害賠償請求はできる。よって，本肢は正しい。 ステップ38

☆❸ **正** 売主が種類又は品質に関して契約の内容に適合しない目的物を買主に引き渡した場合において，買主がその不適合を知った時から1年以内にその旨を売主に通知しないときは，原則として，買主は，その不適合を理由として，契約不適合責任を追及することができない（民法566条本文）。よって，本肢は正しい。 ステップ38

☆❹ **正** 肢2の解説で述べたように，引き渡された目的物の一部が契約内容に適合せず，履行不能であり，残存する部分のみでは契約をした目的を達することができないときは，買主は，契約を解除することができる（民法564条，542条1項3号）。よって，本肢は正しい。 ステップ38

● 第1編　権利関係

契約不適合責任

重要度 B

問 46

宅地建物取引業者であるAが，自らが所有している甲土地を宅地建物取引業者でないBに売却した場合のAの責任に関する次の記述のうち，民法及び宅地建物取引業法の規定並びに判例によれば，誤っているものはどれか。

❶ 売買契約で，Aが一切の契約不適合責任を負わない旨を合意したとしても，Aは甲土地の引渡しの日から2年以内に通知を受けた場合は，契約不適合責任を負わなければならない。

❷ 甲土地に設定されている抵当権が実行されてBが所有権を失った場合，Bが甲土地に抵当権が設定されていることを知っていたとしても，BはAB間の売買契約を解除することができる。

❸ Bが契約不適合責任を追及する場合には，引渡しを受けた甲土地の品質に関する契約不適合の存在を知った時から1年以内にその契約不適合の事実をAに通知すればよく，1年以内に訴訟を提起して契約不適合責任を追及するまでの必要はない。

❹ 売買契約で，Aは甲土地の引渡しの日から2年間だけ契約不適合責任を負う旨を合意したとしても，Aが知っていたのにBに告げなかった契約内容に不適合な事実については，契約不適合責任に基づく損害賠償請求権が時効で消滅するまで，Bは当該損害賠償を請求できる。

(本試験 2008年問9改題)

正解肢 1

合格者正解率 **80.5%** 不合格者正解率 **46.9%**
受験者正解率 **68.0%**

☆❶ **誤** 引渡し日から2年間ではなく知った時から1年間である。

宅建業者が自ら売主となる場合の目的物の種類又は品質に関しての契約不適合責任については、その責任を追及するために行う通知の期間を目的物の引渡しの日から2年以上とする特約を除き、民法の規定よりも買主に不利となる特約をしてはならず、この規定に反する特約は無効となる（宅建業法40条1項、2項）。そして、この場合、民法の規定が適用され、その期間は、買主が目的物の種類又は品質に関しての契約不適合の事実を知った時から1年となる（民法566条本文）。したがって、本肢の「一切の契約不適合責任を負わない」旨の合意は、Bに不利な特約として無効であり、民法の規定により、Aは、Bが契約不適合の事実を知った時から1年以内に通知を受けた場合は、契約不適合責任を負わなければならない。よって、本肢は誤りであり、本問の正解肢となる。

☆❷ **正** 売買の目的物に抵当権が設定されており、その抵当権が実行された結果、買主が所有権を失った場合、権利の移転について全部不能となっているため、解除することができる（民法542条1項）。よって、本肢は正しい。

❸ **正** 目的物の種類又は品質に関する契約不適合責任は、契約内容の不適合を知った時から1年以内にその旨をAに通知しないときは、原則として追及することができない（民法566条本文）。そして、買主が契約不適合責任を追及する場合、契約不適合責任を追及する意思を裁判外で明確に告げることで足り、裁判上で権利行使をする必要はない（判例）。よって、本肢は正しい。

❹ **正** 本肢も肢1の記述のとおり、民法が適用される（宅建業法40条2項）。買主の契約不適合責任に基づく損害賠償請求権は、①債権者が権利を行使することができることを知った時から5年間、②権利を行使することができる時から10年間行使しないときに、時効消滅する（民法166条1項、判例）。したがって、Bは引渡しから2年間だけでなく、損害賠償請求権が時効消滅するまで、当該損害賠償を請求することができる。よって、本肢は正しい。

●第1編　権利関係

相　続

問 47

甲建物を所有するAが死亡し，相続人がそれぞれAの子であるB及びCの2名である場合に関する次の記述のうち，民法の規定及び判例によれば，誤っているものはどれか。

---

❶　Bが甲建物を不法占拠するDに対し明渡しを求めたとしても，Bは単純承認をしたものとはみなされない。

❷　Cが甲建物の賃借人Eに対し相続財産である未払賃料の支払いを求め，これを収受領得したときは，Cは単純承認をしたものとみなされる。

❸　Cが単純承認をしたときは，Bは限定承認をすることができない。

❹　Bが自己のために相続の開始があったことを知らない場合であっても，相続の開始から3か月が経過したときは，Bは単純承認をしたものとみなされる。

(本試験 2016 年問 10 出題)

正解肢 **4**

合格者正解率 **72.2%** 不合格者正解率 **47.7%**
受験者正解率 **63.4%**

❶ **正** 相続人が相続財産の全部又は一部を処分したとき、単純承認をしたものとみなされるが、保存行為を行っても、単純承認をしたものとはみなされない（民法921条1号）。建物の共有者が不法占拠者に対して建物明渡しを求めることは保存行為にあたるので（判例、民法252条但書）、Bが甲建物を不法占拠するDに対し、明渡しを求めたとしても、Bは単純承認をしたものとみなされない。よって、本肢は正しい。

❷ **正** 相続人が、被相続人の有していた債権を取り立てて、これを収受領得する行為は、相続財産の処分にあたる（判例）。したがって、Cが賃借人Eに対し相続財産である未払賃料の支払いを求め、これを収受領得したときは、Cは単純承認したものとみなされる。よって、本肢は正しい。

☆❸ **正** 相続人が数人あるときは、限定承認は、共同相続人の全員が共同してのみこれをすることができる（民法923条）。したがって、Cが単純承認したときは、Bは限定承認をすることができない。よって、本肢は正しい。

ステップ41

☆❹ **誤** 相続の承認・放棄の熟慮期間は、相続があったことを知った時から3カ月。

相続人が、自己のために相続の開始があったことを知った時から3カ月以内に、相続について放棄又は限定承認をしなかったときは、単純承認をしたものとみなされる（民法921条2号、915条1項本文）。したがって、Bが自己のために相続の開始があったことを知らないときは、相続の開始から3カ月が経過したとしても、単純承認をしたものとみなされない。よって、本肢は誤りであり、本問の正解肢となる。

ステップ41

●第1編 権利関係

相 続

問 48

Aは未婚で子供がなく，父親Bが所有する甲建物にBと同居している。Aの母親Cは令和2年3月末日に死亡している。AにはBとCの実子である兄Dがいて，DはEと婚姻して実子Fがいたが，Dは令和4年3月末日に死亡している。この場合における次の記述のうち，民法の規定及び判例によれば，正しいものはどれか。

---

❶ Bが死亡した場合の法定相続分は，Aが2分の1，Eが4分の1，Fが4分の1である。

❷ Bが死亡した場合，甲建物につき法定相続分を有するFは，甲建物を1人で占有しているAに対して，当然に甲建物の明渡しを請求することができる。

❸ Aが死亡した場合の法定相続分は，Bが4分の3，Fが4分の1である。

❹ Bが死亡した後，Aがすべての財産を第三者Gに遺贈する旨の遺言を残して死亡した場合，FはGに対して遺留分を主張することができない。

(本試験 2012 年問 10 改題)

正解肢 4

合格者正解率 59.1% 不合格者正解率 34.1%
受験者正解率 50.5%

☆❶ 誤　子の配偶者は，代襲して相続人にならない。

　問とは異なり，仮にDが生きているとしたら，Bが死亡した場合の法定相続分は，Aが2分の1，Dが2分の1である（民法900条4号）。問では，Dが死亡しているので，Bが死亡した場合の法定相続分がどうなるのかが問題となる。被相続人の子が死亡したときは，その者の子が代襲して相続人になるのであり（民法887条2項），配偶者は，代襲して相続人にならない。そうすると，Bが死亡した場合の法定相続分は，Aが2分の1，Fが2分の1である。よって，本肢は誤り。

❷　誤　当然に明渡請求をすることはできない。

　肢1で述べたように，Bが死亡した場合の法定相続分は，Aが2分の1，Fが2分の1である。A，Fはそれぞれ2分の1の持分で，甲建物を共有する（民法898条）。そして，共有持分の価格が過半数を超える者は，共有物を単独で占有する他の共有者に対して当然にその明渡しを請求することができるものではない（判例）。この判例からすると，共有持分の価格が過半数を超えない者が，共有物を単独で占有する他の共有者に対して共有物の明渡しを請求することも認められないといえる。よって，本肢は誤り。

☆❸　誤　直系尊属であるBがすべてを相続する。

　被相続人の兄弟姉妹が法定相続人となるのは，被相続人に子及び直系尊属がいない場合である（民法889条1項）。問とは異なり，仮にDが生きているとしたとしても，Aが死亡した場合の法定相続人は，直系尊属であるBのみであり，兄であるDは法定相続人とならない。そして，被相続人の直系尊属がいるために被相続人の兄弟姉妹が法定相続人とならない以上，被相続人の兄弟姉妹の子もまた代襲相続しない。よって，本肢は誤り。

☆❹　正　兄弟姉妹には，被相続人の相続財産について遺留分がない（民法1042条1項）。そして，被相続人の兄弟姉妹の子もまた，被相続人の相続財産について遺留分が当然ない。よって，本肢は正しく，本問の正解肢となる。

●第1編 権利関係

相 続

問 49

1億2,000万円の財産を有するAが死亡した。Aには、配偶者はなく、子B、C、Dがおり、Bには子Eが、Cには子Fがいる。Bは相続を放棄した。また、Cは生前のAを強迫して遺言作成を妨害したため、相続人となることができない。この場合における法定相続分に関する次の記述のうち、民法の規定によれば、正しいものはどれか。

---

❶ Dが4,000万円、Eが4,000万円、Fが4,000万円となる。
❷ Dが1億2,000万円となる。
❸ Dが6,000万円、Fが6,000万円となる。
❹ Dが6,000万円、Eが6,000万円となる。

(本試験 2017 年問 9 出題)

正解肢 3

Bは相続放棄をしていることから初めから相続人とならなかったものとなる（民法939条）。相続放棄があると代襲相続が生じることもなく，Bの子であるEは相続人とはならない（民法887条2項参照）。

また，CはAによりAの遺言作成を妨害しているので，相続の欠格事由に該当し，Cは相続人となることができない（民法891条3号）。しかし，相続欠格は代襲相続の原因となるので，Cの子FはCの相続分を代襲して相続する（民法887条2項）。

したがって，DとFが相続人となり，この両者の相続分は同じであるから，Dが6,000万円，Fが6,000万円を相続することになる（民法900条，901条）。

以上より，❸が本問の正解肢となる。

●第1編　権利関係

相　続

問 50

相続の承認及び放棄に関する次の記述のうち，民法の規定によれば，誤っているものはどれか。

❶ 相続の放棄をする場合，その旨を家庭裁判所に申述しなければならない。

❷ 相続人が数人あるときは，限定承認は，共同相続人の全員が共同してのみこれをすることができる。

❸ 相続人が，自己のために相続の開始があったことを知った時から3カ月（家庭裁判所が期間の伸長をした場合は当該期間）以内に，限定承認又は放棄をしなかったときは，単純承認をしたものとみなされる。

❹ 被相続人の子が，相続の開始後に相続放棄をした場合，その者の子がこれを代襲して相続人となる。

(本試験 2002 年問 12 出題)

正解肢 4

合格者正解率 **97.4%** / 不合格者正解率 **84.0%**
受験者正解率 91.3%

❶ **正** 相続の放棄をしようとする者は，その旨を家庭裁判所に申述しなければならない（民法938条）。よって，本肢は正しい。 ステップ41

☆❷ **正** 相続人が数人あるときは，限定承認は，共同相続人の全員が共同してのみこれをすることができる（民法923条）。よって，本肢は正しい。 ステップ41

☆❸ **正** 相続人が，自己のために相続の開始があったことを知った時から3カ月（家庭裁判所が期間の伸長をしたときは当該期間）以内に，限定の承認又は放棄をしなかったときは，単純承認をしたものとみなされる（民法915条1項，921条1項2号）。よって，本肢は正しい。 9-4

☆❹ **誤** 相続放棄した者の子は代襲相続しない。 ステップ39

被相続人の子が，相続の開始後に相続放棄をした場合，その者の子は，代襲相続しない（民法939条，民法887条2項参照）。よって，本肢は誤りであり，本問の正解肢となる。

●第1編　権利関係

相　続

問 51

遺言に関する次の記述のうち、民法の規定によれば、正しいものはどれか。

❶ 自筆証書遺言は、その内容をワープロ等で印字していても、日付と氏名を自書し、押印すれば、有効な遺言となる。

❷ 疾病によって死亡の危急に迫った者が遺言する場合には、代理人が2名以上の証人と一緒に公証人役場に行けば、公正証書遺言を有効に作成することができる。

❸ 未成年であっても、15歳に達した者は、有効に遺言をすることができる。

❹ 夫婦又は血縁関係がある者は、同一の証書で有効に遺言をすることができる。

(本試験 2010 年問 10 出題)

正解肢 **3**

合格者正解率 **93.0%** 不合格者正解率 **81.5%**
受験者正解率 **88.8%**

❶ **誤** 自筆証書遺言は，原則として全文を自書しなければならない。

9-5-1

自筆証書によって遺言をするには，遺言者が，その全文，日付及び氏名を自書し，これに印を押さなければならない（民法968条1項）。したがって，ワープロ等で印字した場合，その遺言は無効となる（民法960条）。よって，本肢は誤り。もっとも，財産目録については自書を要しない（民法968条2項）。

❷ **誤** 代理人によって遺言をすることはできない。

疾病その他の事由によって死亡の危急に迫った者が遺言をしようとするときは，証人3人以上の立会いをもって，その1人に遺言の趣旨を口授して，することができる（民法976条1項）。また，公正証書によって遺言をするには，証人2人以上の立会いがあり，遺言者が遺言の趣旨を公証人に口授すること等の手続きが必要である（民法969条）。いずれの場合でも，遺言者本人が遺言をするのであって，代理人によって遺言をすることはできない。よって，本肢は誤り。

☆❸ **正** 15歳に達した者は，遺言をすることができる（民法961条）。したがって，未成年であっても，15歳になれば，有効に遺言をすることができる。よって，本肢は正しく，本問の正解肢となる。

ステップ42

❹ **誤** 複数の者が同一の証書によって遺言をすることはできない。

9-5-1

遺言は，2人以上の者が同一の証書ですることができない（民法975条）。たとえ夫婦又は血縁関係がある者であっても，変わりはない。よって，本肢は誤り。

●第1編　権利関係

相　続

問 52

遺言及び遺留分に関する次の記述のうち，民法の規定によれば正しいものはどれか。

❶ 自筆証書による遺言をする場合，証人二人以上の立会いが必要である。

❷ 自筆証書による遺言書を保管している者が，相続の開始後，これを家庭裁判所に提出してその検認を経ることを怠り，そのままその遺言が執行された場合，その遺言書の効力は失われる。

❸ 適法な遺言をした者が，その後更に適法な遺言をした場合，前の遺言のうち後の遺言と抵触する部分は，後の遺言により撤回したものとみなされる。

❹ 法定相続人が配偶者Ａと子Ｂだけである場合，Ａに全財産を相続させるとの適法な遺言がなされた場合，Ｂは遺留分権利者とならない。

(本試験 2005 年問 12 改題)

正解肢 3

合格者正解率 94.7%　不合格者正解率 79.3%
受験者正解率 88.9%

❶ 誤　自筆証書遺言の場合，証人は不要である。

自筆証書遺言については，公正証書遺言などと異なり，証人の立会いという制度はない（民法968条）。よって，本肢は誤り。

❷ 誤　検認を怠っても，遺言書の効力は失われない。

検認とは，遺言書の保管者から提出された遺言書について，家庭裁判所が，偽造・変造を防ぐため，遺言書の存在及び内容について調査する手続きをいう（民法1004条1項）。そして，自筆証書遺言が検認手続きを経なかったとしても，遺言の効力が否定されるものではない（判例）。よって，本肢は誤り。

☆❸ 正　前の遺言が後の遺言と抵触するときは，その抵触する部分については，後の遺言で前の遺言を撤回したものとみなされる（民法1023条1項）。よって，本肢は正しく，本問の正解肢となる。

☆❹ 誤　子Bは，遺言書の内容に関わらず，遺留分権利者である。

被相続人の子は，遺留分権利者である（民法1042条）。そして，遺留分を侵害する遺贈がなされた場合，遺留分権利者は，受贈者に対し，遺留分侵害額に相当する金銭の支払を請求することができる（民法1046条）。遺留分権利者でなくなるわけではない。よって，本肢は誤り。

●第1編 権利関係

相 続

重要度 B

問 53

婚姻中の夫婦ＡＢ間には嫡出子ＣとＤがいて，Ｄは既に婚姻しており嫡出子Ｅがいたところ，Ｄは令和４年10月１日に死亡した。他方，Ａには離婚歴があり，前の配偶者との間の嫡出子Ｆがいる。Ａが令和４年10月２日に死亡した場合に関する次の記述のうち，民法の規定及び判例によれば，正しいものはどれか。

❶ Ａが死亡した場合の法定相続分は，Ｂが２分の１，Ｃが５分の１，Ｅが５分の１，Ｆが10分の１である。

❷ Ａが生前，Ａ所有の全財産のうち甲土地についてＣに相続させる旨の遺言をしていた場合には，特段の事情がない限り，遺産分割の方法が指定されたものとして，Ｃは甲土地の所有権を取得するのが原則である。

❸ Ａが生前，Ａ所有の全財産についてＤに相続させる旨の遺言をしていた場合には，特段の事情がない限り，Ｅは代襲相続により，Ａの全財産について相続するのが原則である。

❹ Ａが生前，Ａ所有の全財産のうち甲土地についてＦに遺贈する旨の意思表示をしていたとしても，Ｆは相続人であるので，当該遺贈は無効である。

(本試験 2013 年問 10 改題)

正解肢 **2**

合格者正解率 **72.9%** | 不合格者正解率 **58.1%**
受験者正解率 **67.2%**

☆❶ **誤** 嫡出子と前の配偶者の嫡出子は，相続分を等しくする。

　被相続人Aの子Dが，相続の開始以前に死亡した場合，Dの子Eが代襲して相続人となる（民法887条2項）。そのため，本問において，相続人となるのは，配偶者B，子であるF，C，子Dを代襲したEである。そして，子及び配偶者の相続分は，配偶者が2分の1，子が2分の1であり（民法900条1号），子が数人あるときの各自の相続分は相等しく（民法900条4号），代襲相続人の相続分は，その直系尊属が受けるべきであったものと同じとなる（民法901条1項）。したがって，本問の相続分は，Bが2分の1，Cが6分の1，Eが6分の1，Fが6分の1となる。よって，本肢は誤り。

❷ **正**　Aが自己所有の土地をCに相続させる旨の遺言をしている。そこで，特定の遺産を特定の相続人に「相続させる」趣旨の遺言の解釈が問題となる。「相続させる」趣旨の遺言は，遺贈と解すべき特段の事情がない限り，遺産の分割の方法を定めたものであり，原則として，何らの行為を要せずして，被相続人死亡の時に，直ちにその遺産はその相続人に相続により承継される（最判平3.4.19）。したがって，Cは甲土地の所有権を取得する。よって，本肢は正しく，本問の正解肢となる。

❸ **誤** 当該相続人が遺言者より先に死亡した場合，本件遺言は原則効力を生じない。

　Aの遺言によって相続させるものとされたDは，Aが死亡する以前に死亡している。そこで，遺産を相続させるものとされた推定相続人が遺言者の死亡以前に死亡した場合に，遺言の効力が生じるかが問題となる。「相続させる」趣旨の遺言をした遺言者は，通常，遺言時における特定の推定相続人に当該遺産を取得させる意思を有するにとどまるため，遺言により遺産を相続させるものとされた推定相続人が遺言者の死亡以前に死亡した場合には，遺言者がその推定相続人の代襲者その他の者に遺産を相続させる旨の意思を有していたとみるべき特段の事情のない限り，その効力を生じない（最判平23.2.22）。本肢の遺言では，遺言者が代襲相続人Eに全財産を相続させる意思を有していたとみるべき事実がうかがえない以上，EがAの全財産について相続するとはいえない。よって，本肢は誤り。

❹ **誤** 相続人に対する遺贈も有効となる。

　Aが生前，相続人であるFに対して遺贈する旨の意思表示をしている。そこで，相続人に対する遺贈が有効となるのかが問題となる。遺贈とは，遺言によって無償で財産的利益を他人に与える行為であり，相続人に対する遺贈を無効とする規定はないため，相続人に対する遺贈も有効である。したがって，Fに対する遺贈も有効である。よって，本肢は誤り。

●第1編　権利関係

相　続

問 54 成年Aには将来相続人となるB及びC（いずれも法定相続分は2分の1）がいる。Aが所有している甲土地の処分に関する次の記述のうち、民法の規定及び判例によれば、正しいものはどれか。

---

❶ Aが精神上の障害により事理を弁識する能力を欠く常況になった場合、B及びCはAの法定代理人となり甲土地を第三者に売却することができる。

❷ Aが「相続財産全部をBに相続させる」旨の有効な遺言をして死亡した場合、BがAの配偶者でCがAの子であるときはCには相続財産の4分の1の遺留分があるのに対し、B及びCがAの兄弟であるときはCには遺留分がない。

❸ Aが「甲土地全部をBに相続させる」旨の有効な遺言をして死亡し、甲土地以外の相続財産についての遺産分割協議の成立前にBがCの同意なく甲土地を第三者Dに売却した場合、特段の事情がない限り、CはBD間の売買契約を無権代理行為に準じて取り消すことができる。

❹ Aが遺言なく死亡し、B及びCの協議により甲土地をBが取得する旨の遺産分割協議を有効に成立させた場合には、後になってB及びCの合意があっても、甲土地をCが取得する旨の遺産分割協議を成立させることはできない。

（本試験 2006 年問 12 出題）

正解肢 2

合格者正解率 **69.0%** 不合格者正解率 **47.3%**
受験者正解率 **61.0%**

❶ **誤** 必ずしもB・CがAの法定代理人となるわけではない。

Aが精神上の障害により事理弁識能力を欠く常況になった場合でも，家庭裁判所による後見開始の審判を受けていないときは，Aは成年被後見人とはならず，成年後見人が付されることはない（民法8条）。また，B及びCは家庭裁判所によって成年後見人に選任されない限り，Aの法定代理人とはならない（民法843条1項参照）。よって，本肢は誤り。

☆❷ **正** 遺留分は，配偶者と子供が相続人であるときは，被相続人の財産の2分の1となる（民法1042条1項2号）。そこで，Cの遺留分は全体の遺留分に法定相続分を乗じたものとなり，本肢では1／2×1／2＝1／4となる（民法1042条2項，900条1号）。また，兄弟姉妹には遺留分は認められていない（民法1042条1項）。よって，本肢は正しく，本問の正解肢となる。

❸ **誤** CはBD間の売買契約を取り消すことができない。

遺言は，遺言者の死亡の時からその効力を生ずる（民法985条1項）。そして，特定の遺産を特定の相続人に「相続させる」旨の遺言があった場合，特段の事情のない限り，当該遺産は被相続人の死亡の時に直ちに相続により承継される（判例）。したがって，Bは甲土地を有効に売却することができるので，CはBD間の売買契約を取り消すことはできない。よって，本肢は誤り。

❹ **誤** B・Cは改めて遺産分割協議を成立させることができる。

一度有効に成立した遺産分割協議でも，共同相続人の全員の合意により解除した上，改めて遺産分割協議を成立させることはできる（判例）。よって，本肢は誤り。

●第1編 権利関係

相 続

問 55

遺留分に関する次の記述のうち、民法の規定及び判例によれば、誤っているものはどれか。

❶ 被相続人Aの配偶者BとAの弟Cのみが相続人であり、Aが他人Dに遺産全部を遺贈したとき、Bの遺留分は遺産の8分の3、Cの遺留分は遺産の8分の1である。

❷ 遺留分侵害額請求は、訴えを提起しなくても、内容証明郵便による意思表示だけでもすることができる。

❸ 相続が開始して9年6箇月経過する日に、はじめて相続の開始と遺留分を害する遺贈のあったことを知った遺留分権利者は、6箇月以内であれば、遺留分侵害額請求権を行使することができる。

❹ 被相続人Eの生前に、Eの子Fが家庭裁判所の許可を得て遺留分の放棄をした場合でも、Fは、Eが死亡したとき、その遺産を相続する権利を失わない。

(本試験 1997 年問 10 改題)

☆❶ **誤** 弟Cには遺留分はない。 ステップ43

　兄弟姉妹には遺留分は認められていない（民法1042条1項柱書）。したがって，弟Cについては遺留分はなく，本肢の場合，配偶者Bのみに遺留分（遺産の2分の1）が認められる。よって，本肢は誤りであり，本問の正解肢となる。

❷ **正** 遺留分侵害額請求権は形成権であり，相手方に対する意思表示により，遺留分侵害額に相当する金銭の給付を目的とする債権が発生する。したがって，必ずしも裁判所に訴えを提起する必要はない。よって，本肢は正しい。 ステップ43

❸ **正** 遺留分侵害額の請求権は，遺留分権利者が，相続の開始及び遺留分を侵害する贈与又は遺贈があったことを知った時から1年間行使しないとき，又は，相続開始のときから10年を経過することによって時効消滅する（民法1048条）。よって，本肢は正しい。 ステップ43

☆❹ **正** 遺留分の放棄は，相続人の相続分にはなんらの影響も及ぼさない。遺留分というのは，相続分とは別個のものだからである（民法1042条）。よって，本肢は正しい。 ステップ43

112　LEC東京リーガルマインド　2022年版出る順宅建士 ウォーク問過去問題集①権利関係

●第1編 権利関係

相 続

問 56

AがBに対して1,000万円の貸金債権を有していたところ、Bが相続人C及びDを残して死亡した場合に関する次の記述のうち、民法の規定及び判例によれば、誤っているものはどれか。

❶ Cが単純承認を希望し、Dが限定承認を希望した場合には、相続の開始を知った時から3か月以内に、Cは単純承認を、Dは限定承認をしなければならない。

❷ C及びDが相続開始の事実を知りながら、Bが所有していた財産の一部を売却した場合には、C及びDは相続の単純承認をしたものとみなされる。

❸ C及びDが単純承認をした場合には、法律上当然に分割されたAに対する債務を相続分に応じてそれぞれが承継する。

❹ C及びDが相続放棄をした場合であっても、AはBの相続財産管理人の選任を請求することによって、Bに対する貸金債権の回収を図ることが可能となることがある。

(本試験 2007 年問 12 出題)

正解肢 1

合格者正解率 **94.7%** | 不合格者正解率 **72.5%**
受験者正解率 **85.5%**

☆❶ **誤** 限定承認は相続人全員が共同して行わなければならない。 ステップ41

　限定承認は，共同相続人全員が共同してしなければならない（民法923条）。したがって，たとえば共同相続人が2人いる場合，一方は単純承認を，他方は限定承認をするなどということはできない。よって，本肢は誤りであり，本問の正解肢となる。

❷ **正** 相続人が相続財産の全部又は一部を処分したときは，その相続人は単純承認をしたものとみなされる（法定単純承認，民法921条1号）。よって，本肢は正しい。 9-4

❸ **正** 各共同相続人は，その相続分に応じて被相続人の権利義務を承継する（民法899条）。また，相続財産中の可分債務（金銭債務）は，相続により当然に分割され，その相続分に応じて各相続人に承継される（判例）。したがって，本肢の場合，BがAに対して負っていた債務は当然に分割されてC及びDに承継されることになる。よって，本肢は正しい。 9-3

❹ **正** 共同相続人の全員が相続放棄をした場合，その者たちは初めから相続人とならなかったものとみなされるから（民法939条），結果として相続人が不存在となり，相続財産法人が形成される（民法951条）。その場合，利害関係人（被相続人の債権者等）の請求により，裁判所は相続財産管理人を選任する（民法952条1項）。そして，その後当該相続財産は選任された相続財産管理人が管理・清算をすることになる。したがって，相続債権者（A）は，裁判所に対して被相続人（B）の相続財産管理人の選任を請求することによって，被相続人に対する貸金債権の回収を図ることが可能となることがある。よって，本肢は正しい。

●第1編　権利関係

相　続

問 57　Aが死亡し、相続人がBとCの2名であった場合に関する次の記述のうち、民法の規定及び判例によれば、正しいものはどれか。

❶　①BがAの配偶者でCがAの子である場合と、②BとCがいずれもAの子である場合とでは、Bの法定相続分は①の方が大きい。

❷　Aの死亡後、いずれもAの子であるBとCとの間の遺産分割協議が成立しないうちにBが死亡したときは、Bに配偶者Dと子Eがいる場合であっても、Aの遺産分割についてはEが代襲相続人として分割協議を行う。

❸　遺産分割協議が成立するまでの間に遺産である不動産から賃料債権が生じていて、BとCがその相続分に応じて当該賃料債権を分割単独債権として確定的に取得している場合、遺産分割協議で当該不動産をBが取得することになっても、Cが既に取得した賃料債権につき清算する必要はない。

❹　Bが自己のために相続の開始があったことを知った時から3か月以内に家庭裁判所に対して、相続によって得た財産の限度においてのみAの債務及び遺贈を弁済すべきことを留保して相続を承認する限定承認をする旨を申述すれば、Cも限定承認をする旨を申述したとみなされる。

(本試験 2017 年問 6 出題)

正解肢 **3**

合格者正解率 **25.2%** ／ 不合格者正解率 **19.3%**
受験者正解率 **22.6%**

☆❶ **誤** 各2分の1であり等しい。

被相続人の子（民法887条1項），配偶者（民法890条）は，相続人となる。また，子及び配偶者が相続人であるときは，子の相続分及び配偶者の相続分は，各2分の1となる（民法900条1号）。また，子が数人あるときは，各自の相続分は相等しいものとなる（民法900条4号）。したがって，①，②いずれの場合も，法定相続分は各2分の1であり等しい。よって，本肢は誤り。

❷ **誤** 代襲相続は生じない。

被相続人の子が，相続の開始以前に死亡したとき，その者の子がこれを代襲して相続人となる（民法887条2項）。しかし，本肢では，Aが死亡した後にBが死亡していることから，Bの子であるEに代襲相続が生じることはない。よって，本肢は誤り。

❸ **正** 賃料債権は，遺産とは別個の財産であり，各共同相続人がその相続分に応じて分割単独債権として確定的に取得する（判例）。したがって，当該賃料債権の帰属は後にされた遺産分割の影響を受けないことから，Cが既に取得した賃料債権につき清算をする必要はない。よって，本肢は正しく，本問の正解肢となる。

☆❹ **誤** 限定承認は，共同相続人の全員が共同してのみすることができる。

相続人が数人あるときは，限定承認は，共同相続人の全員が共同してのみこれをすることができる（民法923条）。そして，一人が限定承認をすれば，他の相続人も限定承認をする旨を申述したとみなされるとする規定は存在しない。したがって，Cも限定承認をする旨を申述したとみなされることはない。よって，本肢は誤り。

●第1編 権利関係

物権変動

問 58

Aの所有する土地をBが取得したが，Bはまだ所有権移転登記を受けていない。この場合，民法の規定及び判例によれば，Bが当該土地の所有権を主張できない相手は，次の記述のうちどれか。

❶ Aから当該土地を賃借し，その上に自己名義で保存登記をした建物を所有している者

❷ Bが移転登記を受けていないことに乗じ，Bに高値で売りつけ不当な利益を得る目的でAをそそのかし，Aから当該土地を購入して移転登記を受けた者

❸ 当該土地の不法占拠者

❹ Bが当該土地を取得した後で，移転登記を受ける前に，Aが死亡した場合におけるAの相続人

(本試験 1998 年問 1 出題)

登記がなければ自ら取得した土地の所有権を主張できない「第三者」とは、当事者及び包括承継人以外の者で、登記がないことを主張する正当な利益を有する者をいう（民法177条、判例）。❶から❹に登場する者が「第三者」にあたれば、移転登記を受けていないBは所有権を主張することはできない。以下各肢を検討する。

☆❶ **主張できない** 借地上に自己名義の登記ある建物を所有している賃借人は、登記がないことを主張する正当な利益を有するので、「第三者」にあたる（判例）。したがって、登記を有しないBは、当該土地の賃借人に対し、土地所有権を主張することができない。よって、本肢が本問の正解肢となる。 ステップ45 ステップ103

☆❷ **主張できる** 第一の買主を害する目的で土地を取得した第二の買主は、登記がないことを主張する正当な利益を有しないので「第三者」にあたらない（背信的悪意者、判例）。 ステップ45

☆❸ **主張できる** 土地の不法占拠者は無権利者であり、登記がないことを主張する正当な利益を有しないので「第三者」にあたらない（判例）。 ステップ45

☆❹ **主張できる** 本肢におけるAの地位を相続により包括承継した者（相続人）は、当事者と同様の立場にあり、「第三者」にあたらない（判例）。 ステップ45

●第1編　権利関係

物権変動

問 59 Aは，Aが所有している甲土地をBに売却した。この場合に関する次の記述のうち，民法の規定及び判例によれば，誤っているものはどれか。

❶ 甲土地を何らの権原なく不法占有しているCがいる場合，BがCに対して甲土地の所有権を主張して明渡請求をするには，甲土地の所有権移転登記を備えなければならない。

❷ Bが甲土地の所有権移転登記を備えていない場合には，Aから建物所有目的で甲土地を賃借して甲土地上にD名義の登記ある建物を有するDに対して，Bは自らが甲土地の所有者であることを主張することができない。

❸ Bが甲土地の所有権移転登記を備えないまま甲土地をEに売却した場合，Eは，甲土地の所有権移転登記なくして，Aに対して甲土地の所有権を主張することができる。

❹ Bが甲土地の所有権移転登記を備えた後に甲土地につき取得時効が完成したFは，甲土地の所有権移転登記を備えていなくても，Bに対して甲土地の所有権を主張することができる。

(本試験 2019 年問 1 出題)

合格者正解率 **81.6%** 不合格者正解率 **44.4%**
受験者正解率 **70.1%**

登記がなければ土地の所有権を主張できない「第三者」とは,当事者及び包括承継人以外の者で,登記がないことを主張する正当な利益を有する者をいう(民法177条,判例)。

☆❶ **誤** 不法占拠者に対しては,登記なくして明渡請求をすることができる。 ステップ45

土地の不法占拠者は,無権利者であり,登記がないことを主張する正当な利益を有しないため,「第三者」にあたらない。したがって,Bは不法占有しているCに対し,登記なくして明渡請求をすることができる。よって,本肢は誤りであり,本問の正解肢となる。

☆❷ **正** 借地上に自己名義の登記ある建物を所有している賃借人は,登記がないことを主張する正当な利益を有するので,「第三者」にあたる。したがって,登記を有しないBは,Dに対して,土地の所有者であることを主張することができない。よって,本肢は正しい。 ステップ45

☆❸ **正** 所有権が転々移転した場合の前主は,転得者との関係では当事者にあたるため,「第三者」にあたらない。したがって,EはAに対し,登記なくして甲土地の所有権を主張することができる。よって,本肢は正しい。 ステップ45

☆❹ **正** 時効完成前に所有者Aから所有権を取得し,登記を備えた者Bは,その後の時効取得者Fとの関係では,当事者にあたるため,「第三者」にあたらない。したがって,Fは登記なくして甲土地の所有権を主張することができる。よって,本肢は正しい。 ステップ46

●第1編 権利関係

物権変動

問 60

不動産の物権変動の対抗要件に関する次の記述のうち，民法の規定及び判例によれば，誤っているものはどれか。なお，この問において，第三者とはいわゆる背信的悪意者を含まないものとする。

---

❶ 不動産売買契約に基づく所有権移転登記がなされた後に，売主が当該契約に係る意思表示を詐欺によるものとして適法に取り消した場合，売主は，その旨の登記をしなければ，当該取消後に当該不動産を買主から取得して所有権移転登記を経た第三者に所有権を対抗できない。

❷ 不動産売買契約に基づく所有権移転登記がなされた後に，売主が当該契約を適法に解除した場合，売主は，その旨の登記をしなければ，当該契約の解除後に当該不動産を買主から取得して所有権移転登記を経た第三者に所有権を対抗できない。

❸ 甲不動産につき兄と弟が各自2分の1の共有持分で共同相続した後に，兄が弟に断ることなく単独で所有権を相続取得した旨の登記をした場合，弟は，その共同相続の登記をしなければ，共同相続後に甲不動産を兄から取得して所有権移転登記を経た第三者に自己の持分権を対抗できない。

❹ 取得時効の完成により乙不動産の所有権を適法に取得した者は，その旨を登記しなければ，時効完成後に乙不動産を旧所有者から取得して所有権移転登記を経た第三者に所有権を対抗できない。

(本試験 2007年問6出題)

合格者正解率 92.8%　不合格者正解率 68.2%
受験者正解率 82.5%

☆❶ 正　不動産の売買契約が詐欺を理由に取り消された場合，売主がその不動産の所有権を取消し後に利害関係を有するに至った第三者に対抗するには，登記を具備することが必要である（判例）。売主への所有権の復帰と第三者への所有権の移転は二重譲渡と同様の関係にあるからである。よって，本肢は正しい。

ステップ46

☆❷ 正　解除後に登場した第三者と，契約を解除して所有権を取り戻そうとする売主とは対抗関係に立つので，先に登記を備えた者が所有権を対抗することができる（判例）。よって，本肢は正しい。

ステップ46

☆❸ 誤　弟は，登記なくして自己の相続分を対抗できる。

10-6

共同相続人の1人である兄が不動産について単独で相続した旨の登記をしたうえ，これを第三者に譲渡した場合，他の共同相続人である弟は登記なくして自己の相続持分を対抗できる（判例）。兄は，弟の相続分については無権利者であるから，第三者も弟の相続分について無権利者である。よって，本肢は誤りであり，本問の正解肢となる。

☆❹ 正　時効による不動産所有権の取得について，時効完成後に当該不動産所有権を譲り受けた第三者に対抗するには，登記を具備することが必要である（判例）。よって，本肢は正しい。

ステップ46

●第1編 権利関係

物権変動

問 61

Aの所有する土地について，AB間で，代金全額が支払われたときに所有権がAからBに移転する旨約定して締結された売買契約に関する次の記述のうち，民法の規定及び判例によれば，正しいものはどれか。

---

❶ AからBへの所有権移転登記が完了していない場合は，BがAに代金全額を支払った後であっても，契約の定めにかかわらず，Bは，Aに対して所有権の移転を主張することができない。

❷ BがAに代金全額を支払った後，AがBへの所有権移転登記を完了する前に死亡し，CがAを相続した場合，Bは，Cに対して所有権の移転を主張することができる。

❸ Aが，Bとの売買契約締結前に，Dとの間で本件土地を売却する契約を締結してDから代金全額を受領していた場合，AからDへの所有権移転登記が完了していなくても，Bは，Aから所有権を取得することはできない。

❹ EがAからこの土地を賃借して，建物を建てその登記をしている場合，BがAに代金全額を支払った後であれば，AからBへの所有権移転登記が完了していなくても，Bは，Eに対して所有権の移転を主張することができる。

(本試験 1996 年問 3 出題)

正解肢 2

☆❶ 誤 買主Bは売主Aに登記なくして主張できる。

ステップ45

物権変動の当事者間では，意思表示のみで物権変動を主張することができる（民法176条）。本肢のAとBは物権変動の当事者であり，AB間で代金全額が支払われたときに所有権が移転する旨の約定がある以上，代金全額を支払ったBは登記なくしてAに対し所有権の移転を主張することができる。よって，本肢は誤り。

☆❷ 正 相続人は被相続人の一切の権利義務を包括的に承継するから（民法896条），本肢のCは，Aから売主としての地位を承継する。そうすると，BとCは，物権変動の当事者と同様の関係にあるから，❶で述べたように，Bは，登記なくして，Cに対し所有権の移転を主張することができる（判例）。よって，本肢は正しく，本問の正解肢となる。

ステップ45

❸ 誤 Bは所有権を取得できる。

10-2-3

一度譲渡された不動産は，移転登記を終えていない限り，さらに他の者に譲渡することは可能である。その場合の複数の譲受人間の優劣は登記により決められる（民法177条）。本肢では，Aが土地を先にDに譲渡しているが，Dへの移転登記を済ませていないから，BはAから所有権を取得することは可能である。よって，本肢は誤り。

☆❹ 誤 登記のない買主Bは借地権者Eに主張できない。

ステップ45
ステップ103

不動産の所有権を取得した者は，移転登記をしなければ，同じ不動産につき対抗力のある賃借権を有する第三者に対して所有権の移転を主張することはできない（民法177条，判例）。したがって，Bは，Aに代金全額を支払っていても，移転登記を完了していない以上，建物を建てその登記をしているEに対して所有権の移転を主張することはできない。よって，本肢は誤り。

●第1編 権利関係

物権変動

問 62

A所有の甲土地についての所有権移転登記と権利の主張に関する次の記述のうち、民法の規定及び判例によれば、正しいものはどれか。

❶ 甲土地につき、時効により所有権を取得したBは、時効完成前にAから甲土地を購入して所有権移転登記を備えたCに対して、時効による所有権の取得を主張することができない。

❷ 甲土地の賃借人であるDが、甲土地上に登記ある建物を有する場合に、Aから甲土地を購入したEは、所有権移転登記を備えていないときであっても、Dに対して、自らが賃貸人であることを主張することができる。

❸ Aが甲土地をFとGとに対して二重に譲渡してFが所有権移転登記を備えた場合に、AG間の売買契約の方がAF間の売買契約よりも先になされたことをGが立証できれば、Gは、登記がなくても、Fに対して自らが所有者であることを主張することができる。

❹ Aが甲土地をHとIとに対して二重に譲渡した場合において、Hが所有権移転登記を備えない間にIが甲土地を善意のJに譲渡してJが所有権移転登記を備えたときは、Iがいわゆる背信的悪意者であっても、Hは、Jに対して自らが所有者であることを主張することができない。

(本試験 2012 年問 6 出題)

正解肢 4

合格者正解率 **85.3%** 不合格者正解率 **60.4%**
受験者正解率 76.7%

☆❶ **誤** 登記をしていなくても，Bは時効による所有権の取得を対抗できる。　　ステップ46

時効完成前に原所有者から所有権を取得し登記を備えた者に対し，その後の時効取得者は，登記を備えなくても所有権の取得を主張することができる（民法162条，判例）。したがって，Bは登記を備えていなくてもCに所有権を主張することができる。よって，本肢は誤り。

☆❷ **誤** 登記をしていないEは，賃貸人であることを主張できない。　　10-2-2／10-2-3／16-4

他人に賃貸中の土地の譲受人は，所有権の移転登記を経由しなければ，自らが賃貸人であることも主張できない（民法605条の2第1項，3項）。したがって，いまだ所有権移転登記を得ていないEは，Dに対し，土地の所有権を対抗できず，賃貸人であることも主張できない。よって，本肢は誤り。

☆❸ **誤** Gは登記を備えていない以上，所有権を主張できない。　　ステップ45

不動産の二重譲渡がなされた場合，両譲受人の優劣は，登記の先後で決する（民法177条）。売買契約締結の先後で決するのではない。よって，本肢は誤り。

❹ **正** 不動産の二重譲渡において，背信的悪意者である一方の買主から当該不動産を譲り受け，登記も具備した者（転得者）は，自分自身がもう一方の買主との関係で背信的悪意者と評価されない限り，その不動産の取得をもう一方の買主に対抗することができる（判例）。JはHに対して自らが所有者であることを主張できるが，HはJに対して主張できない。よって，本肢は正しく，本問の正解肢となる。　　10-2-3

●第1編　権利関係

物権変動

問 63

AからB，BからCに，甲地が順次売却され，AからBに対する所有権移転登記がなされた。この場合，民法の規定及び判例によれば，次の記述のうち誤っているものはどれか。

---

❶ Aが甲地につき全く無権利の登記名義人であった場合，真の所有者Dが所有権登記をBから遅滞なく回復する前に，Aが無権利であることにつき善意のCがBから所有権移転登記を受けたとき，Cは甲地の所有権をDに対抗できる。

❷ BからCへの売却後，AがAB間の契約を適法に解除して所有権を取り戻した場合，Aが解除を理由にして所有権登記をBから回復する前に，その解除につき善意のCがBから所有権移転登記を受けたときは，Cは甲地の所有権をAに対抗できる。

❸ BからCへの売却前に，AがAB間の契約を適法に解除して所有権を取り戻した場合，Aが解除を理由にして所有権登記をBから回復する前に，その解除につき善意のCがBから甲地を購入し，かつ，所有権移転登記を受けたときは，Cは甲地の所有権をAに対抗できる。

❹ BからCへの売却前に，取得時効の完成により甲地の所有権を取得したEがいる場合，Eがそれを理由にして所有権登記をBから取得する前に，Eの取得時効につき善意のCがBから甲地を購入し，かつ，所有権移転登記を受けたときは，Cは甲地の所有権をEに対抗できる。

(本試験 2001 年問 5 出題)

正解肢 1

合格者正解率 **64.9%** / 不合格者正解率 **33.4%**
受験者正解率 **46.7%**

☆ ❶ **誤** 無権利者からの転得者Cは真の所有者Dに対抗できない。 ステップ45
 無権利者やその者からの譲受人，転得者は登記がなければ対抗できない第三者にあたらない。したがって，無権利者からの転得者Cは第三者にはあたらず，真の所有者Dは，登記がなくても，Cに対抗することができる。よって，本肢は誤りであり，本問の正解肢となる。

☆ ❷ **正** 当事者の一方がその解除権を行使した場合，各当事者は，互いに原状回復義務を負うことになるが，第三者の権利を害することはできない（民法545条1項但書）。ここで，第三者が保護されるためには，第三者が対抗要件を備えていることが必要である（判例）。したがって，解除前の第三者CがBから所有権移転登記を受けていたときは，Cは，甲地の所有権をAに主張することができる。よって，本肢は正しい。 ステップ30 ステップ46

☆ ❸ **正** 解除後に登場した第三者と，契約を解除して所有権を取り戻そうとする者とは，対抗関係に立つので，先に登記を備えた者が所有権を対抗することができる（民法177条，判例）。したがって，解除後の第三者CがBから所有権移転登記を受けたときは，Cは，甲地の所有権をAに対抗することができる。よって，本肢は正しい。 ステップ46

☆ ❹ **正** 時効によって不動産の所有権を取得した者は，登記がなければ，時効完成後の第三者にその権利の取得を対抗することができない（民法177条，判例）。したがって，Cは登記を備えている以上，甲地の所有権をEに対抗することができる。よって，本肢は正しい。 ステップ46

●第1編　権利関係

物権変動

問 64　AがBから甲土地を購入したところ、甲土地の所有者を名のるCがAに対して連絡してきた。この場合における次の記述のうち、民法の規定及び判例によれば、正しいものはどれか。

❶ CもBから甲土地を購入しており、その売買契約書の日付とBA間の売買契約書の日付が同じである場合、登記がなくても、契約締結の時刻が早い方が所有権を主張することができる。

❷ 甲土地はCからB、BからAと売却されており、CB間の売買契約がBの強迫により締結されたことを理由として取り消された場合には、BA間の売買契約締結の時期にかかわらず、Cは登記がなくてもAに対して所有権を主張することができる。

❸ Cが時効により甲土地の所有権を取得した旨主張している場合、取得時効の進行中にBA間で売買契約及び所有権移転登記がなされ、その後に時効が完成しているときには、Cは登記がなくてもAに対して所有権を主張することができる。

❹ Cは債権者の追及を逃れるために売買契約の実態はないのに登記だけBに移し、Bがそれに乗じてAとの間で売買契約を締結した場合には、CB間の売買契約が存在しない以上、Aは所有権を主張することができない。

（本試験2010年問4出題）

正解肢 3

合格者正解率 **62.2%** 不合格者正解率 **31.4%**
受験者正解率 **50.9%**

☆❶ **誤** 登記を備えていなければ，第三者に所有権を主張することができない。 <ステップ45>

　不動産の二重譲渡では，原則として，先に登記を備えた者が第三者に所有権を主張することができる（民法177条）。売買契約締結の先後で決するのではない。したがって，いずれも登記を備えていないＡＣは，自己の所有権を第三者に主張することができない。よって，本肢は誤り。

☆❷ **誤** 取消しの前後で異なる。 <ステップ3> <ステップ46>

　強迫による意思表示は，取消前の第三者には，その取消しを主張することができる（民法96条1項，3項）。しかし，取消後の第三者に対しては，登記を備えなければ，自己が所有者であることを第三者に主張することができない（民法177条，判例）。よって，売買契約の時期にかかわらずとする本肢は誤り。

☆❸ **正** 時効完成前に原所有者から所有権を取得し登記を備えた者に対し，その後の時効取得者は，登記を備えなくても所有権の取得を主張することができる（民法162条，判例）。当事者と同様の関係にあるからである。したがって，Ｃは登記を備えていなくてもＡに所有権を主張することができる。よって，本肢は正しく，本問の正解肢となる。 <ステップ46>

☆❹ **誤** Ａが善意であれば所有権を主張できる。 <ステップ4>

　虚偽表示による契約は，無効である（民法94条1項）。しかし，この無効は善意の第三者に主張することができない（民法94条2項，判例）。したがって，Ａが善意であれば，Ａは自己の所有権を主張することができる。よって，本肢は誤り。

●第1編　権利関係

物権変動

問 65

Aは，自己所有の建物をBに売却したが，Bはまだ所有権移転登記を行っていない。この場合，民法の規定及び判例によれば，次の記述のうち誤っているものはどれか。

❶ Cが何らの権原なくこの建物を不法占有している場合，Bは，Cに対し，この建物の所有権を対抗でき，明渡しを請求できる。

❷ DがAからこの建物を賃借し，引渡しを受けて適法に占有している場合，Bは，Dに対し，この建物の所有権を対抗でき，賃貸人たる地位を主張できる。

❸ この建物がAとEとの持分2分の1ずつの共有であり，Aが自己の持分をBに売却した場合，Bは，Eに対し，この建物の持分の取得を対抗できない。

❹ Aはこの建物をFから買い受け，FからAに対する所有権移転登記がまだ行われていない場合，Bは，Fに対し，この建物の所有権を対抗できる。

(本試験 2004 年問 3 出題)

正解肢 2

合格者正解率 **69.9%** 　不合格者正解率 **34.6%**
受験者正解率 **56.2%**

☆❶ 正　不動産に関する物権変動は，登記がなければ「第三者」に対抗することはできない（民法177条）。ここでいう「第三者」とは，当事者及びその包括承継人以外の者で登記がないことを主張する正当な利益を有する者をいう（判例）。そして，土地の不法占拠者は，登記がないことを主張する正当な利益を有しないので「第三者」にはあたらない（判例）。したがって，Bは，Cに対し，建物の所有権を対抗でき，所有権に基づいて建物の明渡しを請求できる。よって，本肢は正しい。

ステップ45

☆❷ 誤　登記が必要である。

ステップ45

　賃貸された建物の所有権を譲り受けた者は，所有権の移転登記を経由しなければ賃借人に所有権を対抗できず，賃貸人たる地位を取得したことも主張できない（民法177条，605条の2第1項，3項，判例）。したがって，いまだ所有権移転登記を得ていないBは，Dに対し，建物の所有権を対抗できず，賃貸人たる地位も主張できない。よって，本肢は誤りであり，本問の正解肢となる。

❸ 正　不動産に関する物権変動は，登記がなければ「第三者」に対抗することはできないが（民法177条），不動産の共有者の1人が自己の持分を譲渡した場合の，他の共有者は「第三者」にあたる（判例）。したがって，いまだ所有権移転登記を得ていないBは，Eに対して，建物の持分の取得を対抗できない。よって，本肢は正しい。

☆❹ 正　不動産に関する物権変動は，登記がなければ「第三者」に対抗することはできないが（民法177条），所有権が転々と移転した場合の前主は「第三者」にはあたらない。よって，Bは，Fに対し，建物の所有権を対抗できる。よって，本肢は正しい。

ステップ45

ステップ45

●第1編 権利関係

物権変動

重要度 特A

問 66

所有権がAからBに移転している旨が登記されている甲土地の売買契約に関する次の記述のうち，民法の規定及び判例によれば，正しいものはどれか。

❶ CはBとの間で売買契約を締結して所有権移転登記をしたが，甲土地の真の所有者はAであって，Bが各種の書類を偽造して自らに登記を移していた場合，Aは所有者であることをCに対して主張できる。

❷ DはBとの間で売買契約を締結したが，AB間の所有権移転登記はAとBが通じてした仮装の売買契約に基づくものであった場合，DがAB間の売買契約が仮装であることを知らず，知らないことに無過失であっても，Dが所有権移転登記を備えていなければ，Aは所有者であることをDに対して主張できる。

❸ EはBとの間で売買契約を締結したが，BE間の売買契約締結の前にAがBの債務不履行を理由にAB間の売買契約を解除していた場合，Aが解除した旨の登記をしたか否かにかかわらず，Aは所有者であることをEに対して主張できる。

❹ FはBとの間で売買契約を締結して所有権移転登記をしたが，その後AはBの強迫を理由にAB間の売買契約を取り消した場合，FがBによる強迫を知っていたとき又は知ることができたときに限り，Aは所有者であることをFに対して主張できる。

（本試験 2008 年問 2 改題）

正解肢 1

合格者正解率 **87.3%** 不合格者正解率 **56.3%**
受験者正解率 **75.5%**

☆❶ **正** 不動産の所有権の取得は，登記をしなければ，第三者に対抗することができない（民法177条）。ここにいう「第三者」とは，当事者又はその包括承継人以外の者で，登記がないことを主張するについて正当の利益を有する者をいう（判例）。したがって，無権利者Bや無権利者からの譲受人Cは「第三者」に含まれないため，Aは所有者であることをCに対して主張できる。よって，本肢は正しく，本問の正解肢となる。 _{ステップ45}

☆❷ **誤** Dに登記がなくても，Aは善意のDに主張できない。 _{ステップ4}
虚偽表示による無効は善意の第三者に対しては主張できない（民法94条2項）。したがって，Dが登記を備えていなくても，Aは所有者であることを善意のDに対して主張できない。よって，本肢は誤り。

☆❸ **誤** Aは登記をしなければEに主張できない。 _{ステップ46}
解除後に登場した第三者と，契約を解除して所有権を取り戻そうとする者とは，対抗関係に立つので，先に登記を備えた者が所有権を主張することができる（民法177条，判例）。したがって，契約を解除して所有権を取り戻そうとするAは，登記をしなければ解除後に登場した第三者Eに対して所有者であることを主張できない。よって，本肢は誤り。

☆❹ **誤** AがFに主張できるのは，Fが悪意の場合に限られない。 _{ステップ3}
強迫による意思表示は，その取消し前に現れた第三者に対して対抗することができる（民法96条1項，3項参照）。そして，この場合，第三者の善意・悪意又は過失の有無は問わない。したがって，FがBによる強迫を過失なく知らなかったとしても，Aは所有者であることをFに対して主張できる。よって，本肢は誤り。

●第1編　権利関係

不動産登記法

問 67

不動産登記の申請に関する次の記述のうち，誤っているものはどれか。

❶ 登記の申請を共同してしなければならない者の一方に登記手続をすべきことを命ずる確定判決による登記は，当該申請を共同してしなければならない者の他方が単独で申請することができる。

❷ 相続又は法人の合併による権利の移転の登記は，登記権利者が単独で申請することができる。

❸ 登記名義人の氏名若しくは名称又は住所についての変更の登記又は更正の登記は，登記名義人が単独で申請することができる。

❹ 所有権の登記の抹消は，所有権の移転の登記の有無にかかわらず，現在の所有権の登記名義人が単独で申請することができる。

(本試験 2005 年問 16 出題)

正解肢 4

合格者正解率 **78.8%** 　不合格者正解率 **47.8%**
受験者正解率 **67.1%**

☆ ❶ **正**　登記の申請を共同してしなければならない者の一方に登記手続をすべきことを命ずる確定判決による登記は，他の一方が単独で申請することができる（不登法63条1項）。よって，本肢は正しい。 ステップ52

☆ ❷ **正**　相続又は法人の合併による権利の移転の登記は，登記権利者が単独で申請することができる（不登法63条2項）。よって，本肢は正しい。 ステップ52

☆ ❸ **正**　登記名義人の氏名もしくは名称又は住所についての変更の登記又は更正の登記は，登記名義人が単独で申請することができる（不登法64条1項）。よって，本肢は正しい。 ステップ52

❹ **誤**　所有権移転登記がない場合にのみ単独申請できる。 11-4-3

　権利に関する登記の申請は，原則として，登記権利者及び登記義務者が共同してしなければならない（共同申請主義，不登法60条）。しかし，所有権の登記の抹消は，所有権の移転の登記がない場合（すなわち，所有権の保存の登記の場合）に限り，所有権の登記名義人が単独で申請することができる（不登法77条）。したがって，所有権の移転の登記がなされている場合には，当該所有権の登記の抹消は，原則どおり，登記権利者及び登記義務者が共同して申請しなければならない。よって，本肢は誤りであり，本問の正解肢となる。

●第1編 権利関係

不動産登記法

問 68

不動産の登記に関する次の記述のうち、誤っているものはどれか。

❶ 登記は、法令に別段の定めがある場合を除き、当事者の申請又は官庁若しくは公署の嘱託がなければ、することができない。

❷ 表示に関する登記は、登記官が、職権ですることができる。

❸ 所有権の登記名義人は、建物の床面積に変更があったときは、当該変更のあった日から1月以内に、変更の登記を申請しなければならない。

❹ 所有権の登記名義人は、その住所について変更があったときは、当該変更のあった日から1月以内に、変更の登記を申請しなければならない。

(本試験 2018 年問 14 出題)

正解肢 4

合格者正解率 **66.6%** ／ 不合格者正解率 **45.9%**
受験者正解率 **57.5%**

❶ **正** 登記は，法令に別段の定めがある場合を除き，当事者の申請又は官庁若しくは公署の嘱託がなければ，することができない（不登法16条1項）。よって，本肢は正しい。

☆❷ **正** 表示に関する登記は，登記官が，職権ですることができる（不登法28条）。よって，本肢は正しい。

❸ **正** 建物の床面積について変更があったときは，表題部所有者又は所有権の登記名義人は，その変更があった日から1月以内に，当該建物の床面積に関する変更の登記を申請しなければならない（不登法51条1項）。よって，本肢は正しい。

☆❹ **誤** 住所の変更について登記義務はない。

登記名義人の氏名若しくは名称又は住所についての変更の登記又は更正の登記は，登記名義人が単独で申請することができる（不登法64条1項）。登記名義人の氏名等の変更の登記又は更正の登記は，権利に関する登記であるので，登記申請の義務はない。したがって，所有権の登記名義人の住所について変更があった日から1月以内に，変更の登記を申請しなければならないということはない。よって，本肢は誤りであり，本問の正解肢となる。

●第1編　権利関係

不動産登記法

問69 所有権保存の登記に関する次の記述のうち、誤っているものはどれか。

❶ 所有権の登記がされていない建物について、その所有権が自己にあることを確定判決によって確認された者は、当該建物の所有権保存の登記を申請することができる。

❷ 土地の登記簿の表題部に被相続人が所有者として記載されている場合において、その相続人が複数あるときは、共同相続人の1人は、自己の持分についてのみ所有権保存の登記を申請することができる。

❸ 土地収用法による収用によって土地の所有権を取得した者は、直接自己名義に当該土地の所有権保存の登記を申請することができる。

❹ 1棟の建物を区分した建物の登記簿の表題部所有者から所有権を取得した者は、直接自己名義に当該建物の所有権保存の登記を申請することができる。

(本試験 2000 年問 14 改題)

正解肢 2

合格者正解率 **73.2%** / 不合格者正解率 ―
受験者正解率 **62.6%**

☆❶ **正** 所有権の登記がされていない建物について、確定判決により自己の所有権を確認された者は、直接自己名義に所有権保存登記を申請することができる（不登法74条1項2号）。よって、本肢は正しい。　　ステップ50

❷ **誤** 自己の持分についてのみの所有権保存登記はできない。
共同相続人の1人は、自己の持分についてのみ所有権保存登記を申請することはできない（登記先例）。よって、本肢は誤りであり、本問の正解肢となる。なお、共同相続人の1人は、相続人全員のための保存行為として、共同相続人全員名義の所有権保存登記を申請することができる（民法252条但書）。　　11-4-3　14-2

☆❸ **正** 土地収用法による収用によって土地の所有権を取得した者は、直接自己名義に所有権保存登記を申請することができる（不登法74条1項3号）。よって、本肢は正しい。　　ステップ50

☆❹ **正** 1棟の建物を区分した建物について、登記簿の表題部所有者から所有権を取得した者は、直接自己名義に所有権保存登記を申請することができる（不登法74条2項）。よって、本肢は正しい。　　11-3-5

●第1編 権利関係

不動産登記法

問 70 不動産の表示に関する登記についての次の記述のうち，誤っているものはどれか。

❶ 土地の地目について変更があったときは，表題部所有者又は所有権の登記名義人は，その変更があった日から1月以内に，当該地目に関する変更の登記を申請しなければならない。

❷ 表題部所有者について住所の変更があったときは，当該表題部所有者は，その変更があった日から1月以内に，当該住所についての変更の登記を申請しなければならない。

❸ 表題登記がない建物（区分建物を除く。）の所有権を取得した者は，その所有権の取得の日から1月以内に，表題登記を申請しなければならない。

❹ 建物が滅失したときは，表題部所有者又は所有権の登記名義人は，その滅失の日から1月以内に，当該建物の滅失の登記を申請しなければならない。

(本試験 2009 年問 14 出題)

正解肢 2

❶ 正 地目又は地積について変更があったときは、表題部所有者又は所有権の登記名義人は、その変更があった日から1月以内に、当該地目又は地積に関する変更の登記を申請しなければならない（不登法37条1項）。よって、本肢は正しい。

❷ 誤 住所変更の場合、変更の登記の申請義務はない。

表題部所有者について住所の変更があった場合の変更の登記は、当該表題部所有者の申請によるが（不登法31条）、住所についての変更の登記を1月以内に申請しなければならないような申請義務を課す旨の規定はない。よって、本肢は誤りであり、本問の正解肢となる。

❸ 正 新築した建物又は区分建物以外の表題登記がない建物の所有権を取得した者は、その所有権の取得の日から1月以内に、表題登記を申請しなければならない（不登法47条1項）。よって、本肢は正しい。

☆❹ 正 建物が滅失したときは、表題部所有者又は所有権の登記名義人は、その滅失の日から1月以内に、当該建物の滅失の登記を申請しなければならない（不登法57条）。よって、本肢は正しい。

●第1編 権利関係

不動産登記法

問 71 不動産の登記に関する次の記述のうち，不動産登記法の規定によれば，誤っているものはどれか。

❶ 新築した建物又は区分建物以外の表題登記がない建物の所有権を取得した者は，その所有権の取得の日から1月以内に，所有権の保存の登記を申請しなければならない。

❷ 登記することができる権利には，抵当権及び賃借権が含まれる。

❸ 建物が滅失したときは，表題部所有者又は所有権の登記名義人は，その滅失の日から1月以内に，当該建物の滅失の登記を申請しなければならない。

❹ 区分建物の所有権の保存の登記は，表題部所有者から所有権を取得した者も，申請することができる。

（本試験 2016 年問 14 出題）

正解肢 1

合格者正解率 **52.7%** | 不合格者正解率 **32.1%**
受験者正解率 **45.2%**

☆❶ 誤 権利に関する登記には，申請義務はない。

所有権の保存の登記は権利に関する登記であるため，申請義務はない。したがって，新築した建物又は区分建物以外の表題登記がない建物の所有権を取得したとしても，その所有権の取得の日から1カ月以内に所有権の保存の登記を申請する必要はない。よって，本肢は誤りであり，本問の正解肢となる。なお，新築した建物又は区分建物以外の表題登記がない建物の所有権を取得した者は，その所有権の取得の日から1カ月以内に，表題登記を申請しなければならない（不登法47条1項）。

ステップ48
ステップ49
ステップ50

❷ 正 抵当権，賃借権は登記することができる権利である（不登法3条7号，8号）。よって，本肢は正しい。

ステップ47

☆❸ 正 建物が滅失したときは，表題部所有者又は所有権の登記名義人は，その滅失の日から1カ月以内に，当該建物の滅失の登記を申請しなければならない（不登法57条）。よって，本肢は正しい。

ステップ48

☆❹ 正 区分建物にあっては，表題部所有者から所有権を取得した者も，所有権保存の登記を申請することができる（不登法74条2項前段）。よって，本肢は正しい。

ステップ50

●第1編 権利関係

不動産登記法

問 72　不動産の仮登記に関する次の記述のうち、誤っているものはどれか。

❶ 仮登記の申請は、仮登記義務者の承諾があるときは、仮登記権利者が単独ですることができる。

❷ 仮登記の申請は、仮登記を命ずる処分があるときは、仮登記権利者が単独ですることができる。

❸ 仮登記の抹消の申請は、その仮登記の登記識別情報を提供して、登記上の利害関係人が単独ですることができる。

❹ 仮登記の抹消の申請は、仮登記名義人の承諾があるときは、登記上の利害関係人が単独ですることができる。

(本試験 2004 年問 15 改題)

正解肢 3

☆❶ 正 仮登記の申請は，仮登記義務者の承諾があるときは，仮登記権利者が単独ですることができる（不登法107条1項）。よって，本肢は正しい。 ステップ51

☆❷ 正 仮登記の申請は，仮登記を命ずる処分があるときは，仮登記権利者が単独ですることができる（不登法107条1項）。よって，本肢は正しい。 ステップ51

☆❸ 誤 登記上の利害関係人は本肢の方法では単独申請できない。 ステップ51

仮登記の抹消の申請は，申請情報とあわせて登記識別情報を提供して，仮登記名義人が単独で行うことができる（不登法110条，22条）。利害関係人が，本肢のような方法で単独で申請できるわけではない。よって，本肢は誤りであり，本問の正解肢となる。なお，利害関係人は，仮登記名義人の承諾情報を提供して，単独で仮登記の抹消を申請することができる。

☆❹ 正 仮登記の抹消の申請は，仮登記名義人の承諾があるときは，登記上の利害関係人が単独ですることができる（不登法110条）。よって，本肢は正しい。 ステップ51

●第1編 権利関係

不動産登記法

問 73

不動産の仮登記に関する次の記述のうち，正しいものはどれか。

❶ 仮登記は，登記の申請をするために登記所に対し，申請情報とあわせて提供しなければならない情報を提供できない場合に限り，申請することができる。

❷ 仮登記の申請に仮登記義務者が協力しない場合には，仮登記権利者は，仮登記手続を求める訴えを提起し，勝訴判決を得たときでなければ，単独で仮登記の申請をすることができない。

❸ 抵当権設定の仮登記に基づき本登記を申請する場合に，その本登記について登記上利害関係を有する第三者があるときは，当該第三者の承諾がなければ，当該本登記を申請することができない。

❹ 仮登記の抹消は，仮登記名義人の承諾がある場合には，仮登記義務者が単独で申請することができる。

(本試験 1998 年問 15 改題)

合格者正解率	不合格者正解率
受験者正解率	

正解肢 4

☆❶ 誤　仮登記の申請ができるのは，本肢の場合に限られない。　　ステップ51

　仮登記は，本肢の場合のみならず，所有権等の権利の設定・移転・変更・消滅に関して請求権を保全しようとする場合にも申請することができる（不登法105条）。よって，本肢は誤り。

☆❷ 誤　勝訴判決を得たときに限られない。　　ステップ51

　仮登記の申請は，仮登記義務者の承諾があるとき，及び，仮登記を命ずる処分があるときは，仮登記権利者が単独で申請することができる（不登法107条1項）。よって，「勝訴判決を得たときでなければ，単独で仮登記の申請をすることができない」とする本肢は誤り。

❸ 誤　第三者の承諾がなくても，本登記を申請できる。

　抵当権設定の仮登記に基づき本登記を申請する場合，本肢のような規定は存在しない。所有権以外の権利に関する仮登記に基づき本登記を申請する場合には，所有権とは異なり，同一不動産上に2個以上の権利が併存することが可能なので，承諾書等を添付する必要がないのである。よって，本肢は誤り。所有権の仮登記に基づく本登記の申請の場合（不登法109条）と混同しないように注意してほしい。

☆❹ 正　仮登記の抹消は，仮登記名義人の承諾がある場合には，　　ステップ51
登記上の利害関係人が単独で申請することができる（不登法110条）。仮登記義務者は，ここでいう利害関係人にあたる。よって，本肢は正しく，本問の正解肢となる。

●第1編 権利関係

不動産登記法

問 74

不動産の登記に関する次の記述のうち、不動産登記法の規定によれば、正しいものはどれか。

❶ 敷地権付き区分建物の表題部所有者から所有権を取得した者は、当該敷地権の登記名義人の承諾を得なければ、当該区分建物に係る所有権の保存の登記を申請することができない。

❷ 所有権に関する仮登記に基づく本登記は、登記上の利害関係を有する第三者がある場合であっても、その承諾を得ることなく、申請することができる。

❸ 債権者Aが債務者Bに代位して所有権の登記名義人CからBへの所有権の移転の登記を申請した場合において、当該登記を完了したときは、登記官は、Aに対し、当該登記に係る登記識別情報を通知しなければならない。

❹ 配偶者居住権は、登記することができる権利に含まれない。

(本試験 2020 年 10 月問 14 出題)

正解肢 1	合格者正解率 **39.8**%	不合格者正解率 **24.7**%
	受験者正解率 **33.6**%	

❶ **正** 区分建物にあっては，表題部所有者から所有権を取得した者も，所有権の保存の登記を申請することができる。この場合，当該建物が敷地権付き区分建物であるときは，当該敷地権の登記名義人の承諾を得なければならない（不登法74条2項）。よって，本肢は正しく，本問の正解肢となる。

☆❷ **誤** 第三者の承諾が必要である。

11-3-6

所有権に関する仮登記に基づく本登記は，登記上の利害関係を有する第三者がある場合には，当該第三者の承諾があるときに限り，申請することができる（不登法109条1項）。よって，本肢は誤り。

❸ **誤** 代位した場合，登記識別情報は通知されない。

登記官は，その登記をすることによって申請人自らが登記名義人となる場合において，当該登記を完了したときは，速やかに，当該申請人に対し，当該登記に係る登記識別情報を通知しなければならない（不登法21条本文）。登記識別情報を通知しなければならないのは，申請人「自ら」が「登記名義人となる」場合であり，代位して移転登記をした場合，その代位した者に登記識別情報を通知する必要はない。よって，本肢は誤り。

❹ **誤** 配偶者居住権は，登記をすることができる。

配偶者居住権は，登記することができる権利である（不登法3条9号）。よって，本肢は誤り。なお，居住建物の所有者は，配偶者居住権を取得した配偶者に対し，配偶者居住権の設定の登記を備えさせる義務を負う（民法1031条1項）。

抵当権

問 75 物上代位に関する次の記述のうち、民法の規定及び判例によれば、誤っているものはどれか。なお、物上代位を行う担保権者は、物上代位の対象とする目的物について、その払渡し又は引渡しの前に差し押さえるものとする。

❶ Aの抵当権設定登記があるB所有の建物の賃料債権について、Bの一般債権者が差押えをした場合には、Aは当該賃料債権に物上代位することができない。

❷ Aの抵当権設定登記があるB所有の建物の賃料債権について、Aが当該建物に抵当権を実行していても、当該抵当権が消滅するまでは、Aは当該賃料債権に物上代位することができる。

❸ Aの抵当権設定登記があるB所有の建物が火災によって焼失してしまった場合、Aは、当該建物に掛けられた火災保険契約に基づく損害保険金請求権に物上代位することができる。

❹ Aの抵当権設定登記があるB所有の建物について、CがBと賃貸借契約を締結した上でDに転貸していた場合、Aは、CのDに対する転貸賃料債権に当然に物上代位することはできない。

(本試験 2012 年問 7 出題)

正解肢 1

合格者正解率 **50.2%**　不合格者正解率 **35.1%**
受験者正解率 **45.0%**

❶ **誤**　抵当権者の物上代位は，設定登記後の一般債権者の差押えに優先する。

債権について一般債権者の差押えと抵当権者の物上代位権に基づく差押えが競合した場合には，両者の優劣は一般債権者の申立による差押命令の第三債務者への送達と抵当権設定登記の先後によって決せられる（民法372条，304条，判例）。したがって，Aは一般債権者に優先して物上代位をすることができる。よって，本肢は誤りであり，本問の正解肢となる。

❷ **正**　目的不動産に対して抵当権が実行されている場合でも，右実行の結果抵当権が消滅するまでは，賃料債権に対しても抵当権を行使することができる（判例）。したがって，Aは賃料債権に対して物上代位することができる。よって，本肢は正しい。

☆❸ **正**　火災保険金請求権についても，物上代位が認められている（民法372条，304条，判例）。したがって，Aの抵当権は，火災保険契約に基づく損害賠償請求権に対しても行使することができる。よって，本肢は正しい。

ステップ55

❹ **正**　抵当権者は，抵当不動産の賃借人を所有者と同視することを相当する場合を除き，賃借人が取得すべき転貸賃料債権について，物上代位権を行使することはできない(判例)。したがって，Aは，CのDに対する転貸賃料債権について，原則として，物上代位を行うことはできない。よって，本肢は正しい。

12-4-3

● 第1編 権利関係

抵当権

問 76

Aは，A所有の甲土地にBから借り入れた3,000万円の担保として抵当権を設定した。この場合における次の記述のうち，民法の規定及び判例によれば，誤っているものはどれか。

---

❶ Aが甲土地に抵当権を設定した当時，甲土地上にA所有の建物があり，当該建物をAがCに売却した後，Bの抵当権が実行されてDが甲土地を競落した場合，DはCに対して，甲土地の明渡しを求めることはできない。

❷ 甲土地上の建物が火災によって焼失してしまったが，当該建物に火災保険が付されていた場合，Bは，甲土地の抵当権に基づき，この火災保険契約に基づく損害保険金を請求することができる。

❸ AがEから500万円を借り入れ，これを担保するために甲土地にEを抵当権者とする第2順位の抵当権を設定した場合，BとEが抵当権の順位を変更することに合意すれば，Aの同意がなくても，甲土地の抵当権の順位を変更することができる。

❹ Bの抵当権設定後，Aが第三者であるFに甲土地を売却した場合，FはBに対して，民法第383条所定の書面を送付して抵当権の消滅を請求することができる。

(本試験 2016年問4出題)

正解肢 2

合格者正解率 **36.4%**　不合格者正解率 **25.7%**
受験者正解率 **32.6%**

☆❶ **正**　土地と建物を所有する者が，土地に抵当権を設定し，その後当該土地を第三者に売却した場合であっても，法定地上権は成立する（民法388条前段，判例）。したがって，Cのために法定地上権が成立するので，DはCに対して甲土地の明渡しを求めることはできない。よって，本肢は正しい。　ステップ61

☆❷ **誤**　建物に関する債権に対して物上代位はできない。　ステップ55

火災保険金請求権については，建物の抵当権に基づく物上代位が認められる（民法372条，304条1項本文，判例）。もっとも，甲土地上の建物は，甲土地の抵当権の目的物ではないので，甲土地の抵当権に基づいて当該建物の火災保険金請求権を行使することはできない。よって，本肢は誤りであり，本問の正解肢となる。

❸ **正**　抵当権の順位の変更は，各抵当権者の合意と，利害関係人がいる場合には利害関係人の承諾がある場合に認められ（民法374条1項），抵当権設定者の合意は不要である。よって，本肢は正しい。

☆❹ **正**　抵当不動産の第三取得者は，民法383条所定の書面を送付して抵当権の消滅を請求することができる（民法379条）。よって，本肢は正しい。　ステップ58

●第1編　権利関係

抵当権

問77 AがBに対する債務の担保のためにA所有建物に抵当権を設定し，登記をした場合に関する次の記述のうち，民法の規定及び判例によれば，正しいものはどれか。

❶ Aが通常の利用方法を逸脱して，建物の損傷行為を行う場合，Aの債務の弁済期が到来していないときでも，Bは，抵当権に基づく妨害排除請求をすることができる。

❷ 抵当権の登記に債務の利息に関する定めがあり，他に後順位抵当権者その他の利害関係者がいない場合でも，Bは，Aに対し，満期のきた最後の2年分を超える利息については抵当権を行うことはできない。

❸ 第三者の不法行為により建物が焼失したのでAがその損害賠償金を受領した場合，Bは，Aの受領した損害賠償金に対して物上代位をすることができる。

❹ 抵当権の消滅時効の期間は20年であるから，AのBに対する債務の弁済期から10年が経過し，その債務が消滅しても，Aは，Bに対し抵当権の消滅を主張することができない。

(本試験 1995 年問 6 改題)

正解肢 1

合格者正解率　不合格者正解率
受験者正解率

☆❶ 正　抵当権設定者が通常の利用方法を逸脱して抵当目的物である建物の損傷行為を行うことは，抵当権侵害となって許されない。このように抵当権が侵害された場合には，抵当権者は，妨害排除請求権を行使できる（判例）。よって，本肢は正しく，本問の正解肢となる。

12-4-4

❷ 誤　他に利害関係者がない場合，2年分の利息に限られない。
　抵当権者は，利息その他の定期金を請求する権利を有するときは，その満期となった最後の2年分についてのみ，その抵当権を行使することができる（民法375条1項）。ただし，後順位抵当権者等がいない場合には，この2年分に制限されることなく優先弁済を受けることができる（判例）。よって，本肢は誤り。

12-4-2

☆❸ 誤　Aが損害賠償金を受領すると，Bは物上代位できない。
　抵当権者は，抵当不動産が第三者の不法行為により滅失した場合には，その損害賠償金について物上代位することができる（民法372条，304条）。しかし，その場合には，抵当権設定者に賠償金が払い渡される前に差押えをしなければならない。本肢では，Bの差押え前にAが損害賠償金を受領しているので，物上代位をすることはできない。よって，本肢は誤り。

ステップ55

☆❹ 誤　債務が消滅した以上，Aは抵当権の消滅を主張できる。
　抵当権は被担保債権とともに存在するので（付従性），被担保債権が消滅すれば抵当権も消滅する。Aの債務の消滅時効の期間は①債権者が権利を行使することができることを知った時から5年，②権利を行使することができる時から10年である（民法166条1項1号，2号）から，弁済期から10年が経過してAの債務が時効消滅すると，付従性によりBの抵当権も消滅する。抵当権の消滅時効期間が権利を行使することができる時から20年であること（民法166条2項）とは関係がない。よって，本肢は誤り。

ステップ54

●第1編　権利関係

抵当権

問 78 抵当権に関する次の記述のうち、民法の規定及び判例によれば、誤っているものはどれか。

❶ 賃借地上の建物が抵当権の目的となっているときは、一定の場合を除き、敷地の賃借権にも抵当権の効力が及ぶ。

❷ 抵当不動産の被担保債権の主債務者は、抵当権消滅請求をすることはできないが、その債務について連帯保証をした者は、抵当権消滅請求をすることができる。

❸ 抵当不動産を買い受けた第三者が、抵当権者の請求に応じてその代価を抵当権者に弁済したときは、抵当権はその第三者のために消滅する。

❹ 土地に抵当権が設定された後に抵当地に建物が築造されたときは、一定の場合を除き、抵当権者は土地とともに建物を競売することができるが、その優先権は土地の代価についてのみ行使することができる。

(本試験 2015 年問 6 出題)

正解肢 2

合格者正解率 **77.2%** ／ 不合格者正解率 **56.2%**
受験者正解率 **70.0%**

☆❶ **正** 建物に抵当権が設定されている場合の建物の敷地の賃借権は，抵当権の従たる権利であり，原則として建物の抵当権の効力が及ぶ（民法370条，87条2項類推適用）。よって，本肢は正しい。 　12-4-1

☆❷ **誤** 連帯保証人は抵当権消滅請求をすることはできない。　ステップ58

抵当権消滅請求は，抵当不動産の第三取得者に認められる（民法379条）。もっとも，抵当不動産の被担保債権の主債務者やその連帯保証人が抵当不動産の第三取得者となった場合には，抵当権消滅請求をすることはできない（民法380条）。よって，本肢は誤りであり，本問の正解肢となる。

❸ **正** 抵当不動産について所有権又は地上権を買い受けた第三者が，抵当権者の請求に応じてその抵当権者にその代価を弁済したときは，抵当権は，その第三者のために消滅する（代価弁済，民法378条）。よって，本肢は正しい。　12-5-1

☆❹ **正** 抵当権の設定後に抵当地に建物が築造されたときは，抵当権者は，土地とともにその建物を競売することができる。ただし，その優先権は，土地の代価についてのみ行使することができる（民法389条1項）。よって，本肢は正しい。　ステップ61

●第1編　権利関係

抵当権

問 79

Aが所有する甲土地上にBが乙建物を建築して所有権を登記していたところ，AがBから乙建物を買い取り，その後，Aが甲土地にCのために抵当権を設定し登記した。この場合の法定地上権に関する次の記述のうち，民法の規定及び判例によれば，誤っているものはどれか。

❶ Aが乙建物の登記をA名義に移転する前に甲土地に抵当権を設定登記していた場合，甲土地の抵当権が実行されたとしても，乙建物のために法定地上権は成立しない。

❷ Aが乙建物を取り壊して更地にしてから甲土地に抵当権を設定登記し，その後にAが甲土地上に丙建物を建築していた場合，甲土地の抵当権が実行されたとしても，丙建物のために法定地上権は成立しない。

❸ Aが甲土地に抵当権を設定登記するのと同時に乙建物にもCのために共同抵当権を設定登記した後，乙建物を取り壊して丙建物を建築し，丙建物にCのために抵当権を設定しないまま甲土地の抵当権が実行された場合，丙建物のために法定地上権は成立しない。

❹ Aが甲土地に抵当権を設定登記した後，乙建物をDに譲渡した場合，甲土地の抵当権が実行されると，乙建物のために法定地上権が成立する。

(本試験 2018 年問 6 出題)

正解肢 1

❶ 誤　土地と建物の所有者が同一人だったので法定地上権が成立する。

　法定地上権が成立するためには，土地に関する抵当権設定当時，その土地上に建物が存在し，土地と建物の所有者が同一人であることが必要である（民法388条）。本肢の場合，A所有の甲土地に抵当権を設定した時，甲土地上にある乙建物はAの所有であるので法定地上権が成立する。登記名義がAであるか否かは影響しない（判例）。よって，本肢は誤りであり，本問の正解肢となる。

☆❷ 正　法定地上権が成立するためには，土地に関する抵当権設定当時，その土地上に建物が存在することが必要である（民法388条）。したがって，更地に抵当権を設定した後に建物を建築した場合，法定地上権は成立しない。よって，本肢は正しい。

❸ 正　土地と建物に共同抵当権が設定された後，建物が再築された場合，土地の抵当権者が新築建物について土地の抵当権と同順位の共同抵当権の設定を受けなければ法定地上権は成立しない（判例）。よって，本肢は正しい。

☆❹ 正　土地に関する抵当権設定当時，その土地上に建物が存在し，土地と建物の所有者が同一人であれば，その後に建物が売却され，土地と建物の所有者が別人になっても法定地上権は成立する（判例）。よって，本肢は正しい。

●第1編 権利関係

抵当権

問 80 ①不動産質権と②抵当権に関する次の記述のうち、民法の規定によれば、誤っているものはどれか。

❶ ①では、被担保債権の利息のうち、満期となった最後の2年分についてのみ担保されるが、②では、設定行為に別段の定めがない限り、被担保債権の利息は担保されない。

❷ ①は、10年を超える存続期間を定めたときであっても、その期間は10年となるのに対し、②は、存続期間に関する制限はない。

❸ ①は、目的物の引渡しが効力の発生要件であるのに対し、②は、目的物の引渡しは効力の発生要件ではない。

❹ ①も②も不動産に関する物権であり、登記を備えなければ第三者に対抗することができない。

(本試験 2017 年問 10 出題)

正解肢 1

合格者正解率 **79.8%** 不合格者正解率 **50.6%**
受験者正解率 **66.8%**

❶ **誤** 不動産質権は利息が担保されないが、抵当権は担保される。 　12-4-2

不動産質権者は、その債権の利息を請求することができない（民法358条）。抵当権者は、利息に関し、その満期となった最後の2年分についてのみ抵当権を行使することができる（民法375条1項）。よって、本肢は①についても、②についても誤りであり、本問の正解肢となる。

❷ **正** 不動産質権の存続期間は10年を超えることができず、これより長い期間を定めたときであっても、その期間は10年となる（民法360条1項）。抵当権については、存続期間に関する制限はない。よって、本肢は正しい。　12-2-1

❸ **正** 質権の設定は、債権者にその目的物を引き渡すことによって、その効力を生ずる（民法344条）。抵当権にはこのような規定はなく、引渡しは効力の発生要件ではない。よって、本肢は正しい。　24-6

❹ **正** 質権も抵当権も物権であり、ともに登記が対抗要件である（民法177条、不動産登記法3条、4条参照）。よって、本肢は正しい。　12-2-1　24-6

●第1編 権利関係

根抵当権

問 81

根抵当権に関する次の記述のうち，民法の規定によれば，正しいものはどれか。

❶ 根抵当権者は，総額が極度額の範囲内であっても，被担保債権の範囲に属する利息の請求権については，その満期となった最後の2年分についてのみ，その根抵当権を行使することができる。

❷ 元本の確定前に根抵当権者から被担保債権の範囲に属する債権を取得した者は，その債権について根抵当権を行使することはできない。

❸ 根抵当権設定者は，担保すべき元本の確定すべき期日の定めがないときは，一定期間が経過した後であっても，担保すべき元本の確定を請求することはできない。

❹ 根抵当権設定者は，元本の確定後であっても，その根抵当権の極度額を，減額することを請求することはできない。

(本試験 2011 年問 4 出題)

正解肢 2

合格者正解率 **82.5%** 不合格者正解率 **50.0%**
受験者正解率 **66.8%**

☆ **❶ 誤** 利息は，満期となった最後の2年分に限られない。

　根抵当権者は，確定した元本ならびに利息その他の定期金及び債務の不履行によって生じた損害の賠償の全部について，極度額を限度として，その根抵当権を行使することができる（民法398条の3第1項）。したがって，総額が極度額の範囲内であれば，被担保債権の範囲に属する利息の請求権についても根抵当権を行使することができるのであり，その満期となった最後の2年分に限られるわけではない。よって，本肢は誤り。

☆ **❷ 正** 元本の確定前に根抵当権者から債権を取得した者は，その債権について根抵当権を行使することができない（民法398条の7第1項）。元本確定前の根抵当権には，随伴性がないのである。よって，本肢は正しく，本問の正解肢となる。

❸ 誤 根抵当権設定者は，一定期間経過後に元本確定請求ができる。

　担保すべき元本の確定すべき期日の定めがない場合，根抵当権設定者は，根抵当権の設定の時から3年を経過したときは，担保すべき元本の確定を請求することができる（民法398条の19第1項，3項）。よって，本肢は誤り。

❹ 誤 元本確定後，根抵当権設定者から極度額の減額請求ができる。

　元本の確定後においては，根抵当権設定者は，その根抵当権の極度額を，現に存する債務の額と以後2年間に生ずべき利息その他の定期金及び債務の不履行による損害賠償の額とを加えた額に減額することを請求することができる（民法398条の21第1項）。よって，本肢は誤り。

●第1編 権利関係

根抵当権

問 82

Aは，自己所有の甲不動産につき，B信用金庫に対し，極度額を3,000万円，被担保債権の範囲を「信用金庫取引による債権」とする第1順位の根抵当権を設定し，その旨の登記をした。なお，担保すべき元本の確定期日は定めなかった。この場合に関する次の記述のうち，民法の規定及び判例によれば，正しいものはどれか。

❶ 元本の確定前に，被担保債権の範囲を変更するには，後順位の抵当権者がいる場合は，その者の承諾を得なければならない。

❷ 元本の確定前に，B信用金庫から，被担保債権の範囲に属する個別債権の譲渡を受けた者は，確定日付のある証書でAに対し債権譲渡通知を行っておけば，その債権について根抵当権を行使できる。

❸ B信用金庫は，確定した元本が極度額以下であれば，その元本に係る最後の2年分の約定金利については，極度額を超えても，根抵当権を行使できる。

❹ Aが友人CのためにB信用金庫との間で保証契約を締結し保証債務を負担した場合，B信用金庫のAに対するこの保証債権は，「信用金庫取引による債権」に含まれ，この根抵当権で担保される。

(本試験2007年問8出題)

正解肢 4

合格者正解率 **28.6%** 　不合格者正解率 **17.1%**
受験者正解率 **23.8%**

❶ 誤　被担保債権の範囲の変更には後順位抵当権者の承諾不要。

根抵当権において，元本の確定前は後順位抵当権者の承諾を得ることなく，根抵当権の担保すべき債権の範囲の変更をすることができる（民法398条の4第1項，第2項）。よって，本肢は誤り。

☆❷ 誤　元本確定前に債権譲渡を受けても根抵当権の行使不可。 ステップ62

元本の確定前に，根抵当権者から債権を取得した者は，その債権について根抵当権を行使することができない（随伴性の否定，民法398条の7第1項前段）。したがって，B信用金庫から，被担保債権の範囲に属する個別債権の譲渡を受けた者が，確定日付ある証書でAに対して債権譲渡通知を行っていても，根抵当権を行使することができない。よって，本肢は誤り。

☆❸ 誤　極度額を超えて根抵当権を行使できない。 ステップ62

根抵当権者は，確定した元本ならびに利息その他の定期金及び債務の不履行によって生じた損害の賠償の全部について，極度額を限度として，その根抵当権を行使することができる（民法398条の3第1項）。極度額を超えて行使できるのではない。よって，本肢は誤り。

❹ 正　根抵当権の担保すべき債権の範囲は，債務者との特定の継続的取引契約によって生ずるものその他債務者との一定の種類の取引によって生ずるものに限定して，定めなければならない（民法398条の2第2項）。「信用金庫取引による債権」は一定の種類の取引に入る。そして，「信用金庫取引による債権」として設定された根抵当権の被担保債権には，信用金庫の根抵当債務者に対する保証債権も含まれる（判例）。したがって，Aが友人Cのために B信用金庫との間で保証契約を締結した場合，この保証債権は，「信用金庫取引による債権」に含まれ，根抵当権で担保される。よって，本肢は正しく，本問の正解肢となる。

●第1編　権利関係

保証債務・連帯保証

問 83

保証に関する次の記述のうち，民法の規定及び判例によれば，誤っているものはどれか。

❶ 保証人となるべき者が，主たる債務者と連絡を取らず，同人からの委託を受けないまま債権者に対して保証したとしても，その保証契約は有効に成立する。

❷ 保証人となるべき者が，口頭で明確に特定の債務につき保証する旨の意思表示を債権者に対してすれば，その保証契約は有効に成立する。

❸ 連帯保証ではない場合の保証人は，債権者から債務の履行を請求されても，まず主たる債務者に催告すべき旨を債権者に請求できる。ただし，主たる債務者が破産手続開始の決定を受けたとき，又は行方不明であるときは，この限りでない。

❹ 連帯保証人が2人いる場合，連帯保証人間に連帯の特約がなくとも，連帯保証人は各自全額につき保証責任を負う。

(本試験 2010 年問 8 出題)

正解肢 2

合格者正解率 **76.7%** 不合格者正解率 **49.9%**
受験者正解率 66.9%

☆❶ 正 保証契約は，債権者と保証人との契約であるから，債権者と保証人だけで有効に締結することができる。主たる債務者の委託の有無によって，求償の範囲が変わるだけである（民法459条，462条1項）。したがって，主たる債務者と連絡を取らず，同人からの委託を受けないまま債権者に対して保証したとしても，保証契約は有効に成立する。よって，本肢は正しい。 ステップ63

☆❷ 誤 保証契約は，書面又は電磁的記録でしなければ，効力を生じない。 ステップ63

保証契約は，書面又は電磁的記録でしなければ，その効力を生じない（民法446条2項，3項）。したがって，本肢においては，口頭で特定の債務につき保証する旨の意思表示を債権者に対してしたにすぎないから，保証契約は効力を生じない。よって，本肢は誤りであり，本問の正解肢となる。

☆❸ 正 債権者が保証人に債務の履行を請求したときは，連帯ではない保証人は，まず主たる債務者に催告すべき旨を請求することができる。ただし，主たる債務者が破産手続開始の決定を受けたとき，又はその行方が知れないときは，この限りではない（催告の抗弁権，民法452条）。よって，本肢は正しい。 ステップ65

☆❹ 正 保証人が数人いる場合（共同保証人）は，原則として，各保証人は債務額を全保証人間にそれぞれ等しい割合でその一部を保証する（分別の利益，民法456条）。しかし，連帯保証人には分別の利益はなく，連帯保証人は各自全額につき保証責任を負うことになる（判例）。よって，本肢は正しい。 ステップ66

●第1編 権利関係

保証債務

問 84 保証に関する次の記述のうち，民法の規定及び判例によれば，誤っているものはどれか。なお，保証契約は令和4年4月1日以降に締結されたものとする。

❶ 特定物売買における売主の保証人は，特に反対の意思表示がない限り，売主の債務不履行により契約が解除された場合には，原状回復義務である既払代金の返還義務についても保証する責任がある。

❷ 主たる債務の目的が保証契約の締結後に加重されたときは，保証人の負担も加重され，主たる債務者が時効の利益を放棄すれば，その効力は連帯保証人に及ぶ。

❸ 委託を受けた保証人が主たる債務の弁済期前に債務の弁済をしたが，主たる債務者が当該保証人からの求償に対して，当該弁済日以前に相殺の原因を有していたことを主張するときは，保証人は，債権者に対し，その相殺によって消滅すべきであった債務の履行を請求することができる。

❹ 委託を受けた保証人は，履行の請求を受けた場合だけでなく，履行の請求を受けずに自発的に債務の消滅行為をする場合であっても，あらかじめ主たる債務者に通知をしなければ，同人に対する求償が制限されることがある。

(本試験 2020 年 10 月問 7 出題)

正解肢 2

合格者正解率 **66.7%** | 不合格者正解率 **53.7%**
受験者正解率 **61.3%**

❶ 正 特定物の売買における売主の保証人は，特に反対の意思表示のない限り，売主の債務不履行により契約が解除された場合における原状回復義務である既払代金の返還義務についても保証責任がある（判例）。よって，本肢は正しい。

☆❷ 誤 **保証人の負担は加重されない。**

ステップ64

主たる債務の目的又は態様が保証契約の締結後に加重されたときであっても，保証人の負担は加重されない（民法448条2項）。また，主たる債務者が主たる債務について時効の利益を放棄しても，その効果は保証人には及ばない（判例）。よって，本肢は誤りであり，本問の正解肢となる。

❸ 正 保証人が主たる債務者の委託を受けて保証をした場合において，主たる債務の弁済期前に債務の消滅行為をしたときは，その保証人は，主たる債務者に対し，主たる債務者がその当時利益を受けた限度において求償権を有する。この場合において，主たる債務者が債務の消滅行為の日以前に相殺の原因を有していたことを主張するときは，保証人は，債権者に対し，その相殺によって消滅すべきであった債務の履行を請求することができる（民法459条の2第1項）。よって，本肢は正しい。

❹ 正 保証人が主たる債務者の委託を受けて保証をした場合において，主たる債務者にあらかじめ通知しないで債務の消滅行為をしたときは，主たる債務者は，債権者に対抗することができた事由をもってその保証人に対抗することができる（民法463条1項）。したがって，本肢の場合，委託を受けた保証人はあらかじめ主たる債務者に通知をしなければ，同人に対する求償が制限されることがある。よって，本肢は正しい。

170 LEC東京リーガルマインド 2022年版出る順宅建士 ウォーク問過去問題集①権利関係

●第1編 権利関係

連帯保証

問 85

AがBに1,000万円を貸し付け、Cが連帯保証人となった場合に関する次の記述のうち、民法の規定によれば、正しいものはどれか。

❶ Aは、自己の選択により、B及びCに対して、各別に又は同時に、1,000万円の請求をすることができる。

❷ Cは、Aからの請求に対して、自分は保証人だから、まず主たる債務者であるBに対して請求するよう主張することができる。

❸ AがCに対して請求の訴えを提起し、確定判決によって権利が確定すれば、Bに対する関係で消滅時効の更新の効力が生ずる。

❹ CがAに対して全額弁済した場合に、Bに対してAが有する抵当権を代位行使するためには、Cは、Bの承諾を得る必要がある。

(本試験1998年問4改題)

正解肢 1

合格者正解率　不合格者正解率
――――　――――
受験者正解率　――――

☆❶ 正　連帯保証は，普通保証と異なり，補充性がない（民法 454条）。そこで，債権者は主たる債務者又は連帯保証人に対し，同時あるいは順次に全額の請求をすることができる。よって，本肢は正しく，本問の正解肢となる。　ステップ66

☆❷ 誤　連帯保証人Cに催告の抗弁権はない。　ステップ66
　連帯保証人は，催告の抗弁権を有しない（民法 454条, 452条）。よって，本肢は誤り。

☆❸ 誤　Aが連帯保証人Cに請求しても，Bの時効は更新しない。　ステップ67
　連帯保証人に対して請求の訴えを提起することにより，主たる債務者の消滅時効は更新しない。履行の請求は相対的効力事由だからである（民法 458条, 441条）。よって，本肢は誤り。

☆❹ 誤　法定代位の場合，債務者の承諾を得る必要はない。　ステップ37
　連帯保証人は，「弁済をするについて正当な利益を有する者」にあたるから，保証債務を全額弁済した場合，債務者の承諾又は債務者への通知がなくても，債権者の有する抵当権を当然に代位行使できる（法定代位，民法 499条, 500条かっこ書）。よって，本肢は誤り。

●第1編　権利関係

連帯保証

重要度 A

問 86

AがBに対して負う1,000万円の債務について、C及びDが連帯保証人となった場合（CD間に特約はないものとする）に関する次の記述のうち、民法の規定及び判例によれば、正しいものはどれか。

---

❶ Bは、1,000万円の請求を、A・C・Dの3人のうちのいずれに対しても、その全額について行うことができる。

❷ CがBから1,000万円の請求を受けた場合、Cは、Bに対し、Dに500万円を請求するよう求めることができる。

❸ CがBから請求を受けた場合、CがAに執行の容易な財産があることを証明すれば、Bは、まずAに請求しなければならない。

❹ Cが1,000万円をBに弁済した場合、Cは、Aに対して求償することができるが、Dに対して求償することはできない。

(本試験1993年問4出題)

正解肢 1

合格者正解率	不合格者正解率
—	—
受験者正解率 ―

☆❶ 正　保証人が複数いる場合，特約がない限り，それぞれの保証人は，全体の債務額を保証人の頭数で割った部分しか責任を負わないのが原則である（分別の利益，民法456条）。しかし，連帯保証人には，分別の利益が認められていない（判例）。したがって，Aだけでなく，C，Dも，1,000万円全額につき債務を負う。よって，本肢は正しく，本問の正解肢となる。 ステップ66

☆❷ 誤　連帯保証人Cには分別の利益はない。 ステップ66

連帯保証人には分別の利益が認められていないから，Cは，1,000万円について債務を負っている。したがって，Dに500万円を請求するようBに求めることはできない。よって，本肢は誤り。

☆❸ 誤　連帯保証人Cには検索の抗弁権はない。 ステップ66

保証人は，催告の抗弁権・検索の抗弁権を有するが（民法452条，453条），連帯保証人は，これらを有しない（民法454条）。したがって，Cは，Aに執行の容易な財産があることを証明したとしても，Bからの請求を拒むことはできない。よって，本肢は誤り。

❹ 誤　CはAのみならずDにも求償することができる。

保証人が複数いる場合に，1人の保証人が自己の負担部分を超えて弁済したときには，弁済をした保証人は，主たる債務者に対してはもちろん（民法459条以下），他の保証人に対しても内部的に求償することができる（民法465条）。そして，この点に関する限り，通常の保証と連帯保証で区別はない。したがって，Cは，Aに対してだけでなく，Dに対しても求償することができる。よって，本肢は誤り。

●第1編 権利関係

連帯債務・連帯保証 重要度 特A

問 87

AからBとCとが負担部分2分の1として連帯して1,000万円を借り入れる場合と、DからEが1,000万円を借り入れ、Fがその借入金返済債務についてEと連帯して保証する場合とに関する次の記述のうち、民法の規定によれば、正しいものはどれか。

❶ Aが、Bに対して債務を免除した場合にはCが、Cに対して債務を免除した場合にはBが、それぞれ500万円分の債務を免れる。Dが、Eに対して債務を免除した場合にはFが、Fに対して債務を免除した場合にはEが、それぞれ全額の債務を免れる。

❷ Aが、Bに対して履行を請求した効果はCには及ばず、Cに対して履行を請求した効果もBには及ばない。Dが、Eに対して履行を請求した効果はFに及び、Fに対して履行を請求した効果はEに及ばない。

❸ Bについて時効が完成した場合にはCが、Cについて時効が完成した場合にはBが、それぞれ500万円分の債務を免れる。Eについて時効が完成した場合にはFが、Fについて時効が完成した場合にはEが、それぞれ全額の債務を免れる。

❹ AB間の契約が無効であった場合にはCが、AC間の契約が無効であった場合にはBが、それぞれ1,000万円の債務を負う。DE間の契約が無効であった場合はFが、DF間の契約が無効であった場合はEが、それぞれ1,000万円の債務を負う。

(本試験 2008年問6改題)

正解肢 2

合格者正解率 **85.5%** 不合格者正解率 **55.0%**
受験者正解率 **74.3%**

☆ ❶ **誤** B, C, Fに免除しても, 他の者には影響しない。

連帯債務者の1人に対してその債務を免除したとしても, 別段の意思表示のない限り, 他の債務者に対して免除の効力は生じない（民法441条）。一方, 主たる債務者の債務を免除すれば, 保証債務も消滅する（付従性）。しかし, 連帯保証人の債務を免除しても, 別段の意思表示のない限り, 主たる債務者の債務に影響を及ぼさない（民法458条, 441条）。よって, 本肢は誤り。

ステップ64
ステップ67
ステップ68

☆ ❷ **正** 連帯債務の債権者が連帯債務者の1人に対してした履行の請求は, 別段の意思表示のない限り, 他の債務者に対してその効果は及ばない（民法441条）。一方, 債権者が主たる債務者に履行の請求をすると, 連帯保証人にも効果は及ぶ（民法457条1項）。しかし, 債権者が連帯保証人に履行の請求をしても, 別段の意思表示のない限り, 主たる債務者にその効果は及ばない（民法458条, 441条）。よって, 本肢は正しく, 本問の正解肢となる。

ステップ64
ステップ67
ステップ68

☆ ❸ **誤** B, C, Fにつき, 時効が完成しても他の者には影響しない。

消滅時効の完成によって, 連帯債務者の1人の債務が消滅したとしても, 別段の意思表示のない限り, 他の連帯債務者に対してその効力は生じない（相対効, 民法441条）。一方, 主たる債務者の債務について時効が完成すると, 連帯保証人も全額の債務を免れる（付従性）。しかし, 連帯保証人について消滅時効が完成しても, 主たる債務者は債務を免れない。よって, 本肢は誤り。

ステップ64
ステップ67
ステップ68

❹ **誤** Eの主債務が無効の場合, Fは連帯保証債務を負わない。

連帯債務者の1人について契約の無効があっても, 他の連帯債務者の債務に影響を及ぼさず（民法437条）, それぞれ1,000万円の債務を負う。一方, 主たる債務が無効であった場合, 連帯保証債務も無効となり, 連帯保証債務を負わなくなる。しかし, 連帯保証契約が無効であっても, 主たる債務者は1,000万円の債務を負うことに変わりない。よって, 本肢は誤り。

13-4-2
13-5-2

●第1編　権利関係

連帯債務

問 88

AとBとが共同で，Cから，C所有の土地を2,000万円で購入し，代金を連帯して負担する（連帯債務）と定め，CはA・Bに登記，引渡しをしたのに，A・Bが支払をしない場合の次の記述のうち，民法の規定によれば，正しいものはどれか。

❶ Cは，Aに対して2,000万円の請求をすると，それと同時には，Bに対しては，全く請求をすることができない。

❷ AとBとが，代金の負担部分を1,000万円ずつと定めていた場合，AはCから2,000万円請求されても，1,000万円を支払えばよい。

❸ BがCに2,000万円支払った場合，Bは，Aの負担部分と定めていた1,000万円及びその支払った日以後の法定利息をAに求償することができる。

❹ Cから請求を受けたBは，Aが，Cに対して有する1,000万円の債権をもって相殺しない以上，Aの負担部分についても，Bは債務の履行を拒むことができない。

(本試験2001年問4改題)

正解肢 3

合格者正解率 **88.9%** 不合格者正解率 **73.0%**
受験者正解率 **79.8%**

☆❶ **誤** Cはそれぞれに2,000万円を同時に全額請求できる。 ステップ68

債権者は，連帯債務者全員に対して，債務の全部又は一部の履行を請求することができる（民法436条1項）。したがって，Cは，Aに対して2,000万円の請求をしても，それと同時にBに対して2,000万円の請求をすることができる。よって，本肢は誤り。

☆❷ **誤** Aは2,000万円払う義務がある。 ステップ68

債権者は，連帯債務者全員に対して，債務の全部又は一部の履行を請求することができる（民法436条1項）。これは，連帯債務者間で代金の負担部分を定めていても，同様である。したがって，Aは，Cから2,000万円請求されれば，Cに2,000万円を支払わなければならない。よって，本肢は誤り。

❸ **正** 連帯債務者の1人が債務全額を弁済したときは，その債務者は，他の債務者に対して，その免責を得るために支出した財産の額のうち各自の負担部分に応じた額の求償権を有する（民法442条1項）。そして，この求償をする際，弁済その他免責があった日以後の法定利息及び避けることができない費用その他の損害の賠償も求めることができる（民法442条1項，2項）。よって，本肢は正しく，本問の正解肢となる。 13-5-1

❹ **誤** BはAの負担部分について履行を拒むことができる。 13-5-2

連帯債務者の1人が債権者に対して債権を有する場合において，その債務者が相殺を援用しない間は，その連帯債務者の負担部分の限度において，他の連帯債務者は，債権者に対して債務の履行を拒むことができる（民法439条2項）。したがって，BはAの負担部分の限度において，債務の履行を拒むことができる。よって，本肢は誤り。

●第1編 権利関係

連帯債務

問 89

A及びBは、Cの所有地を買い受ける契約をCと締結し、連帯して代金を支払う債務を負担している。この場合、民法の規定によれば、次の記述のうち誤っているものはどれか。

❶ Aの債務が時効により消滅したときでも、Bは支払いを免れることができない。

❷ CがAに対して期限の猶予をしたときは、Bの債務についても、期限が猶予される。

❸ CがBに対して支払いを請求して、Cの代金債権の消滅時効が更新されたとしても、Aの債務については、更新されない。

❹ Aが債務を承認して、Cの代金債権の消滅時効が更新されたときでも、Bの債務については、更新されない。

(本試験1991年問6改題)

正解肢 2

合格者正解率 ／ 不合格者正解率 ／ 受験者正解率

☆❶ **正** 消滅時効の完成によって，連帯債務者の1人の債務が消滅したとしても，別段の意思表示のない限り，他の連帯債務者に対してその効力は生じない（相対効，民法441条）。したがって，Bの債務は消滅せず，支払いを免れることができない。よって，本肢は正しい。 `ステップ68`

☆❷ **誤** 期限の猶予は相対効。Bの債務の期限は猶予されない。 `ステップ68`
期限の猶予については，原則として，絶対効が認められていない。したがって，別段の意思表示がなければ，原則どおり相対効しか認められず（民法441条），Bの債務に影響を及ぼさない。よって，本肢は誤りであり，本問の正解肢となる。

☆❸ **正** 連帯債務の債権者がした履行の請求は，原則として相対効である（民法441条）。したがって，請求に基づく消滅時効の更新は，他の債務者の債務に生じない。よって，本肢は正しい。 `ステップ68`

☆❹ **正** 債務の承認による時効更新には，原則として相対効しか認められない（民法441条）。したがって，Aの債務について消滅時効が更新しても，その効果はBには及ばず，Bの債務については消滅時効は更新しない。よって，本肢は正しい。 `ステップ68`

●第1編　権利関係

連帯債務

問 90　A，B，Cの3人がDに対して900万円の連帯債務を負っている場合に関する次の記述のうち，民法の規定及び判例によれば，正しいものはどれか。なお，A，B，Cの負担部分は等しいものとする。

❶　DがAに対して履行の請求をした場合，B及びCがそのことを知らない場合でも，B及びCについては，その効力が生じる。

❷　Aが，Dに対する債務と，Dに対して有する200万円の債権を対当額で相殺する旨の意思表示をDにした場合，B及びCのDに対する連帯債務も200万円が消滅する。

❸　Bのために時効が完成した場合，A及びCのDに対する連帯債務も時効によって消滅する。

❹　CがDに対して100万円を弁済した場合は，Cの負担部分の範囲内であるから，Cは，A及びBに対して求償することはできない。

（本試験2017年問8改題）

正解肢 **2**

合格者正解率 **61.7%** 不合格者正解率 **37.5%**
受験者正解率 **50.9%**

☆ ❶ **誤** 請求は，他の連帯債務者に対して効力を生じない。 ステップ68

連帯債務の債権者がした履行の請求は，原則として相対効である（民法441条）。したがって，B及びCが知らなかったとしても，B及びCについて効力が生じない。よって，本肢は誤り。

❷ **正** 連帯債務者の一人が債権者に対して債権を有する場合において，その連帯債務者が相殺を援用したときは，債権は，すべての連帯債務者の利益のために消滅する（民法439条1項）。したがって，Aが200万円で相殺すれば，B及びCの債務も200万円について消滅する。よって，本肢は正しく，本問の正解肢となる。 ステップ68

☆ ❸ **誤** 時効完成の場合，他の連帯債務者の債務は消滅しない。 ステップ68

消滅時効の完成によって，連帯債務者の1人の債務が消滅したとしても，別段の意思表示のない限り，他の連帯債務者に対してその効力は生じない（相対効，民法441条）。したがって，Bのために時効が完成しても，A及びCのDに対する連帯債務は時効によって消滅しない。よって，本肢は誤り。

❹ **誤** 求償することができる。 13-5-1

連帯債務者の1人が弁済したときは，その連帯債務者は，その免責を得た額が自己の負担部分を超えるかどうかにかかわらず，他の債務者に対して，その免責を得るために支出した財産の額のうち各自の負担部分に応じた額の求償権を有する（民法442条1項）。したがって，CがDに負担部分の範囲内である100万円を弁済しても，CはAとBに対し，負担部分の割合に応じ，100万円の3分の1ずつを求償することができる。よって，本肢は誤り。

共 有

問 91 A，B及びCが，持分を各3分の1として甲土地を共有している場合に関する次の記述のうち，民法の規定及び判例によれば，誤っているものはどれか。

❶ 甲土地全体がDによって不法に占有されている場合，Aは単独でDに対して，甲土地の明渡しを請求できる。

❷ 甲土地全体がEによって不法に占有されている場合，Aは単独でEに対して，Eの不法占有によってA，B及びCに生じた損害全額の賠償を請求できる。

❸ 共有物たる甲土地の分割について共有者間に協議が調わず，裁判所に分割請求がなされた場合，裁判所は，特段の事情があれば，甲土地全体をAの所有とし，AからB及びCに対し持分の価格を賠償させる方法により分割することができる。

❹ Aが死亡し，相続人の不存在が確定した場合，Aの持分は，民法第958条の3の特別縁故者に対する財産分与の対象となるが，当該財産分与がなされない場合はB及びCに帰属する。

（本試験 2006 年問 4 出題）

正解肢 2

合格者正解率 **87.0%** 　不合格者正解率 **61.4%**
受験者正解率 **77.5%**

☆❶ **正**　共有物の保存行為は，各共有者がその持分に関係なく，単独ですることができる（民法252条但書）。共有物の不法占拠者に対する明渡請求もこの保存行為に当たる（判例）。したがって，Aは，単独でDに対して，甲土地の明渡しを請求できる。よって，本肢は正しい。　ステップ70

☆❷ **誤**　自己の持分の割合を超える損害の賠償請求はできない。　ステップ70
　共有物に対する不法行為に基づく損害賠償債権は，各共有者がその持分に応じて取得する（判例）。したがって，Aは，損害賠償の請求については，持分の割合を超えて請求することはできない。よって，本肢は誤りであり，本問の正解肢となる。

☆❸ **正**　共有者は，共有物の分割について，共有者間に協議が調わない場合には，裁判による分割を求めることができる（民法258条1項）。そして，特段の事情があれば，共有物を共有者のうちの1人の単独所有とし，この者から他の共有者に対して持分の価格を賠償させる方法も認められている（判例）。したがって，Aに甲土地全体を取得させ，AからB及びCに対して持分の価格を賠償させる方法による共有物の分割もすることができる。よって，本肢は正しい。　14-3

☆❹ **正**　共有者の1人が死亡して相続人の不存在が確定した場合，その持分は民法958条の3の特別縁故者に対する財産分与の対象となる。そして，財産分与がなされない場合には，その持分は，民法255条により他の共有者に帰属する（判例）。よって，本肢は正しい。　ステップ69

● 第1編 権利関係

共 有

問 92

不動産の共有に関する次の記述のうち、民法の規定によれば、誤っているものはどれか。

❶ 共有物の各共有者の持分が不明な場合、持分は平等と推定される。

❷ 各共有者は、他の共有者の同意を得なければ、共有物に変更を加えることができない。

❸ 共有物の保存行為については、各共有者が単独ですることができる。

❹ 共有者の一人が死亡して相続人がないときは、その持分は国庫に帰属する。

(本試験 2020 年 12 月問 10 出題)

☆❶ 正 各共有者の持分は，相等しいものと推定する（民法250条）。したがって，各共有者の持分が不明な場合，持分は平等と推定される。よって，本肢は正しい。 ステップ69

☆❷ 正 各共有者は，他の共有者の同意を得なければ，共有物に変更を加えることができない（民法251条）。よって，本肢は正しい。なお，この同意は，共有者全員の同意を意味する。 ステップ70

☆❸ 正 共有物の保存行為は，各共有者がすることができる（民法252条但書）。保存行為は，各共有者が単独ですることができるという意味である。よって，本肢は正しい。 ステップ70

☆❹ 誤 死亡した共有者の持分は他の共有者に帰属する。 ステップ69

共有者の1人が，その持分を放棄したとき，又は死亡して相続人がいないときは，その持分は，他の共有者に帰属する（民法255条）。国庫に帰属するわけではない。よって，本肢は誤りであり，本問の正解肢となる。なお，共有者の1人が死亡し，相続人の不存在が確定した場合，その持分は，まず民法958条の3の規定に基づく特別縁故者に対する財産分与の対象となり，この財産分与がなされない場合に他の共有者に帰属することになる（判例）。いずれにしろ，国庫に帰属することにはならない。

●第1編　権利関係

共　有

問 93

A・B・Cが，持分を6・2・2の割合とする建物の共有をしている場合に関する次の記述のうち，民法の規定及び判例によれば，正しいものはどれか。

❶ Aが，B・Cに無断で，この建物を自己の所有としてDに売却した場合は，その売買契約は有効であるが，B・Cの持分については，他人の権利の売買となる。

❷ Bが，その持分に基づいて単独でこの建物全部を使用している場合は，A・Cは，Bに対して，理由を明らかにすることなく当然に，その明渡しを求めることができる。

❸ この建物をEが不法占有している場合には，B・Cは単独でEに明渡しを求めることはできないが，Aなら明渡しを求めることができる。

❹ 裁判による共有物の分割では，Aに建物を取得させ，AからB・Cに対して適正価格で賠償させる方法によることは許されない。

(本試験 2001 年問1 出題)

合格者正解率	不合格者正解率
73.1%	**53.6%**

受験者正解率 **61.8%**

☆❶ **正** 共有物の各共有者は，他の共有者の同意がなければ，共有物に変更を加えることはできない（民法251条）。共有物の売却もこの「変更」行為にあたるので，AがB・Cに無断で共有建物を自己の所有物として売却した場合，B・Cの持分については他人の権利の売買となる。そして，他人物売買契約は有効である（民法561条）。よって，本肢は正しく，本問の正解肢となる。

ステップ70

❷ **誤** 他の共有者に対し，当然には明渡し請求できない。

14-1

各共有者は，共有物の全部についてその持分に応じた使用をすることができる（民法249条）。そして，共有持分の価格が過半数を占めるものであっても，共有物を単独で占有する他の共有者に対して当然にはその明渡しを請求することはできない（判例）。したがって，A・Cは，理由を明らかにすることなく当然にBに対して明渡しを請求することはできない。よって，本肢は誤り。

☆❸ **誤** 不法占有者Eへの明渡し請求はB・Cも単独でできる。

ステップ70

共有物の保存行為は，各共有者がその持分に関係なく，単独ですることができる（民法252条但書）。共有物の不法占拠者に対する明渡請求もこの保存行為にあたる。したがって，B・Cは，各自単独でEに対して明渡しを求めることができる。よって，本肢は誤り。

☆❹ **誤** 本肢の方法も許される。

共有者は，共有物の分割について，共有者の協議が調わない場合には，裁判による分割を求めることができる（民法258条1項）。そして，一定の場合には，共有物を共有者のうちの1人の単独所有とし，この者から他の共有者に対して持分の価格を賠償させる方法も認められる（判例）。したがって，Aに共有建物を取得させ，AからB・Cに対して適正価格で賠償させる方法による共有物の分割もすることができる。よって，本肢は誤り。

●第1編　権利関係

共　有

問 94 共有に関する次の記述のうち，民法の規定及び判例によれば，誤っているものはどれか。

❶ 各共有者は，いつでも共有物の分割を請求することができるが，5年を超えない期間内であれば，分割をしない旨の契約をすることができる。

❷ 共有物である現物の分割請求が裁判所になされた場合において，分割によってその価格を著しく減少させるおそれがあるときは，裁判所は共有物の競売を命じることができる。

❸ 各共有者は，共有物の不法占拠者に対し，妨害排除の請求を単独で行うことができる。

❹ 他の共有者との協議に基づかないで，自己の持分に基づいて1人で現に共有物全部を占有する共有者に対し，他の共有者は単独で自己に対する共有物の明渡しを請求することができる。

(本試験 2011 年問 3 出題)

正解肢 4

合格者正解率 54.4%　不合格者正解率 38.0%
受験者正解率 46.4%

☆❶ 正　共有物の各共有者は，いつでも共有物の分割を請求することができる（民法256条1項本文）。ただし，共有者間で，5年を超えない期間を定めて分割を禁止する特約を結ぶことも認められる（民法256条1項但書）。よって，本肢は正しい。

ステップ71

❷ 正　共有物の分割について共有者間の協議が調わない場合には，裁判所に分割を請求することができる（民法258条1項）。この場合，裁判所は，共有物の現物を分割することができないとき，又は分割によってその価格を著しく減少させるおそれがあるときは，共有物の競売を命ずることができる（民法258条2項）。よって，本肢は正しい。

☆❸ 正　共有物に関する保存行為は，各共有者が単独で行うことができる（民法252条但書）。本肢のような共有物の不法占拠者に対する妨害排除の請求は，共有物の保存行為にあたるとされており，各共有者が単独で行うことができる（判例）。よって，本肢は正しい。

ステップ70

☆❹ 誤　当然に明渡しを請求することはできない。

ステップ69

各共有者は，共有物の全部について，その持分に応じた使用をすることができる（民法249条）。したがって，本肢のように，他の共有者との協議に基づかないで1人で共有物全部を占有する共有者に対しても，他の共有者から当然に共有物の明渡しを求めることができるわけではない（判例）。よって，本肢は誤りであり，本問の正解肢となる。

●第1編 権利関係

建物区分所有法

問 95 建物の区分所有等に関する法律に関する次の記述のうち，誤っているものはどれか。

❶ 共用部分の保存行為は，規約に別段の定めがない限り，集会の決議を経ずに各区分所有者が単独ですることができる。

❷ 共用部分の変更（その形状又は効用の著しい変更を伴わないものを除く。）は，区分所有者及び議決権の各4分の3以上の多数による集会の決議で決するが，規約でこの区分所有者の定数及び議決権を各過半数まで減ずることができる。

❸ 管理者は，その職務に関して区分所有者を代理するため，その行為の効果は，規約に別段の定めがない限り，本人である各区分所有者に共用部分の持分の割合に応じて帰属する。

❹ 共用部分の管理に要した各区分所有者の費用の負担については，規約に別段の定めがない限り，共用部分の持分に応じて決まる。

（本試験 2012 年問 13 出題）

正解肢 **2**

☆❶ 正 共用部分の管理に関する事項のうち，保存行為については，規約に別段の定めがある場合を除き，集会の決議を経ずに各区分所有者が単独ですることができる（区分所有法18条1項但書，2項）。よって，本肢は正しい。

ステップ74

☆❷ 誤 規約で減ずることができるのは区分所有者の定数についてのみ。

共用部分の変更（その形状又は効用の著しい変更を伴わないものを除く。）は区分所有者及び議決権の各4分の3以上の多数による集会の決議で決する（区分所有法17条1項）。ただし，区分所有者の定数については，規約で過半数まで減ずることができる（区分所有法17条1項但書）。よって，議決権についてまで減ずることができるとする本肢は誤りであり，本問の正解肢となる。

ステップ74

❸ 正 管理者は，その職務に関し，区分所有者を代理する。（区分所有法26条2項）。そして，管理者がその職務の範囲内で第三者との間で行った行為の責任は，規約で別段の定めがない限り，各区分所有者が共用部分の持分割合に応じて負担する（区分所有法29条1項，14条1項）。よって，本肢は正しい。

15-4-1

❹ 正 各区分所有者は，規約に別段の定めがない限り，その持分に応じて，共用部分の負担を負い，共用部分から生じる利益を収取する（区分所有法19条）。したがって，共用部分の管理に要した費用についても，その持分割合に応じて負担する。よって，本肢は正しい。

●第1編 権利関係

建物区分所有法

重要度 B

問 96

建物の区分所有等に関する法律(以下この問において「法」という。)についての次の記述のうち、誤っているものはどれか。

---

❶ 管理者は、少なくとも毎年1回集会を招集しなければならない。また、招集通知は、会日より少なくとも1週間前に、会議の目的たる事項を示し、各区分所有者に発しなければならない。ただし、この期間は、規約で伸縮することができる。

❷ 法又は規約により集会において決議をすべき場合において、これに代わり書面による決議を行うことについて区分所有者が1人でも反対するときは、書面による決議をすることができない。

❸ 建替え決議を目的とする集会を招集するときは、会日より少なくとも2月前に、招集通知を発しなければならない。ただし、この期間は規約で伸長することができる。

❹ 他の区分所有者から区分所有権を譲り受け、建物の専有部分の全部を所有することとなった者は、公正証書による規約の設定を行うことができる。

(本試験2009年問13出題)

正解肢 4

合格者正解率 **25.2%** / 不合格者正解率 **10.5%**
受験者正解率 20.7%

☆ ❶ 正 管理者は，少なくとも毎年1回集会を招集しなければならない（区分所有法34条2項）。また，集会の招集の通知は，会日より少なくとも1週間前に，会議の目的たる事項を示して，各区分所有者に発しなければならない。ただし，この期間は，規約で伸縮することができる（区分所有法35条1項）。よって，本肢は正しい。

15-6-1
15-6-2

❷ 正 区分所有法又は規約により集会において決議をすべき場合において，区分所有者全員の承諾があるときは，書面又は電磁的方法による決議をすることができる（区分所有法45条1項）。したがって，全員の承諾が必要であるから，書面による決議を行うことについて区分所有者が1人でも反対するときは，書面による決議をすることができない。よって，本肢は正しい。

15-6-4

❸ 正 建替え決議を目的とする集会を招集するときは，その招集の通知は，当該集会の会日より少なくとも2月前に発しなければならない。ただし，この期間は，規約で伸長することができる（区分所有法62条4項）。よって，本肢は正しい。

15-6-2

❹ 誤 **本肢の者は，公正証書による規約の設定はできない。**

15-5-2

最初に建物の専有部分の全部を所有する者は，公正証書により，一定の事項についての規約を設定することができる（区分所有法32条）。他の区分所有者から区分所有権を譲り受けた者は，「最初に」建物の専有部分の全部を所有する者ではないから，公正証書による規約の設定を行うことはできない。よって，本肢は誤りであり，本問の正解肢となる。

●第1編 権利関係

建物区分所有法

問 97

建物の区分所有等に関する法律に関する次の記述のうち, 誤っているものはどれか。

❶ 管理者は, 少なくとも毎年1回集会を招集しなければならない。

❷ 区分所有者の5分の1以上で議決権の5分の1以上を有するものは, 管理者に対し, 会議の目的たる事項を示して, 集会の招集を請求することができるが, この定数は規約で減ずることはできない。

❸ 集会の招集の通知は, 区分所有者が管理者に対して通知を受け取る場所をあらかじめ通知した場合には, 管理者はその場所にあててすれば足りる。

❹ 集会は, 区分所有者全員の同意があれば, 招集の手続を経ないで開くことができる。

(本試験 2017 年問 13 出題)

☆ ❶ 正 管理者は，少なくとも毎年1回集会を招集しなければならない（区分所有法34条2項）。よって，本肢は正しい。 ステップ78

☆ ❷ 誤 規約で減ずることができる。 ステップ78

区分所有者の5分の1以上で議決権の5分の1以上を有するものは，管理者に対し，会議の目的たる事項を示して，集会の招集を請求することができる。そして，この定数は，規約で減ずることができる（区分所有法34条3項）。よって，本肢は誤りであり，本問の正解肢となる。

❸ 正 集会の招集の通知は，区分所有者が管理者に対して通知を受けるべき場所を通知したときは，その場所にあててすれば足りる（区分所有法35条3項前段）。よって，本肢は正しい。なお，通知を受けるべき場所を通知しなかったときは区分所有者の所有する専有部分が所在する場所にあててすれば足りる（区分所有法35条3項）。 15-6-2

❹ 正 区分所有法上，集会の招集については，「集会の招集の通知は，会日より少なくとも1週間前に，会議の目的たる事項を示して，各区分所有者に発しなければならない。」等の細かい手続が規定されている（区分所有法35条各項）。しかし，区分所有者全員の同意があるときは，招集の手続を経ないで開くことができる（区分所有法36条）。よって，本肢は正しい。 15-6-2

●第1編 権利関係

建物区分所有法

問 98

建物の区分所有等に関する法律に関する次の記述のうち，誤っているものはどれか。

❶ 規約の設定，変更又は廃止を行う場合は，区分所有者の過半数による集会の決議によってなされなければならない。

❷ 規約を保管する者は，利害関係人の請求があったときは，正当な理由がある場合を除いて，規約の閲覧を拒んではならず，閲覧を拒絶した場合は20万円以下の過料に処される。

❸ 規約の保管場所は，建物内の見やすい場所に掲示しなければならない。

❹ 占有者は，建物又はその敷地若しくは附属施設の使用方法につき，区分所有者が規約又は集会の決議に基づいて負う義務と同一の義務を負う。

(本試験 2018 年問 13 出題)

正解肢 1

合格者正解率 **79.6%** / 不合格者正解率 **52.2%**
受験者正解率 67.7%

☆❶ 誤　「区分所有者及び議決権の各4分の3以上」である。

　規約の設定，変更又は廃止は，区分所有者及び議決権の各4分の3以上の多数による集会の決議によって行う（区分所有法31条1項）。「区分所有者の過半数」ではない。よって，本肢は誤りであり，本問の正解肢となる。

ステップ77

❷ 正　規約を保管する者は，利害関係人の請求があったときは，正当な理由がある場合を除いて，規約の閲覧を拒んではならない（区分所有法33条2項）。これに違反した場合，20万円以下の過料に処される（区分所有法71条2号）。よって，本肢は正しい。

15-5-3

❸ 正　規約の保管場所は，建物内の見やすい場所に掲示しなければならない（区分所有法33条3項）。よって，本肢は正しい。

15-5-3

☆❹ 正　占有者（たとえば，専有部分の賃借人）は，建物又はその敷地若しくは附属施設の使用方法につき，区分所有者が規約又は集会の決議に基づいて負う義務と同一の義務を負う（区分所有法46条2項）。よって，本肢は正しい。

ステップ77
ステップ79

●第1編　権利関係

建物区分所有法

問 99

建物の区分所有等に関する法律（以下この問において「法」という。）に関する次の記述のうち，正しいものはどれか。

❶ 専有部分が数人の共有に属するときは，共有者は，集会においてそれぞれ議決権を行使することができる。

❷ 区分所有者の承諾を得て専有部分を占有する者は，会議の目的たる事項につき利害関係を有する場合には，集会に出席して議決権を行使することができる。

❸ 集会においては，規約に別段の定めがある場合及び別段の決議をした場合を除いて，管理者又は集会を招集した区分所有者の1人が議長となる。

❹ 集会の議事は，法又は規約に別段の定めがない限り，区分所有者及び議決権の各4分の3以上の多数で決する。

（本試験 2019 年問 13 出題）

正解肢 3

合格者正解率 **90.4%** 不合格者正解率 **58.4%**
受験者正解率 **80.5%**

❶ 誤　議決権を行使すべき者1人を定めなければならない。　15-6

　専有部分が数人の共有に属するときは、共有者は、議決権を行使すべき者1人を定めなければならない（区分所有法40条）。共有者は、集会においてそれぞれ議決権を行使することができるわけではない。よって、本肢は誤り。

☆❷ 誤　意見を述べることはできるが、議決権の行使はできない。　ステップ79

　区分所有者の承諾を得て専有部分を占有する者は、会議の目的たる事項につき利害関係を有する場合、集会に出席して意見を述べることができる（区分所有法44条1項）。よって、本肢は誤り。

❸ 正　集会においては、規約に別段の定めがある場合及び別段の決議をした場合を除いて、管理者又は集会を招集した区分所有者の1人が議長となる（区分所有法41条）。よって、本肢は正しく、本問の正解肢となる。

☆❹ 誤　集会の議事は、原則として、区分所有者及び議決権の各「過半数」で決する。　15-6

　集会の議事は、この法律又は規約に別段の定めがない限り、区分所有者及び議決権の各過半数で決する（区分所有法39条1項）。区分所有者及び議決権の「各4分の3以上の多数」ではない。よって、本肢は誤り。

●第1編 権利関係

建物区分所有法

問 100

建物の区分所有等に関する法律に関する次の記述のうち，正しいものはどれか。

❶ 専有部分が数人の共有に属するときは，規約で別段の定めをすることにより，共有者は，議決権を行使すべき者を2人まで定めることができる。

❷ 規約及び集会の決議は，区分所有者の特定承継人に対しては，その効力を生じない。

❸ 敷地利用権が数人で有する所有権その他の権利である場合には，区分所有者は，規約で別段の定めがあるときを除き，その有する専有部分とその専有部分に係る敷地利用権とを分離して処分することができる。

❹ 集会において，管理者の選任を行う場合，規約に別段の定めがない限り，区分所有者及び議決権の各過半数で決する。

(本試験 2010 年問 13 出題)

正解肢 **4**

合格者正解率 **83.5%** 不合格者正解率 **60.2%**
受験者正解率 **75.0%**

❶ **誤** 議決権を行使すべき者1人を定めなければならない。

専有部分が数人の共有に属するときは，共有者は，議決権を行使すべき者1人を定めなければならない（区分所有法40条）。そして，これは規約で別段の定めをすることができない（同条参照）。よって，本肢は誤り。

15-6-4

☆❷ **誤** 規約及び集会の決議は，特定承継人に対しても効力を生ずる。

規約及び集会の決議は，区分所有者の特定承継人に対しても，その効力を生ずる（区分所有法46条1項）。よって，本肢は誤り。

ステップ77
ステップ79

☆❸ **誤** 規約で別段の定めがなければ，分離して処分することはできない。

敷地利用権が数人で有する所有権その他の権利である場合には，区分所有者は，規約で分離処分を許す旨の別段の定めがなければ，その専有部分とその専有部分に係る敷地利用権とを分離して処分することができない（区分所有法22条1項）。よって，本肢は誤り。

ステップ75

☆❹ **正** 区分所有者は，規約に別段の定めがない限り，集会の決議によって，管理者を選任することができる（区分所有法25条1項）。そして，当該決議は，規約に別段の定めがない限り，区分所有者及び議決権の各過半数で決する（区分所有法39条1項）。よって，本肢は正しく，本問の正解肢となる。

15-4-1
15-6-4

●第1編 権利関係

建物区分所有法

問101 建物の区分所有等に関する法律に関する次の記述のうち，正しいものはどれか。

❶ 共用部分の変更（その形状又は効用の著しい変更を伴わないものを除く。）は，区分所有者及び議決権の各4分の3以上の多数による集会の決議で決するが，この区分所有者の定数は，規約で2分の1以上の多数まで減ずることができる。

❷ 共用部分の管理に係る費用については，規約に別段の定めがない限り，共有者で等分する。

❸ 共用部分の保存行為をするには，規約に別段の定めがない限り，集会の決議で決する必要があり，各共有者ですることはできない。

❹ 一部共用部分は，これを共用すべき区分所有者の共有に属するが，規約で別段の定めをすることにより，区分所有者全員の共有に属するとすることもできる。

(本試験 2020 年 10 月問 13 出題)

正解肢 4

合格者正解率 **54.0%** 不合格者正解率 **45.4%**
受験者正解率 **50.4%**

☆❶ **誤** 区分所有者の定数は，規約でその過半数まで減ずることができる。

　共用部分の変更（その形状又は効用の著しい変更を伴わないものを除く。）は，区分所有者及び議決権の各4分の3以上の多数による集会の決議で決する。ただし，この区分所有者の定数は，規約でその過半数まで減ずることができる（区分所有法17条1項）。区分所有者の定数について，規約で2分の1以上の多数まで減ずることができるのではない。よって，本肢は誤り。

❷ **誤** 各共有者の持分に応じて負担する。

　各共有者は，規約に別段の定めがない限りその持分に応じて，共用部分の負担に任じ，共用部分から生ずる利益を収取する（区分所有法19条）。したがって，共用部分の管理に係る費用については，規約に別段の定めがない限り，その持分に応じて負担するのであり，共有者で等分するのではない。よって，本肢は誤り。

☆❸ **誤** 保存行為は各共有者が単独でできる。

　保存行為は，各共有者がすることができるが，規約で別段の定めをすることを妨げない（区分所有法18条1項但書，2項）。したがって，共用部分の保存行為は，規約に別段の定めがない限り，集会の決議で決することなく，各共有者が単独ですることができる。よって，本肢は誤り。

❹ **正** 一部共用部分は，これを共用すべき区分所有者の共有に属するが，規約で別段の定めをすることを妨げない（区分所有法11条1項但書，2項）。したがって，一部共用部分について，規約で別段の定めをすることにより，区分所有者全員の共有に属するとすることもできる。よって，本肢は正しく，本問の正解肢となる。

●第1編 権利関係

区分所有建物の登記

重要度 C

問102

一棟の建物を区分した建物（以下この問において「区分建物」という。）についての登記に関する次の記述のうち、誤っているものはどれか。

❶ 区分建物の表題登記は、その一棟の建物に属する他の区分建物の表題登記とともに申請しなければならない。

❷ 区分建物の所有権の保存の登記は、表題部所有者から所有権を取得した者も、申請することができる。

❸ 区分建物が規約による共用部分である旨の登記は、当該建物の登記記録の表題部にされる。

❹ 登記官は、区分建物に関する敷地権について表題部に最初に登記をするときは、敷地権の目的たる土地の登記記録の表題部に敷地権の目的となった旨の登記をしなければならない。

（本試験 1996 年問 16 改題）

正解肢 4

合格者正解率	不合格者正解率
―	―
受験者正解率	
―	

❶ 正　区分建物の表題登記は，その一棟の建物に属する他の区分建物の表題登記とともに申請しなければならない（不登法48条1項）。建物が一棟の建物を区分したものである場合には，各区分建物ごとに表題登記の申請を認めると，登記手続きが煩雑になるからである。よって，本肢は正しい。

ステップ83

☆❷ 正　所有権保存の登記は，①表題部所有者又はその相続人その他の一般承継人，②所有権を有することが確定判決によって確認された者，③収用により所有権を取得した者，が申請することができる（不登法74条1項）。この他に，区分建物においては，表題部所有者から所有権を取得した者も，所有権保存の登記を申請することができる（不登法74条2項）。よって，本肢は正しい。

ステップ50

❸ 正　区分建物における規約共用部分は，登記をしなければ第三者に対抗することができない（区分所有法4条2項）。そして，この登記は区分建物の登記記録の表題部に記載される（不登法44条1項6号，2条7号参照）。よって，本肢は正しい。

❹ 誤　表題部ではなく，権利部である。

ステップ84

　登記官は，区分建物に関する敷地権について表題部に最初に登記するときは，その敷地権の目的である土地の登記記録について，職権で，所有権，地上権その他の権利が敷地権である旨の登記をしなければならない（不登法46条）。この登記は，所有権，地上権その他の不動産についての権利に関する登記であるから，登記記録のうち，権利部になされる（不登法2条8号参照）。よって，本肢は誤りであり，本問の正解肢となる。

●第1編 権利関係

賃貸借

重要度 特A

問103

AがBに甲建物を月額10万円で賃貸し、BがAの承諾を得て甲建物をCに適法に月額15万円で転貸している場合における次の記述のうち、民法の規定及び判例によれば、誤っているものはどれか。

❶ Aは、Bの賃料の不払いを理由に甲建物の賃貸借契約を解除するには、Cに対して、賃料支払の催告をして甲建物の賃料を支払う機会を与えなければならない。

❷ BがAに対して甲建物の賃料を支払期日になっても支払わない場合、AはCに対して、賃料10万円をAに直接支払うよう請求することができる。

❸ AがBの債務不履行を理由に甲建物の賃貸借契約を解除した場合、CのBに対する賃料の不払いがなくても、AはCに対して、甲建物の明渡しを求めることができる。

❹ AがBとの間で甲建物の賃貸借契約を合意解除した場合、AはCに対して、Bとの合意解除に基づいて、当然には甲建物の明渡しを求めることができない。

(本試験2016年問8出題)

正解肢 1

合格者正解率 **93.6%** 不合格者正解率 **60.1%**
受験者正解率 **81.6%**

☆❶ **誤** 転借人に賃料支払いの機会を与える必要はない。 <small>ステップ94</small>

　賃料不払いを理由として賃貸借契約を解除する場合，賃貸人は賃借人に対して弁済の機会を与えるために催告を行う必要がある（民法541条）。もっとも，賃料の支払いについて転借人は第三者弁済をすることができるが（民法474条2項），賃貸人は解除にあたって賃借人に催告すればよく，転借人に弁済の機会を与える必要はない（判例）。よって，本肢は誤りであり，本問の正解肢となる。

☆❷ **正** 転借人は，賃貸人と賃借人との間の賃貸借契約に基づく賃借人の債務の範囲を限度として，賃貸人から転借人に賃料の支払いを求めることができる（民法613条1項前段）。そのため，転借料が賃料よりも高額な場合は賃料の範囲でのみ支払いを求めることができる。したがって，Aは，Cに対して賃料10万円の範囲で賃料を直接請求できる。よって，本肢は正しい。 <small>ステップ88</small>

☆❸ **正** 賃借人の債務不履行を理由とする解除は転借人に対抗できる（民法613条3項但書）。したがって，Aは，契約解除をCに対抗できる結果，Cに対して甲建物の明渡しを請求できる。よって，本肢は正しい。 <small>ステップ94</small>

☆❹ **正** 賃借人が適法に賃借物を転貸した場合には，賃貸人は，賃借人との間の賃貸借を合意により解除したことをもって転借人に対抗することができない（民法613条3項本文）。したがって，AはCに合意解除の効力を対抗できない結果，Cに対して甲建物の明渡しを請求できない。よって，本肢は正しい。 <small>ステップ94</small>

●第1編 権利関係

賃貸借

問 104

賃貸人Aから賃借人Bが借りたA所有の甲土地の上に，Bが乙建物を所有する場合における次の記述のうち，民法の規定及び判例によれば，正しいものはどれか。なお，Bは，自己名義で乙建物の保存登記をしているものとする。

---

❶ BがAに無断で乙建物をCに月額10万円の賃料で貸した場合，Aは，借地の無断転貸を理由に，甲土地の賃貸借契約を解除することができる。

❷ Cが甲土地を不法占拠してBの土地利用を妨害している場合，Bは，Aの有する甲土地の所有権に基づく妨害排除請求権を代位行使してCの妨害の排除を求めることができるほか，自己の有する甲土地の賃借権に基づいてCの妨害の排除を求めることができる。

❸ BがAの承諾を得て甲土地を月額15万円の賃料でCに転貸した場合，AB間の賃貸借契約がBの債務不履行で解除されても，AはCに解除を対抗することができない。

❹ AB間で賃料の支払時期について特約がない場合，Bは，当月末日までに，翌月分の賃料を支払わなければならない。

(本試験 2014 年問 7 出題)

正解肢 2

合格者正解率 **76.4%** | 不合格者正解率 **56.8%**
受験者正解率 **70.4%**

☆❶ **誤** 借地上の建物を賃貸しても借地の転貸にあたらない。 ステップ104

賃借人が賃貸人の承諾を得ずに賃借物を第三者に転貸して使用又は収益させたときは，賃貸人は，契約の解除をすることができるのが原則である（民法612条）。もっとも，土地の賃借人が，借地上に築造した建物を第三者に賃貸しても，貸したのは建物であって借地を第三者に転貸したものとはいえない（判例）。したがって，土地賃貸人であるAに無断で乙建物を貸しても借地の無断転貸にはあたらないので，Aは甲土地の賃貸借契約を解除することができない。よって，本肢は誤り。

❷ **正** 土地の賃借人は，賃貸人たる土地所有者に代位して，不法占拠者に対し土地の明け渡しを請求できる（判例）。また，借地権者は，借地上に自己名義の登記を有する建物を所有していれば借地権を第三者に対抗することができる（借地借家法10条1項）。そのため，対抗力ある借地権者は，不法占拠者に対して直接に建物の収去・土地明け渡しを請求できる（民法605条の4）。よって，本肢は正しく，本問の正解肢となる。 18-3

☆❸ **誤** 賃貸借契約の債務不履行解除は，転借人に対抗できる。 ステップ94

賃貸人は，賃借人の債務不履行により賃貸借契約を解除したときは，賃借人が適法に賃借物を転貸していたとしても，当該解除を転借人に対抗することができる（民法613条3項但書）。よって，本肢は誤り。

❹ **誤** 賃料は当月分を当月末に支払う。

賃料は，賃貸物の使用の対価という性質がある。したがって，賃料の支払い時期も，動産，建物及び宅地については毎月末に支払わなければならないことを原則とする（民法614条本文）。特約がない限り，当月末までに，翌月分の賃料を支払う必要はない。よって，本肢は誤り。

●第1編 権利関係

賃貸借

問 105

建物の賃貸借契約が期間満了により終了した場合における次の記述のうち、民法の規定によれば、正しいものはどれか。なお、賃貸借契約は、令和4年7月1日付けで締結され、原状回復義務について特段の合意はないものとする。

❶ 賃借人は、賃借物を受け取った後にこれに生じた損傷がある場合、通常の使用及び収益によって生じた損耗も含めてその損傷を原状に復する義務を負う。

❷ 賃借人は、賃借物を受け取った後にこれに生じた損傷がある場合、賃借人の帰責事由の有無にかかわらず、その損傷を原状に復する義務を負う。

❸ 賃借人から敷金の返還請求を受けた賃貸人は、賃貸物の返還を受けるまでは、これを拒むことができる。

❹ 賃借人は、未払賃料債務がある場合、賃貸人に対し、敷金をその債務の弁済に充てるよう請求することができる。

(本試験 2020 年 10 月問 4 出題)

正解肢 3

合格者正解率 **96.4%** 不合格者正解率 **83.2%**
受験者正解率 **90.9%**

❶ **誤** 通常の使用及び収益によって生じた損耗については原状回復義務を負わない。

賃借人は，原則として，賃借物を受け取った後にこれに生じた損傷がある場合において，賃貸借が終了したときは，その損傷を原状に復する義務を負う（民法621条本文）。しかし，通常の使用及び収益によって生じた賃借物の損耗並びに賃借物の経年変化はこの対象となっていない（民法621条本文かっこ書き）。よって，本肢は誤り。

❷ **誤** 賃借人に帰責事由がない場合には，原状回復義務を負わない。

肢1で述べたように，賃借人は，原則として，賃借物を受け取った後にこれに生じた損傷がある場合において，賃貸借が終了したときは，その損傷を原状に復する義務を負うが，その損傷が賃借人の責めに帰することができない事由によるものであるときは，この義務を負わない（民法621条但書）。よって，本肢は誤り。

☆❸ **正** 賃貸人は，敷金を受け取っている場合において，賃貸借が終了し，かつ，賃貸物の返還を受けたとき，賃借人に対し，その受け取った敷金の額から賃貸借に基づいて生じた賃借人の賃貸人に対する金銭の給付を目的とする債務の額を控除した残額を返還しなければならない（民法622条の2第1項1号）。したがって，賃貸人は，賃貸物の返還を受けるまでは，敷金の返還を拒むことができる。よって，本肢は正しく，本問の正解肢となる。

ステップ89

☆❹ **誤** 敷金を弁済に充てるよう請求することはできない。

16-6

賃貸人は，賃借人が賃貸借に基づいて生じた金銭の給付を目的とする債務を履行しないときは，敷金をその債務の弁済に充てることができる。この場合において，賃借人は，賃貸人に対し，敷金をその債務の弁済に充てることを請求することができない（民法622条の2第2項）。よって，本肢は誤り。

●第1編　権利関係

賃貸借

問106 借主Aは、B所有の建物について貸主Bとの間で賃貸借契約を締結し、敷金として賃料2カ月分に相当する金額をBに対して支払ったが、当該敷金についてBによる賃料債権への充当はされていない。この場合、民法の規定及び判例によれば、次の記述のうち正しいものはどれか。

❶ 賃貸借契約が終了した場合、建物明渡しと敷金返還とは同時履行の関係に立たず、Aの建物明渡しはBから敷金の返還された後に行えばよい。

❷ 賃貸借契約期間中にBが建物をCに譲渡した場合で、Cが賃貸人の地位を承継したとき、敷金に関する権利義務は当然にCに承継される。

❸ 賃貸借契約期間中にAがDに対して賃借権を譲渡した場合で、Bがこの賃借権譲渡を承諾したとき、敷金に関する権利義務は当然にDに承継される。

❹ 賃貸借契約が終了した後、Aが建物を明け渡す前に、Bが建物をEに譲渡した場合で、BE間でEに敷金を承継させる旨を合意したとき、敷金に関する権利義務は当然にEに承継される。

(本試験 2003 年問 11 出題)

正解肢 2

合格者正解率 **86.6%** 　不合格者正解率 **58.7%**
受験者正解率 **71.9%**

☆❶ **誤** 建物明渡しは敷金返還前に行う必要がある。 ステップ89

建物賃貸借契約における敷金は，賃貸借契約終了後建物の明渡しの時までに，賃貸借契約により賃貸人が賃借人に対して取得する一切の債権を担保するものである（民法622条の2第1項1号）。したがって，Bの敷金返還債務は，Aが建物を明け渡した後に発生する。よって，本肢は誤り。

☆❷ **正** 建物賃貸借契約期間中に，建物の譲渡に伴って賃貸人の地位の承継があった場合，敷金に関する権利義務は，当然に新賃貸人に承継される（民法605条の2第4項，ただし，承継される額は，賃借人の旧賃貸人に対する債務を差し引いた額である）。よって，本肢は正しく，本問の正解肢となる。 ステップ89

☆❸ **誤** 敷金に関する権利義務は，当然には承継されない。 ステップ89

建物賃貸借契約期間中に，賃借権が譲渡され，賃貸人が賃借権の譲渡を承諾した場合でも，特段の事情のない限り，敷金に関する権利義務は，旧賃借人から新賃借人に承継されない（判例）。よって，本肢は誤り。

❹ **誤** 敷金に関する権利義務は，当然には承継されない。 16-6

建物賃貸借契約が終了した後，建物の明渡し前に，建物の所有権が移転した場合，敷金に関する権利義務は，旧所有者と新所有者の合意のみによっては，新所有者に承継されない（判例）。よって，本肢は誤り。

● 第1編 権利関係

賃貸借

問107 ＡＢ間で，Ａを貸主，Ｂを借主として，Ａ所有の甲建物につき，①賃貸借契約を締結した場合と，②使用貸借契約を締結した場合に関する次の記述のうち，民法の規定によれば，誤っているものはどれか。

❶ Ｂが死亡した場合，①では契約は終了しないが，②では契約が終了する。

❷ Ｂは，①では，甲建物のＡの負担に属する必要費を支出したときは，Ａに対しその償還を請求することができるが，②では，甲建物の通常の必要費を負担しなければならない。

❸ ＡＢ間の契約は，①も②も諾成契約である。

❹ ＡはＢに対し，①では，甲建物について売主と同様の契約不適合責任を負うが，②では，契約不適合責任を負うことはない。

(本試験 2015 年問 3 改題)

正解肢 4

合格者正解率 **41.0%** ／ 不合格者正解率 **32.6%**
受験者正解率 **38.1%**

☆❶ **正** 賃借人が死亡しても賃貸借契約は終了せず，賃借権は賃借人の相続人に相続される（民法896条本文）。これに対し，使用貸借は，借主が死亡するとその効力を失って終了する（民法597条3項）。よって，本肢は正しい。

17-5-3
25-4-2

☆❷ **正** 賃借人が賃貸人の負担に属する必要費を支出したときは，賃貸人に対し，直ちにその償還を請求することができる（民法608条1項）。これに対し，使用貸借契約の借主は，借用物の通常の必要費を負担する（民法595条1項）。よって，本肢は正しい。

ステップ86

❸ **正** 賃貸借契約は，当事者の一方がある物の使用及び収益をさせることを約し，相手方がこれに対して賃料を支払うこと及び引渡しを受けた物を契約が終了したときに返還することを約することで成立する諾成契約である（民法601条）。また，使用貸借契約も，当事者の一方がある物を引き渡すことを約し，相手方がその受け取った物について無償で使用及び収益をして契約が終了したときに返還することを約することによって成立する諾成契約である（民法593条）。よって，本肢は正しい。

16-1
25-4-1

❹ **誤** 使用貸借契約でも契約不適合責任を負う場合がある。

賃貸借契約では，売主と同様の契約不適合責任を負う（民法559条，560～565条）。また，使用貸借契約においても，負担付使用貸借の場合は，貸主は，その負担の限度において，売主と同じく担保の責任を負う（民法596条，551条2項）。よって，本肢は誤りであり，本問の正解肢となる。

●第1編 権利関係

借地借家法（借家）

重要度 A

問108

AがBとの間で、A所有の甲建物について、期間3年、賃料月額10万円と定めた賃貸借契約を締結した場合に関する次の記述のうち、民法及び借地借家法の規定並びに判例によれば、正しいものはどれか。

❶ AがBに対し、賃貸借契約の期間満了の6か月前までに更新しない旨の通知をしなかったときは、AとBは、期間3年、賃料月額10万円の条件で賃貸借契約を更新したものとみなされる。

❷ 賃貸借契約を期間を定めずに合意により更新した後に、AがBに書面で解約の申入れをした場合は、申入れの日から3か月後に賃貸借契約は終了する。

❸ Cが、AB間の賃貸借契約締結前に、Aと甲建物の賃貸借契約を締結していた場合、AがBに甲建物を引き渡しても、Cは、甲建物の賃借権をBに対抗することができる。

❹ AB間の賃貸借契約がBの賃料不払を理由として解除された場合、BはAに対して、Aの同意を得てBが建物に付加した造作の買取りを請求することはできない。

(本試験 2015 年問 11 出題)

正解肢 4

合格者正解率 **66.0%** / 不合格者正解率 **31.8%**
受験者正解率 **54.3%**

☆**❶ 誤** 建物賃貸借の法定更新は，期間の定めがないものとして更新される。

　建物賃貸借において，当事者が期間満了の1年前から6カ月前までに更新拒絶の通知をしなかった場合，従前の契約と同一の条件で更新したものとみなされる（借地借家法26条1項本文）。もっとも，建物賃貸借の期間は従前の契約内容にかかわらず，期間の定めがないものとして更新される（借地借家法26条1項但書）。よって，本肢は誤り。

☆**❷ 誤** 建物賃貸借は解約の申入れの日から6月経過により終了する。

　AとBは合意により建物賃貸借を更新しており，その期間は期間の定めがないものとしている。期間の定めがない建物賃貸借は，賃貸人から賃借人に解約の申入れがあった場合，正当事由のある場合に限って，申入れの日から6カ月の経過によって終了する（借地借家法27条1項，28条）。解約の申入れは書面で行う必要はない。民法では，解約申入れ期間は3カ月とされているが（民法617条1項2号），借地借家法では賃借人保護のため解約申入期間を延長している。よって，本肢は誤り。

❸ 誤 建物賃貸借の対抗要件は引渡しである。

　建物賃貸借の対抗要件は，賃借権の登記又は引渡しであり，同一建物が二重に賃貸借されている場合，先に賃借権の登記又は引渡しを受けた賃借人が優先される（民法605条，借地借家法31条）。したがって，Cは引渡しを受けていないため，登記がない限り，自己の賃借権をBに対抗できない。よって，本肢は誤り。

❹ 正 賃借人の造作買取請求権は，期間の満了又は解約の申入れによる賃貸借の終了の場合に発生する（借地借家法33条1項）。もっとも，賃借人の債務不履行に基づく解除の場合には造作買取請求権は生じないとされている（判例）。よって，本肢は正しく，本問の正解肢となる。

ステップ91
ステップ91
ステップ92

●第1編 権利関係

借地借家法（借家）

重要度 A

問 109 AがBからBの所有する建物を賃借している場合に関する次の記述のうち、民法及び借地借家法の規定によれば、誤っているものはどれか。

❶ 賃貸借契約の締結に関する費用は、ＡＢが平分して負担する。

❷ Aは、Bの負担すべき必要費を支出したときは、ただちに、Bに対しその償還を請求することができる。

❸ Aは、有益費を支出したときは、賃貸借終了の際、その価格の増加が現存する場合に限り、自らの選択によりその費した金額又は増加額の償還を請求することができる。

❹ Aは、Bの同意を得て建物に造作を付加したときは、特約のない限り、賃貸借終了の際、Bに対し時価でその造作を買い取るべきことを請求することができる。

(本試験 1991 年問 13 改題)

正解肢 3

❶ 正 賃貸借契約に関する費用は賃貸人・賃借人双方が平分して負担する（民法558条, 559条, 601条）。よって, 本肢は正しい。

☆❷ 正 必要費を出した賃借人は, 契約の終了を待たずに, 必要費を「直ちに」賃人に償還請求できる（民法608条1項）。したがって, Aは, Bの負担すべき必要費を支出したときは, ただちに, Bに対しその償還を請求することができる。よって, 本肢は正しい。

ステップ86

☆❸ 誤 選択できるのは賃借人Aではなく, 賃貸人Bである。

ステップ86

賃借人が有益費を支出した場合, 賃借人は賃貸借契約終了の時に, その有益費の償還を請求できる（民法608条2項, 196条2項）。この場合, 賃借人が償還を受けられる額は, ①賃借人が出した有益費の額, 又は, ②有益費の支出による目的物の価値の増加分で現存する額, のうち賃貸人が選択したほうの額である。したがって, 賃借人Aが有益費を支出した場合は, 賃貸人Bの選択によりその費した額又は現存する増加額の償還を請求できる。よって, A自らの選択により償還請求できるとする本肢は誤りであり, 本問の正解肢となる。

☆❹ 正 借地借家法の適用される賃貸借において, 賃借人は賃貸人の同意を得て建物に備え付けた造作（畳や建具など）, あるいは賃貸人から買い受けた造作については, 賃貸借契約終了時に, 賃貸人に時価をもって買い取ることを請求できる（借地借家法33条1項）。これを造作買取請求権という。よって, 本肢は正しい。

ステップ93

●第1編 権利関係

借地借家法（借家）

重要度 A

問 110

AはBに対し甲建物を月20万円で賃貸し、Bは、Aの承諾を得たうえで、甲建物の一部をCに対し月10万円で転貸している。この場合、民法及び借地借家法の規定並びに判例によれば、誤っているものはどれか。

---

❶ 転借人Cは、賃貸人Aに対しても、月10万円の範囲で、賃料支払債務を直接に負担する。

❷ 賃貸人Aは、AB間の賃貸借契約が期間の満了によって終了するときは、転借人Cに対しその旨の通知をしなければ、賃貸借契約の終了をCに対し対抗することができない。

❸ AB間で賃貸借契約を合意解除しても、転借人Cに不信な行為があるなどの特段の事情がない限り、賃貸人Aは、転借人Cに対し明渡しを請求することはできない。

❹ 賃貸人AがAB間の賃貸借契約を賃料不払いを理由に解除する場合は、転借人Cに通知等をして賃料をBに代わって支払う機会を与えなければならない。

（本試験 2004年問13 出題）

正解肢 **4**

☆❶ **正** 有効な転貸借があった場合，転借人は，賃貸人と賃借人との間の賃貸借契約に基づく賃借人の債務の範囲を限度として，賃貸人に対して転貸借に基づく債務を直接履行する義務を負う（民法613条1項前段）。したがって，転借人Cは，賃貸人Aに対して賃料支払債務を負う。本肢の場合，転借人Cは，賃借人Bに対して負う10万円の範囲で債務を負担すればよい。よって，本肢は正しい。

ステップ88

☆❷ **正** 建物の転貸借がされている場合において，建物の賃貸借が期間の満了によって終了するときは，建物の賃貸人は，建物の転借人にその旨の通知をしなければ，その終了を建物の転借人に対抗できない（借地借家法34条1項）。したがって，Aは，Cに対し賃貸借契約が終了する旨の通知をしなければ，賃貸借契約の終了をCに対し対抗することができない。よって，本肢は正しい。

ステップ94

☆❸ **正** 有効な転貸借があった後に賃貸借が合意解除されても，建物の賃貸人は，特段の事情のない限りその解除を建物の転借人に対抗することはできない（民法613条3項）。したがって，特段の事情のない限り，AはCに対して建物の明渡しを請求することはできない。よって，本肢は正しい。

ステップ94

☆❹ **誤** AはCに賃料を支払う機会を与える必要はない。

賃借人の賃料不払いを理由として賃貸借を解除するためには，賃貸人は賃借人に対して催告をすれば足り，転借人にその支払いの機会を与える必要はない（判例）。したがって，Aは，Cに通知等をして賃料をBに代わって支払う機会を与える必要はない。よって，本肢は誤りであり，本問の正解肢となる。

ステップ94

●第1編　権利関係

借地借家法（借家）　重要度 A

問 111

借地借家法第38条の定期建物賃貸借（以下この問において「定期建物賃貸借」という。）に関する次の記述のうち，借地借家法の規定及び判例によれば，誤っているものはどれか。

❶ 定期建物賃貸借契約を締結するには，公正証書による等書面によらなければならない。

❷ 定期建物賃貸借契約を締結するときは，期間を1年未満としても，期間の定めがない建物の賃貸借契約とはみなされない。

❸ 定期建物賃貸借契約を締結するには，当該契約に係る賃貸借は契約の更新がなく，期間の満了によって終了することを，当該契約書と同じ書面内に記載して説明すれば足りる。

❹ 定期建物賃貸借契約を締結しようとする場合，賃貸人が，当該契約に係る賃貸借は契約の更新がなく，期間の満了によって終了することを説明しなかったときは，契約の更新がない旨の定めは無効となる。

（本試験 2014 年問 12 出題）

正解肢 3

☆❶ 正　定期建物賃貸借契約を締結するには，公正証書による等書面によらなければならない（借地借家法38条1項）。公正証書である必要はないが，書面は必要という趣旨である。よって，本肢は正しい。　　［ステップ98］

☆❷ 正　定期建物賃貸借契約を締結するときは，期間を1年未満とする建物の賃貸借契約が期間の定めのない賃貸借とみなすという借地借家法29条1項の規定は適用されない（借地借家法38条1項後段）。したがって，たとえば10カ月といった1年未満の期間を定めた場合であっても，そのまま10カ月の定期建物賃貸借契約となる。よって，本肢は正しい。　　［ステップ98］

❸ 誤　契約書とは別個独立の書面であることを要する。　　［17-7-1］

定期建物賃貸借契約を締結するときは，建物の賃貸人は，あらかじめ建物の賃借人に対し，契約の更新がなく，期間の満了により契約が終了することについてその旨を記載した書面を交付して説明しなければならない（借地借家法38条2項）。そして，この説明書面は，契約書とは別個独立の書面であることを要する（判例）。よって，本肢は誤りであり，本問の正解肢となる。

☆❹ 正　建物の賃貸人が，定期建物賃貸借を締結する際の説明をしなかったときは，契約の更新がないこととする旨の定めは，無効とする（借地借家法38条3項）。よって，本肢は正しい。なお，賃貸借契約全体が無効となるわけではないので注意してほしい。　　［17-7-1］

借地借家法（借家）

問112 Aは，A所有の甲建物につき，Bとの間で期間を10年とする借地借家法第38条第1項の定期建物賃貸借契約を締結し，Bは甲建物をさらにCに賃貸（転貸）した。この場合に関する次の記述のうち，民法及び借地借家法の規定並びに判例によれば，正しいものはどれか。

❶ BがAに無断で甲建物をCに転貸した場合には，転貸の事情のいかんにかかわらず，AはAB間の賃貸借契約を解除することができる。

❷ Bの債務不履行を理由にAが賃貸借契約を解除したために当該賃貸借契約が終了した場合であっても，BがAの承諾を得て甲建物をCに転貸していたときには，AはCに対して甲建物の明渡しを請求することができない。

❸ AB間の賃貸借契約が期間満了で終了する場合であっても，BがAの承諾を得て甲建物をCに転貸しているときには，BのCに対する解約の申入れについて正当な事由がない限り，AはCに対して甲建物の明渡しを請求することができない。

❹ AB間の賃貸借契約に賃料の改定について特約がある場合には，経済事情の変動によってBのAに対する賃料が不相当となっても，BはAに対して借地借家法第32条第1項に基づく賃料の減額請求をすることはできない。

(本試験 2013 年問 11 出題)

正解肢 4

合格者正解率 **19.4%**　不合格者正解率 **10.5%**
受験者正解率 **15.9%**

☆ ❶ **誤** 背信的行為と認めるに足りない特段の事情があるときは解除できない。　ステップ87

　賃借人Bは賃貸人Aに無断で，賃借物甲をCに転貸している。そこで，賃貸人の承諾なく転貸された場合に，民法612条2項により賃貸人が無制限に賃貸借契約を解除できるのか問題となる。この点，無断転貸の場合に賃貸人による賃貸借契約の解除が認められるのは，無断転貸により賃貸人と賃借人との信頼関係が崩れるからである。そのため，賃借人が賃貸人の承諾なく第三者をして目的物を使用収益させた場合でも，その行為が賃貸人に対する背信的行為と認めるに足りない特段の事情があるときは，解除権は発生しない（判例）。したがって，転貸がBのAに対する背信的行為といえない事情がある場合には解除権は発生せず，AはAB間の賃貸借契約を解除することはできない。よって，本肢は誤り。

☆ ❷ **誤** 債務不履行解除された場合，賃貸人は転借人に明渡し請求できる。　ステップ94

　賃貸人は，賃借人が適法に賃借物を転貸したとしても，賃借人の債務不履行により賃貸借契約を解除した場合には，転借人に対抗することができる（民法613条3項但書）。したがって，CはAに対抗できず，AはCに対して甲建物の明渡請求をすることができる。よって，本肢は誤り。

☆ ❸ **誤** 建物賃貸借の期間満了の場合，通知を行えば終了を転借人に対抗できる。　ステップ94

　建物の賃貸借が期間の満了によって終了するときは，建物の賃貸人は，建物の転借人にその旨の通知をすれば，その終了を建物の転借人に対抗することができ，その通知をした日から6カ月経過後に転貸借が終了する（借地借家法34条1項，2項）。したがって，AはCに対して期間満了による終了を通知すれば，AはCに対抗することができ，正当事由がなくても，甲建物の明渡請求をすることができる。よって，本肢は誤り。

❹ **正** 定期建物賃貸借において，借賃増減請求の改定に関する特約がある場合，賃料が不相当となっても減額請求をすることができない（借地借家法38条7項，32条1項）。AB間は定期建物賃貸借であるため，借賃の改定について特約があるときは，BはAに賃料の減額請求ができない。よって，本肢は正しく，本問の正解肢となる。　ステップ98

借地借家法（借家）

問 113

賃貸人Ａ（個人）と賃借人Ｂ（個人）との間の居住用建物の賃貸借契約に関する次の記述のうち，借地借家法の規定及び判例によれば，誤っているものはどれか。

❶ Ｂが家賃減額の請求をしたが，家賃の減額幅についてＡＢ間に協議が調わず裁判になったときは，Ａは，その裁判が確定するまでの期間は，Ａが相当と認める金額の家賃を支払うようにＢに請求できる。

❷ Ｂが家賃減額の請求をしたが，家賃の減額幅についてＡＢ間に協議が調わず裁判になったときは，その請求にかかる一定額の減額を正当とする裁判が確定した時点以降分の家賃が減額される。

❸ 家賃が，近傍同種の建物の家賃に比較して不相当に高額になったときは，契約の条件にかかわらず，Ｂは，将来に向かって家賃の減額を請求することができる。

❹ ＡＢ間で，３年間は家賃を減額しない旨特に書面で合意した場合，その特約は効力を有しない。

（本試験 2001 年問 13 出題）

正解肢 **2**

合格者正解率 **56.1%**　不合格者正解率 **39.7%**
受験者正解率 **46.6%**

☆❶ **正**　建物の借賃の減額について当事者間に協議が調わない場合，その請求を受けた者（貸主）は，減額を正当とする裁判が確定するまでは，相当と認める額の借賃の支払いを請求することができる（借地借家法32条3項本文）。よって，本肢は正しい。　　　ステップ97

☆❷ **誤**　裁判が確定した時点ではなく，減額請求した時点である。
借賃の減額の請求をした後，減額を正当とする裁判が確定した場合，裁判が確定した時点以降分だけでなく，減額の請求をしてから裁判が確定するまでの分の借賃も減額される（判例）。よって，本肢は誤りであり，本問の正解肢となる。

☆❸ **正**　建物の借賃が，近傍同種の建物の借賃に比較して不相当となったときは，契約の条件にかかわらず，当事者は，将来に向かって借賃の額の増減を請求することができる（借地借家法32条1項本文）。よって，本肢は正しい。なお，一定の期間建物の借賃を増額しない旨の特約がある場合には，その期間は増額を請求することはできない（同法32条1項但書）。　　　ステップ97

☆❹ **正**　一定の期間建物の借賃を減額しない旨の特約は，建物賃借人に不利な特約であり，効力を有しない（借地借家法32条1項但書参照）。よって，本肢は正しい。　　　ステップ85

●第1編　権利関係

借地借家法（借家）

問 114

AがBに対し，A所有の甲建物を3年間賃貸する旨の契約をした場合における次の記述のうち，民法及び借地借家法の規定によれば，正しいものはどれか（借地借家法第39条に定める取壊し予定の建物の賃貸借及び同法第40条に定める一時使用目的の建物の賃貸借は考慮しないものとする。）。

❶　AB間の賃貸借契約について，契約の更新がない旨を定めるには，公正証書による等書面によって契約すれば足りる。

❷　甲建物が居住の用に供する建物である場合には，契約の更新がない旨を定めることはできない。

❸　AがBに対して，期間満了の3月前までに更新しない旨の通知をしなければ，従前の契約と同一の条件で契約を更新したものとみなされるが，その期間は定めがないものとなる。

❹　Bが適法に甲建物をCに転貸していた場合，Aは，Bとの賃貸借契約が解約の申入れによって終了するときは，特段の事情がない限り，Cにその旨の通知をしなければ，賃貸借契約の終了をCに対抗することができない。

(本試験 2019 年問 12 出題)

正解肢 4

合格者正解率 **84.8%** 不合格者正解率 **64.8%**
受験者正解率 **78.7%**

☆❶ 誤 契約の更新がない建物賃貸借をするには、その旨の説明が必要。 [ステップ98]

期間の定めがある建物の賃貸借をする場合においては、公正証書による等書面によって契約をするときに限り、契約の更新がないこととする旨を定めることができる。そして、当該建物賃貸借をしようとするときは、建物の賃貸人は、あらかじめ、建物の賃借人に対し、定期建物賃貸借による建物の賃貸借は契約の更新がなく、期間の満了により当該建物の賃貸借は終了することについて、その旨を記載した書面を交付して説明しなければならない（借地借家法38条1、2項）。したがって、ＡＢ間の賃貸借契約について、契約の更新がない旨を定めるには、公正証書による等書面によって契約するだけでは足りない。よって、本肢は誤り。

☆❷ 誤 居住用建物であっても、契約の更新がないこととする旨を定めることができる。

期間の定めがある建物の賃貸借をする場合においては、公正証書による等書面によって契約をするときに限り、契約の更新がないこととする旨を定めることができる（借地借家法38条1項）。この規定は、居住の用に供する建物についても適用される。したがって、甲建物が居住の用に供する建物である場合であっても、契約の更新がない旨を定めることができる。よって、本肢は誤り。

☆❸ 誤 更新しない旨の通知は、期間の満了の「1年前から6カ月前」までである。 [ステップ98]

期間の定めがある建物賃貸借において、当事者が期間の満了の1年前から6カ月前までの間に相手方に対して更新をしない旨の通知又は条件を変更しなければ更新をしない旨の通知をしなかったときは、従前の契約と同一の条件で契約を更新したものとみなされるが、その期間は定めがないものとされる（借地借家法26条1項）。期間満了の「3カ月前」ではない。よって、本肢は誤り。

☆❹ 正 建物の賃貸借が解約の申入れによって終了するときは、建物の賃貸人は、建物の転借人にその旨の通知をしなければ、その終了を建物の転借人に対抗することができない（借地借家法34条1項）。したがって、Ａは、Ｂとの賃貸借契約が解約の申入れによって終了するときは、Ｃにその旨の通知をしなければ、賃貸借契約の終了をＣに対抗することができない。よって、本肢は正しく、本問の正解肢となる。 [ステップ94]

●第1編 権利関係

借地借家法（借家）

重要度 B

問 115

賃貸人と賃借人との間で，建物につき，期間5年として借地借家法第38条に定める定期借家契約（以下「定期借家契約」という。）を締結する場合と，期間5年として定期借家契約ではない借家契約（以下「普通借家契約」という。）を締結する場合に関する次の記述のうち，民法及び借地借家法の規定によれば，正しいものはどれか。なお，借地借家法第40条に定める一時使用目的の賃貸借契約は考慮しないものとする。

❶ 賃借権の登記をしない限り賃借人は賃借権を第三者に対抗することができない旨の特約を定めた場合，定期借家契約においても，普通借家契約においても，当該特約は無効である。

❷ 賃貸借契約開始から3年間は賃料を増額しない旨の特約を定めた場合，定期借家契約においても，普通借家契約においても，当該特約は無効である。

❸ 期間満了により賃貸借契約が終了する際に賃借人は造作買取請求をすることができない旨の規定は，定期借家契約では有効であるが，普通借家契約では無効である。

❹ 賃貸人も賃借人も契約期間中の中途解約をすることができない旨の規定は，定期借家契約では有効であるが，普通借家契約では無効である。

（本試験 2015 年問 12 出題）

正解肢 1

合格者正解率 **66.6%** | 不合格者正解率 **37.2%**
受験者正解率 **56.5%**

☆❶ **正** 建物賃貸借では引渡しも対抗要件となる（借地借家法31条）。対抗要件を登記とする特約は、この規定に反する賃借人に不利な特約であるため、無効である（借地借家法37条）。このことは普通建物賃貸借であっても、定期建物賃貸借であっても変わらない。よって、本肢は正しく、本問の正解肢となる。 ステップ92

☆❷ **誤** いずれの借家契約でも借賃を増額しない特約は有効である。 ステップ97 ステップ98

定期建物賃貸借では借賃の改定に関する特約があれば借賃増額請求権の規定（借地借家法32条1項本文）は適用されないため、3年間賃料を増額しない旨の特約（以下、本件特約とする。）は有効である（借地借家法38条7項）。また、普通建物賃貸借でも一定の期間建物の借賃を増額しない旨の特約がある場合は、借賃増減額請求権は発生しないとされているため（借地借家法32条1項但書）、本件特約は有効である。したがって、定期建物賃貸借、普通建物賃貸借ともに本件特約は有効である。よって、本肢は誤り。

☆❸ **誤** いずれの借家契約でも造作買取請求をすることができない旨の特約は有効である。 ステップ93

造作買取請求権を定める借地借家法33条は、強行規定とされていないため（借地借家法37条）、建物賃貸借において造作買取請求権につき賃借人に不利となるような特約を結んでも、この特約は有効である。したがって、期間満了時に造作買取請求を認めない旨の特約は、いずれの建物賃貸借であっても有効である。よって、本肢は誤り。

❹ **誤** 期間の定めのある建物賃貸借では解約権を認めない旨の特約は有効である。 ステップ91 ステップ98

期間の定めのある普通借家契約では中途解約は原則として認められておらず（民法618条反対解釈）、中途解約を認めない旨の特約は当然有効である。一方、定期借家契約では、居住用建物の賃貸借について、賃借人からの中途解約が認められる場合があり（借地借家法38条5項）、賃借人からの中途解約を認めない特約は、これを排除することとなるので無効となる（借地借家法38条6項）。よって、本肢は誤り。

●第1編 権利関係

借地借家法（借家） 重要度 特A

問116

AとBとの間で、Aが所有する甲建物をBが5年間賃借する旨の契約を締結した場合における次の記述のうち、民法及び借地借家法の規定によれば、正しいものはどれか（借地借家法第39条に定める取壊し予定の建物の賃貸借及び同法第40条に定める一時使用目的の建物の賃貸借は考慮しないものとする。）。

❶ AB間の賃貸借契約が借地借家法第38条の定期建物賃貸借で、契約の更新がない旨を定めた場合には、5年経過をもって当然に、AはBに対して、期間満了による終了を対抗することができる。

❷ AB間の賃貸借契約が借地借家法第38条の定期建物賃貸借で、契約の更新がない旨を定めた場合には、当該契約の期間中、Bから中途解約を申し入れることはできない。

❸ AB間の賃貸借契約が借地借家法第38条の定期建物賃貸借でない場合、A及びBのいずれからも期間内に更新しない旨の通知又は条件変更しなければ更新しない旨の通知がなかったときは、当該賃貸借契約が更新され、その契約は期間の定めがないものとなる。

❹ CがBから甲建物を適法に賃貸された転借人で、期間満了によってAB間及びBC間の賃貸借契約が終了する場合、Aの同意を得て甲建物に付加した造作について、BはAに対する買取請求権を有するが、CはAに対する買取請求権を有しない。

（本試験 2018 年問 12 出題）

正解肢 3

合格者正解率 **89.3%** / 不合格者正解率 **63.7%**
受験者正解率 78.1%

☆ ❶ **誤** 終了を対抗するには，その旨の通知が必要である。 ステップ98

期間が1年以上である定期建物賃貸借の場合，建物の賃貸人は，期間の満了の1年前から6カ月前までの間に建物の賃借人に対し期間の満了により建物の賃貸借が終了する旨の通知をしなければ，その終了を建物の賃借人に対抗することができない（借地借家法38条4項）。したがって，期間の経過をもって当然に終了を対抗できることにはならない。よって，本肢は誤り。

☆ ❷ **誤** 一定の場合，借主から解約を申し入れることはできる。 ステップ98

居住の用に供する建物の定期建物賃貸借の場合，①床面積が200㎡未満であり，②転勤，療養，親族の介護その他のやむを得ない事情により建物の賃借人が建物を自己の生活の本拠として使用することが困難となったことを理由として，建物の賃借人は，建物の賃貸借の解約の申入れをすることができる（借地借家法38条5項）。したがって，所定の条件が揃えば借主Bから中途解約の申入れをすることができる。よって，本肢は誤り。

☆ ❸ **正** 定期建物賃貸借以外の期間の定めがある建物の賃貸借の場合，当事者が期間の満了の1年前から6カ月前までの間に相手方に対して更新をしない旨の通知又は条件を変更しなければ更新をしない旨の通知をしなかったときは，従前の契約と同一の条件で契約を更新したものとみなす。ただし，その期間は，定めがないものとなる（借地借家法26条1項）。よって，本肢は正しく，本問の正解肢となる。 ステップ91

☆ ❹ **誤** 転借人も造作買取請求権を行使することができる。 ステップ95

建物の賃借人は，建物の賃貸借が期間の満了又は解約の申入れによって終了するときに，建物の賃貸人に対し，その造作を時価で買い取るべきことを請求することができる（借地借家法33条1項）。この造作買取請求権は，転借人（C）から賃貸人（A）に対して行使することができる（借地借家法33条2項）。よって，本肢は誤り。

●第1編 権利関係

借地借家法（借家） 重要度 特A

問117

AはBと、B所有の甲建物につき、居住を目的として、期間3年、賃料月額20万円と定めて賃貸借契約（以下この問において「本件契約」という。）を締結した。この場合における次の記述のうち、借地借家法の規定及び判例によれば、誤っているものはどれか。

❶ AもBも相手方に対し、本件契約の期間満了前に何らの通知もしなかった場合、従前の契約と同一の条件で契約を更新したものとみなされるが、その期間は定めがないものとなる。

❷ BがAに対し、本件契約の解約を申し入れる場合、甲建物の明渡しの条件として、一定額以上の財産上の給付を申し出たときは、Bの解約の申入れに正当事由があるとみなされる。

❸ 甲建物の適法な転借人であるCが、Bの同意を得て甲建物に造作を付加した場合、期間満了により本件契約が終了するときは、CはBに対してその造作を時価で買い取るよう請求することができる。

❹ 本件契約が借地借家法第38条の定期建物賃貸借で、契約の更新がない旨を定めた場合でも、BはAに対し、同条所定の通知期間内に、期間満了により本件契約が終了する旨の通知をしなければ、期間3年での終了をAに対抗することができない。

（本試験2016年問12出題）

正解肢 2

合格者正解率 **79.6%** / 不合格者正解率 **51.1%**
受験者正解率 **69.4%**

☆❶ **正** 期間の定めがある建物賃貸借において，当事者が期間の満了の1年前から6カ月前までの間に相手方に対して更新をしない旨の通知又は条件を変更しなければ更新をしない旨の通知をしなかったときは，従前の契約と同一の条件で契約を更新したものとみなされるが，その期間は定めがないものとされる（借地借家法26条1項）。よって，本肢は正しい。 ステップ91

☆❷ **誤 立退料は正当事由の考慮要素の一つに過ぎない。** ステップ91

期間定めがある建物賃貸借の更新拒絶は，正当事由がなければ認められない（借地借家法28条）。このとき，賃貸人が建物の明渡しの条件として，一定額以上の財産上の給付を申し出たとしても，当該申し出は，正当事由があるか否かの考慮要素の一つに過ぎず，当該申し出があれば，正当事由があるとみなされるわけではない。よって，本肢は誤りであり，本問の正解肢となる。

☆❸ **正** 借地借家法が適用される建物賃貸借においては，賃借人に造作買取請求権が認められる。そして，適法に転貸借がなされている場合，転借人にも造作買取請求権が認められる（借地借家法33条2項，1項）よって，本肢は正しい。 ステップ93

☆❹ **正** 定期建物賃貸借であっても，その期間が1年以上である場合には，建物の賃貸人は，期間の満了の1年前から6カ月前までの間に建物の賃借人に対し期間の満了により建物の賃貸借が終了する旨の通知をしなければ，その終了を建物の賃借人に対抗することができない（借地借家法38条4項本文）。よって，本肢は正しい。 ステップ98

●第1編 権利関係

借地借家法（借家）

問118

AはBとの間で，令和2年4月に，BがCから借りている土地上のB所有の建物について賃貸借契約（期間2年）を締結し引渡しを受け，債務不履行をすることなく占有使用を継続している。この場合に関する次の記述のうち，民法及び借地借家法の規定並びに判例によれば，誤っているものはどれか。

❶ Bが，Cの承諾を得ることなくAに対して借地上の建物を賃貸し，それに伴い敷地であるその借地の利用を許容している場合でも，Cとの関係において，借地の無断転貸借とはならない。

❷ 借地権の期間満了に伴い，Bが建物買取請求権を適法に行使した場合，Aは，建物の賃貸借契約を建物の新たな所有者Cに対抗できる。

❸ 令和4年3月に，借地権がBの債務不履行により解除され，Aが建物を退去し土地を明け渡さなければならなくなったときは，Aが解除されることをその1年前までに知らなかった場合に限り，裁判所は，Aの請求により，Aがそれを知った日から1年を超えない範囲内において，土地の明渡しにつき相当の期限を許与することができる。

❹ 令和4年3月に，借地権が存続期間の満了により終了し，Aが建物を退去し土地を明け渡さなければならなくなったときは，Aが借地権の存続期間が満了することをその1年前までに知らなかった場合に限り，裁判所は，Aの請求により，Aがそれを知った日から1年を超えない範囲内において，土地の明渡しにつき相当の期限を許与することができる。

(本試験 2006 年問 14 改題)

正解肢 **3**

☆❶ **正** 土地の賃借人が借地上の建物を賃貸し、それに伴い敷地である借地の利用を許容している場合でも、土地の転貸借には当たらないので、借地権設定者Cの承諾は不要である（民法612条、判例）。したがって、Cとの関係において、借地の無断転貸借とはならない。よって、本肢は正しい。

☆❷ **正** 借地権の期間満了に伴い、Bが建物買取請求権を適法に行使すると、即時に売買契約締結に類似した効果が生じ、建物の所有権は借地権設定者Cに当然に移転する（借地借家法13条1項、判例）。しかし、Aは、引渡しを受けているので、その後、建物買取請求権の行使により建物の所有権を取得したCに対して、建物の賃借権を対抗することができる（借地借家法31条）。よって、本肢は正しい。

☆❸ **誤** 債務不履行解除の場合、相当の期限は許与されない。

借地権の目的である土地の上の建物につき賃貸借がされている場合において、借地権の存続期間の満了によって建物の賃借人が土地を明け渡すべきときは、建物の賃借人が借地権の存続期間が満了することをその1年前までに知らなかった場合に限り、裁判所は、建物の賃借人の請求により、建物の賃借人がこれを知った日から1年を超えない範囲内において、土地の明渡しにつき相当の期限を許与することができる（借地借家法35条1項）。しかし、借地権者の債務不履行により解除された場合には、本条は適用されない（判例）。よって、本肢は誤りであり、本問の正解肢となる。

☆❹ **正** ❸で述べたように、借地権が期間満了により終了している本肢の場合、裁判所は、Aの請求により、Aがこれを知った日から1年を超えない範囲内において、土地の明渡しにつき相当の期限を許与することができる（借地借家法35条1項）。よって、本肢は正しい。

● 第1編　権利関係

借地借家法（借地）

重要度 A

問 119　AがBの所有地を賃借して、建物を建てその登記をしている場合に関する次の記述のうち、民法及び借地借家法の規定並びに判例によれば、正しいものはどれか。

❶　Bがその土地をCに譲渡する場合、賃貸人の義務の移転を伴うから、Bは、その譲渡についてAの承諾を必要とする。

❷　Aがその建物をDに譲渡する場合、特別の事情のない限り、Aは、Dに対する敷地の賃借権譲渡についてBの承諾を得る必要がある。

❸　EがBからその土地の譲渡を受けた場合、Eは、登記を移転していなくても賃貸人たる地位の取得をAに対抗することができる。

❹　FがAからその建物を賃借する場合、特別の事情がない限り、Fは、その賃借についてBの承諾を得なければならない。

（本試験 1995 年問 7 改題）

正解肢 2

❶ 誤 賃貸人が土地を譲渡する場合、賃借人の承諾は不要。

借地権者は、借地上の建物の登記を備えていれば、土地の所有者が変わっても、新所有者に賃借権を対抗することができる（借地借家法10条1項）。このとき、賃借人が賃借権の対抗要件を備えた場合には、賃貸人の地位は譲受人に移転する（民法605条の2第1項）。賃借人の承諾は不要である。よって、本肢は誤り。

☆**❷ 正** 借地上の建物を第三者に譲渡した場合には、特別の事情がない限り、借地権の譲渡もあったものとみなされる（判例）。借地権は、建物の所有権にとって従たる権利であるから、建物の所有権の処分に従うのである。したがって、Aは、借地上の建物の譲渡についてBの承諾を必要とする（民法612条1項）。よって、本肢は正しく、本問の正解肢となる。

☆**❸ 誤** Eは登記を移転していなければ、Aに対抗できない。

Aの賃借権が対抗力を有する場合、Eが新賃貸人となる。しかし、Eが賃貸人の地位や権利を主張する（賃料を請求するなど）ためには、Eは所有権の登記を備えていることが必要である（民法605条の2第1項、3項）。よって、本肢は誤り。

☆**❹ 誤** 借地上の建物の賃借の場合、地主の承諾は不要。

借地上の建物を賃貸する場合には、地主の承諾は不要である（民法612条、判例）。地主から借りているものは土地であり、借地人が貸しているのは建物であるので、この場合には土地の転貸にあたらないからである。よって、本肢は誤り。

●第1編 権利関係

借地借家法（借地）

重要度 特A

問120

借地人Aが，令和4年9月1日に甲地所有者Bと締結した建物所有を目的とする甲地賃貸借契約に基づいてAが甲地上に所有している建物と甲地の借地権とを第三者Cに譲渡した場合に関する次の記述のうち，民法及び借地借家法の規定によれば，正しいものはどれか。

❶ 甲地上のA所有の建物が登記されている場合には，AがCと当該建物を譲渡する旨の合意をすれば，Bの承諾の有無にかかわらず，CはBに対して甲地の借地権を主張できる。

❷ Aが借地権をCに対して譲渡するに当たり，Bに不利になるおそれがないにもかかわらず，Bが借地権の譲渡を承諾しない場合には，AはBの承諾に代わる許可を与えるように裁判所に申し立てることができる。

❸ Aが借地上の建物をDに賃貸している場合には，Aはあらかじめ Dの同意を得ておかなければ，借地権を譲渡することはできない。

❹ AB間の借地契約が専ら事業の用に供する建物（居住の用に供するものを除く。）の所有を目的とし，かつ，存続期間を20年とする借地契約である場合には，AはBの承諾の有無にかかわらず，借地権をCに対して譲渡することができ，CはBに対して甲地の借地権を主張できる。

（本試験 2005 年問 13 改題）

正解肢 2

合格者正解率 **93.5%** 　不合格者正解率 **73.6%**
受験者正解率 **86.0%**

☆ ❶ **誤** 借地上の建物の譲渡の場合，賃貸人の承諾が必要。 ステップ104

賃借人は，賃貸人の承諾を得なければ，その賃借権を譲り渡し，又は賃借物を転貸することができない（民法612条1項）。そして，借地上の建物を第三者に譲渡した場合は，特別の事情がない限り，借地権も譲渡されたことになる（判例）。したがって，Cは，Bの承諾がなければ，Bに甲地の借地権の取得を主張することができない。よって，本肢は誤り。

☆ ❷ **正** 借地権者が賃借権の目的である土地の上の建物を第三者に譲渡しようとする場合において，借地権設定者に不利となるおそれがないにもかかわらず，借地権設定者がその賃借権の譲渡を承諾しないときは，借地権者は，借地権設定者の承諾に代わる許可を与えるように，裁判所に申し立てることができる（借地借家法19条1項）。よって，本肢は正しく，本問の正解肢となる。 ステップ104

☆ ❸ **誤** 借地権の譲渡の場合，建物の賃借人の承諾は不要。 ステップ87

賃借人は，賃貸人の承諾を得なければ，その賃借権を譲り渡し，又は賃借物を転貸することができない（民法612条1項）。したがって，Aが借地権を譲渡するためには，あらかじめBの承諾を得る必要があるのであって，Dの承諾は必要でない。よって，本肢は誤り。

☆ ❹ **誤** 事業用定期借地権の譲渡の場合でも，賃貸人の承諾が必要。 ステップ87

賃借人は，賃貸人の承諾を得なければ，その賃借権を譲り渡し，又は賃借物を転貸することができない（民法612条1項）。このことは，事業用定期借地権であっても同様である。よって，本肢は誤り。

●第1編　権利関係

借地借家法（借地）

問121

借地借家法に関する次の記述のうち，誤っているものはどれか。

❶ 建物の用途を制限する旨の借地条件がある場合において，法令による土地利用の規制の変更その他の事情の変更により，現に借地権を設定するにおいてはその借地条件と異なる建物の所有を目的とすることが相当であるにもかかわらず，借地条件の変更につき当事者間に協議が調わないときは，裁判所は，当事者の申立てにより，その借地条件を変更することができる。

❷ 賃貸借契約の更新の後において，借地権者が残存期間を超えて残存すべき建物を新たに築造することにつきやむを得ない事情があるにもかかわらず，借地権設定者がその建物の築造を承諾しないときは，借地権設定者が土地の賃貸借の解約の申入れをすることができない旨を定めた場合を除き，裁判所は，借地権者の申立てにより，借地権設定者の承諾に代わる許可を与えることができる。

❸ 借地権者が賃借権の目的である土地の上の建物を第三者に譲渡しようとする場合において，その第三者が賃借権を取得しても借地権設定者に不利となるおそれがないにもかかわらず，借地権設定者がその賃借権の譲渡を承諾しないときは，裁判所は，その第三者の申立てにより，借地権設定者の承諾に代わる許可を与えることができる。

❹ 第三者が賃借権の目的である土地の上の建物を競売により取得した場合において，その第三者が賃借権を取得しても借地権設定者に不利となるおそれがないにもかかわらず，借地権設定者がその賃借権の譲渡を承諾しないときは，裁判所は，その第三者の申立てにより，借地権設定者の承諾に代わる許可を与えることができる。

(本試験2011年問11出題)

正解肢 3

合格者正解率 **67.5%** 　不合格者正解率 **40.1%**
受験者正解率 **54.2%**

❶ **正**　建物の種類，構造，規模又は用途を制限する旨の借地条件がある場合において，法令による土地利用の規制の変更，付近の土地の利用状況の変化その他の事情の変更により現に借地権を設定するにおいてはその借地条件と異なる建物の所有を目的とすることが相当であるにもかかわらず，借地条件の変更につき当事者間に協議が調わないときは，裁判所は，当事者の申立てにより，その借地条件を変更することができる（借地借家法17条1項）。よって，本肢は正しい。

18-5-3

❷ **正**　借地契約の更新の後において，借地権者が残存期間を超えて存続すべき建物を新たに築造することにつきやむを得ない事情があるにもかかわらず，借地権設定者がその建物の築造を承諾しないときは，借地権設定者が地上権の消滅の請求又は土地の賃貸借の解約の申入れをすることができない旨を定めた場合を除き，裁判所は，借地権者の申立てにより，借地権設定者の承諾に代わる許可を与えることができる（借地借家法18条1項）。よって，本肢は正しい。

☆❸ **誤**　承諾に代わる許可を申し立てるのは，借地権者である。

ステップ104

　借地権者が賃借権の目的である土地の上の建物を第三者に譲渡しようとする場合において，その第三者が賃借権を取得し，又は転借をしても借地権設定者に不利となるおそれがないにもかかわらず，借地権設定者がその賃借権の譲渡又は転貸を承諾しないときは，裁判所は，借地権者の申立てにより，借地権設定者の承諾に代わる許可を与えることができる（借地借家法19条1項）。裁判所へ申し立てることができるのは借地権者であり，第三者ではない。よって，本肢は誤りであり，本問の正解肢となる。

☆❹ **正**　第三者が賃借権の目的である土地の上の建物を競売又は公売により取得した場合において，その第三者が賃借権を取得しても借地権設定者に不利となるおそれがないにもかかわらず，借地権設定者がその賃借権の譲渡を承諾しないときは，裁判所は，その第三者の申立てにより，借地権設定者の承諾に代わる許可を与えることができる（借地借家法20条1項）。よって，本肢は正しい。

ステップ104

●第1編 権利関係

借地借家法(借地)

重要度 A

問122

Aが居住用の甲建物を所有する目的で，期間30年と定めてBから乙土地を賃借した場合に関する次の記述のうち，借地借家法の規定及び判例によれば，正しいものはどれか。なお，Aは借地権登記を備えていないものとする。

❶ Aが甲建物を所有していても，建物保存登記をAの子C名義で備えている場合には，Bから乙土地を購入して所有権移転登記を備えたDに対して，Aは借地権を対抗することができない。

❷ Aが甲建物を所有していても，登記上の建物の所在地番，床面積等が少しでも実際のものと相違している場合には，建物の同一性が否定されるようなものでなくても，Bから乙土地を購入して所有権移転登記を備えたEに対して，Aは借地権を対抗することができない。

❸ AB間の賃貸借契約を公正証書で行えば，当該契約の更新がなく期間満了により終了し，終了時にはAが甲建物を収去すべき旨を有効に規定することができる。

❹ Aが地代を支払わなかったことを理由としてBが乙土地の賃貸借契約を解除した場合，契約に特段の定めがないときは，Bは甲建物を時価で買い取らなければならない。

(本試験 2016 年問 11 出題)

正解肢 1

合格者正解率 87.5%　不合格者正解率 60.9%
受験者正解率 78.0%

☆❶ 正　土地について賃借権の登記がなくても，土地の上に借地権者が登記されている建物を所有するときは，これをもって第三者に対抗することができる（借地借家法10条1項）。しかし，配偶者名義や長男名義などの場合，第三者に対抗することができない（判例）。本肢では，建物保存登記がAの子C名義であるため，Aは，乙土地の所有権移転登記を備えたDに対して，借地権を対抗することができない。よって，本肢は正しく，本問の正解肢となる。

❷　誤　建物の同一性が認められれば，借地権を対抗できる。
　借地上の建物の登記に表示された所在地番及び床面積が実際と異なる場合であっても，一定の事情の下では，登記されている建物との同一性は肯定される（判例）。そして，肢1の解説でも述べたとおり，土地の上に借地権者が登記されている建物を所有するときは，これをもって第三者に対抗することができる。したがって，甲建物の登記を備えているAは，Dに対して借地権を対抗することができる。よって，本肢は誤り。

☆❸　誤　建物買取請求権を認める規定は特約で排除できない。
　借地権の存続期間が満了した場合の建物買取請求についての規定は強行規定であるため，借地権者に不利な内容の特約は無効となる（借地借家法13条1項，16条）。本肢の特約は，「賃貸借契約終了時にはAが甲建物を収去すべき」となっており，借地権者の建物買取請求を否定するものであるため，借地権者であるAにとって不利な内容といえ，無効である。また，公正証書によって事業用定期借地権を設定した場合であれば，更新や建物買取請求を認めない旨を特約で定めることもできるが（借地借家法23条1項），本問ではAは居住用の甲建物を所有する目的で乙土地を賃借しているので通常の借地権の設定であり，事業用定期借地権の設定にあたらない。よって，本肢は誤り。

☆❹　誤　借地権者の債務不履行による解除の場合，建物買取請求権は認められない。
　建物買取請求権が認められるのは，借地権の存続期間が満了したことによって賃貸借契約が終了した場合である（借地借家法13条1項）。債務不履行によって賃貸借契約が解除された場合には建物買取請求権は認められない。したがって，地代を支払わなかったことを理由として賃貸借契約が解除された場合には，Bは甲建物を時価で買い取る必要はない。よって，本肢は誤り。

ステップ103

●第1編 権利関係

借地借家法(借地)

問123

甲土地につき，期間を60年と定めて賃貸借契約を締結しようとする場合（以下「ケース①」という。）と，期間を15年と定めて賃貸借契約を締結しようとする場合（以下「ケース②」という。）に関する次の記述のうち，民法及び借地借家法の規定によれば，正しいものはどれか。

❶ 賃貸借契約が建物を所有する目的ではなく，資材置場とする目的である場合，ケース①は期間の定めのない契約になり，ケース②では期間は15年となる。

❷ 賃貸借契約が建物の所有を目的とする場合，公正証書で契約を締結しなければ，ケース①の期間は30年となり，ケース②の期間は15年となる。

❸ 賃貸借契約が居住の用に供する建物の所有を目的とする場合，ケース①では契約の更新がないことを書面で定めればその特約は有効であるが，ケース②では契約の更新がないことを書面で定めても無効であり，期間は30年となる。

❹ 賃貸借契約が専ら工場の用に供する建物の所有を目的とする場合，ケース①では契約の更新がないことを公正証書で定めた場合に限りその特約は有効であるが，ケース②では契約の更新がないことを公正証書で定めても無効である。

(本試験2019年問11改題)

正解肢 3

合格者正解率 **67.5%** 不合格者正解率 **43.2%**
受験者正解率 **60.1%**

☆❶ **誤** 「借地」に関する規定は、建物の所有を目的とする地上権・土地の賃借権が対象となる。 [ステップ100]

借地借家法の「借地」に関する規定は、建物の所有を目的としない賃貸借契約には適用されず(借地借家法1条)、民法のみが適用され、その期間は50年が上限となる(民法604条1項)。したがって、ケース①は、期間が50年となり、ケース②は、期間が15年となる。よって、本肢は誤り。

☆❷ **誤** 60年と定めた場合は60年、15年と定めた場合は30年となる。 [ステップ100]

建物の所有を目的とする賃貸借契約には、借地借家法の「借地」に関する規定が適用される(借地借家法1条)。そのため、借地権の存続期間は30年となり、それ以上の期間を定めた場合、その期間とする(借地借家法3条)。また、契約は、公正証書である必要はない。したがって、ケース①は、期間が60年となり、ケース②は、期間が30年となる。よって、本肢は誤り。

☆❸ **正** 存続期間を50年以上として借地権を設定する場合においては、契約の更新がないことを定めることができるが、この特約は、公正証書による等書面によってしなければならない(借地借家法22条)。したがって、ケース①は、期間を60年と定めているため、書面で定めれば契約の更新がないこととする特約は有効であるが、ケース②は、期間を15年と定めているため、契約の更新がないことを書面で定めても無効となり、建物所有目的の賃貸借には借地借家法の適用があるため、その期間を15年と定めても30年となる(借地借家法3条)。なお、「居住の用に供する建築物」なので事業用定期借地権を設定することができない。よって、本肢は正しく、本問の正解肢となる。 [ステップ101] [ステップ105]

☆❹ **誤** 事業用定期借地権は「公正証書」で、長期の定期借地権は「公正証書等の書面」でしなければならない。 [ステップ105]

専ら事業の用に供する建物の所有を目的とし、かつ、存続期間を10年以上50年未満として借地権を設定する場合、公正証書によれば、契約の更新がない旨定めることができる(借地借家法23条)。したがって、ケース①は期間を60年と定めているため、事業用定期借地権ではなく、長期の定期借地権となることから、公正証書等の書面で定めれば特約は有効となる(借地借家法22条)。また、ケース②は、契約の更新がないことを公正証書で定めれば事業用定期借地権として有効となる(借地借家法23条3項)。よって、本肢は誤り。

●第1編 権利関係

借地借家法(借地)

問124 賃貸借契約に関する次の記述のうち、民法及び借地借家法の規定並びに判例によれば、誤っているものはどれか。

❶ 建物の所有を目的とする土地の賃貸借契約において、借地権の登記がなくても、その土地上の建物に借地人が自己を所有者と記載した表示の登記をしていれば、借地権を第三者に対抗することができる。

❷ 建物の所有を目的とする土地の賃貸借契約において、建物が全焼した場合でも、借地権者は、その土地上に滅失建物を特定するために必要な事項等を掲示すれば、借地権を第三者に対抗することができる場合がある。

❸ 建物の所有を目的とする土地の適法な転借人は、自ら対抗力を備えていなくても、賃借人が対抗力のある建物を所有しているときは、転貸人たる賃借人の賃借権を援用して転借権を第三者に対抗することができる。

❹ 仮設建物を建築するために土地を一時使用として1年間賃借し、借地権の存続期間が満了した場合には、借地権者は、借地権設定者に対し、建物を時価で買い取るように請求することができる。

(本試験 2012 年問 11 出題)

正解肢 4

合格者正解率 **85.5%** | 不合格者正解率 **62.2%**
受験者正解率 **77.4%**

☆ **❶ 正** 借地権については，借地権の登記がなくても借地上の建物の登記があれば第三者に対抗することができる（借地借家法10条1項）。そして，この場合の「登記」には表示の登記も含まれる（判例）。よって，本肢は正しい。 ステップ103

☆ **❷ 正** 建物の滅失があった場合でも，借地権者が，その建物を特定するために必要な事項等を土地の上の見やすい場所に掲示するときは，借地権は，なお第三者に対抗することができる（借地借家法10条2項本文）。よって，本肢は正しい。 ステップ103

❸ 正 賃借人が対抗力のある登記ある建物を所有している場合は，適法な転借人は自らは対抗力を備えていなくても，転貸人たる賃借人の賃借権を援用して，転借権を第三者に対抗することができる（判例）。よって，本肢は正しい。

☆ **❹ 誤** 一時使用目的の借地権の場合，建物買取請求権は認められない。 ステップ100

臨時設備の設置その他一時使用のために借地権を設定したことが明らかな場合には，建物買取請求権は認められない（借地借家法25条，13条）。よって，本肢は誤りであり，本問の正解肢となる。

●第1編 権利関係

借地借家法（借地）

重要度 A

問 125

Aが所有している甲土地を平置きの駐車場用地として利用しようとするBに貸す場合と，一時使用目的ではなく建物所有目的を有するCに貸す場合とに関する次の記述のうち，民法及び借地借家法の規定によれば，正しいものはどれか。

❶ AB間の土地賃貸借契約の期間は，AB間で60年と合意すればそのとおり有効であるのに対して，AC間の土地賃貸借契約の期間は，50年が上限である。

❷ 土地賃貸借契約の期間満了後に，Bが甲土地の使用を継続していてもAB間の賃貸借契約が更新したものと推定されることはないのに対し，期間満了後にCが甲土地の使用を継続した場合には，AC間の賃貸借契約が更新されたものとみなされることがある。

❸ 土地賃貸借契約の期間を定めなかった場合，Aは，Bに対しては，賃貸借契約開始から1年が経過すればいつでも解約の申入れをすることができるのに対し，Cに対しては，賃貸借契約開始から30年が経過しなければ解約の申入れをすることができない。

❹ AB間の土地賃貸借契約を書面で行っても，Bが賃借権の登記をしないままAが甲土地をDに売却してしまえばBはDに対して賃借権を対抗できないのに対し，AC間の土地賃貸借契約を口頭で行っても，Cが甲土地上にC所有の登記を行った建物を有していれば，Aが甲土地をDに売却してもCはDに対して賃借権を対抗できる。

（本試験 2008 年問 13 出題）

正解肢 4

合格者正解率 **64.8%** 不合格者正解率 **48.9%**
受験者正解率 **59.2%**

☆❶ 誤　ＡＢ間では50年が上限，ＡＣ間では上限なし。

　建物所有を目的としないＡＢ間の土地賃貸借契約には借地借家法の適用はなく，民法のみが適用され，その期間については50年が上限となる（民法604条1項）。これに対して，建物所有を目的とするＡＣ間の土地賃貸借契約は借地借家法の借地権に該当するので，30年以上であれば，合意による期間の制限はない（借地借家法3条但書）。よって，本肢は誤り。

ステップ101

☆❷ 誤　ＡＢ間の賃貸借契約は更新したものと推定される。

　土地賃貸借契約の期間満了後に，Ｂが甲土地の使用を継続する場合，賃貸人Ａがこれを知りながら異議を述べないときは，ＡＢ間の賃貸借契約は更新したものと推定される（民法619条1項）。よって，本肢は誤り。これに対し，期間満了後にＣが甲土地の使用を継続した場合，建物がある場合に限り，ＡＣ間の賃貸借契約が更新されたものとみなされるので，後半の記述は正しい（借地借家法5条2項）。

ステップ101

☆❸ 誤　ＡはＢにいつでも解約申入れできる。

　ＡＢ間の土地賃貸借契約の期間を定めなかった場合，各当事者はいつでも解約申入れをすることができる（民法617条1項）。これに対して，ＡＣ間の土地賃貸借契約については，少なくとも30年の法定期間が定められ，借地権者からの更新請求に対して借地権設定者は異議を述べる扱いとなる（借地借家法3条）。よって，本肢は誤り。

ステップ101

☆❹ 正　ＡＢ間の土地賃貸借契約については，民法のみが適用されるので，賃借権の登記を有しないＢは，新たに所有者となったＤに対して賃借権を対抗することができない（民法605条）。これに対して，ＡＣ間の土地賃貸借契約については，借地借家法が適用されるので，Ｃが甲土地上にＣ所有の登記を行った建物を有していれば，第三者Ｄに対して賃借権を対抗することができる（借地借家法10条1項）。いずれの場合も，契約が書面で行われたか否かは関係ない。よって，本肢は正しく，本問の正解肢となる。

ステップ103

● 第1編 権利関係

借地借家法（借地） 重要度 B

問 126

借地借家法第 23 条の借地権（以下この問において「事業用定期借地権」という。）に関する次の記述のうち，借地借家法の規定によれば，正しいものはどれか。

❶ 事業の用に供する建物の所有を目的とする場合であれば，従業員の社宅として従業員の居住の用に供するときであっても，事業用定期借地権を設定することができる。

❷ 存続期間を 10 年以上 20 年未満とする短期の事業用定期借地権の設定を目的とする契約は，公正証書によらなくとも，書面又は電磁的記録によって適法に締結することができる。

❸ 事業用定期借地権が設定された借地上にある建物につき賃貸借契約を締結する場合，建物を取り壊すこととなるときに建物賃貸借契約が終了する旨を定めることができるが，その特約は公正証書によってしなければならない。

❹ 事業用定期借地権の存続期間の満了によって，その借地上の建物の賃借人が土地を明け渡さなければならないときでも，建物の賃借人がその満了をその 1 年前までに知らなかったときは，建物の賃借人は土地の明渡しにつき相当の期限を裁判所から許与される場合がある。

（本試験 2010 年問 11 出題）

正解肢 4

合格者正解率 **59.7%** 不合格者正解率 **42.5%**
受験者正解率 53.4%

☆❶ 誤 居住の用に供する建物には事業用定期借地権を設定できない。 ステップ105

　事業用定期借地権は，専ら事業の用に供する建物（居住の用に供するものを除く。）の所有を目的とする場合に設定することができる（借地借家法23条1項）。したがって，従業員の社宅として従業員の居住の用に供する建物の場合は，事業用定期借地権を設定することができない。よって，本肢は誤り。

☆❷ 誤 事業用定期借地権の契約は公正証書によらなければならない。 ステップ105

　事業用定期借地権の設定を目的とする契約は，公正証書によってしなければならない（借地借家法23条3項）。よって，公正証書によらなくともできるとする本肢は誤り。

☆❸ 誤 取壊し予定の建物賃貸借の特約は公正証書による必要はない。 ステップ99

　法令又は契約により一定の期間を経過した後に建物を取り壊すべきことが明らかな場合において，建物の賃貸借をするときは，建物を取り壊すこととなる時に賃貸借が終了する旨を定めることができる（借家借家法39条1項）。この場合，その特約は，建物を取り壊すべき事由を記載した書面によってしなければならないが，公正証書による必要はない（借家借家法39条2項）。よって，本肢は誤り。

☆❹ 正 借地権の目的である土地の上の建物につき賃貸借がされている場合において，借地権の存続期間の満了によって建物の賃借人が土地を明け渡すべき時は，建物の賃借人が借地権の存続期間が満了することをその1年前までに知らなかった場合に限り，裁判所は建物の賃借人の請求により，建物の賃借人がこれを知った日から1年を超えない範囲内において，土地の明渡しにつき相当の期限を許与することができる（借地借家法35条1項）。よって，本肢は正しく，本問の正解肢となる。

17-2

●第1編　権利関係

借地借家法（借地）

問127　Aが所有者として登記されている甲土地上に、Bが所有者として登記されている乙建物があり、CがAから甲土地を購入した場合に関する次の記述のうち、民法及び借地借家法の規定並びに判例によれば、誤っているものはどれか。

❶ Bが甲土地を自分の土地であると判断して乙建物を建築していた場合であっても、Cは、Bに対して建物を収去して土地を明け渡すよう請求できない場合がある。

❷ BがAとの間で甲土地の使用貸借契約を締結していた場合には、Cは、Bに対して建物を収去して土地を明け渡すよう請求できる。

❸ BがAとの間で甲土地の借地契約を締結しており、甲土地購入後に借地権の存続期間が満了した場合であっても、Cは、Bに対して建物を収去して土地を明け渡すよう請求できない場合がある。

❹ BがAとの間で期間を定めずに甲土地の借地契約を締結している場合には、Cは、いつでも正当事由とともに解約を申し入れて、Bに対して建物を収去して土地を明け渡すよう請求できる。

（本試験 2007 年問 13 出題）

正解肢 4

合格者正解率 **74.3%** ／ 不合格者正解率 **44.3%**
受験者正解率 **61.8%**

☆❶ 正　Bが甲土地を自分の土地であると判断していた場合，Bは甲土地を時効により取得できる場合がある（民法162条）。この場合，CがAから甲土地を購入した時期がBの時効完成前ならば当然，Bの時効完成後であってもBが甲土地について登記を得たときは，CはBに対して甲土地の所有権を対抗できない以上，本肢のような請求をすることはできない（民法177条，判例）。よって，本肢は正しい。

10-5

❷ 正　使用貸借契約については，借地借家法の適用はない（借地借家法1条）。したがって，Bは甲土地上に自己名義で登記した建物を所有している場合であっても，その使用借権をCに対抗することはできないので，CはBに対して建物を収去して土地を明け渡すよう請求できる。よって，本肢は正しい。

ステップ100

☆❸ 正　借地権の存続期間が満了した場合であっても，借地権者が契約の更新を請求したときや，借地権者が土地の使用を継続するときは，建物がある場合に限り，契約は更新される（借地借家法5条2項）。いずれの場合でも，借地権設定者が遅滞なく異議を述べれば更新を拒絶できるが，この異議を述べるためには正当事由が必要である（借地借家法6条）。したがって，借地権設定者が正当事由を欠くため異議を述べることができないときは，借地権が存続することになり，本肢のような請求をすることはできない。よって，本肢は正しい。

ステップ101

☆❹ 誤　いつでも解約申入れできるわけではない。

ステップ101

借地権設定契約において期間の定めがない場合，その存続期間は30年となる（借地借家法3条本文）。このことは借地権設定後当該土地を取得した者も同様である。したがって，本肢のような請求をすることはできない。よって，本肢は誤りであり，本問の正解肢となる。

●第1編 権利関係

借地借家法（借地）

問128 Aが，平成24年8月，Bに土地を賃貸し，Bがその土地上に建物を所有している場合の契約終了に伴う建物買取請求権に関する次の記述のうち，借地借家法の規定及び判例によれば，誤っているものはどれか。

❶ AB間の借地契約が，公正証書により10年の事業専用の目的で締結された場合には，Bは建物買取請求権を有しない。

❷ 建物買取請求権は，契約終了の理由を問わず，Bの債務不履行を原因とする契約終了の場合にも，BはAに対して建物の買取りを請求することができる。

❸ BがAの承諾を得て土地をCに転貸し，建物を譲渡した場合，AB間，BC間の契約が，ともに期間満了し更新がなければ，CはAに対し直接建物買取請求権を有する。

❹ Bが適法にAに建物買取請求権を行使すると，その所有権は直ちにBからAに移転するが，BはAが代金を支払うまで，建物の引渡しを拒むことができる。

（本試験2002年問13出題）

正解肢 2

合格者正解率 **88.9%** / 不合格者正解率 **64.4%**
受験者正解率 77.8%

☆ **❶ 正** 専ら事業の用に供する建物(居住の用に供するものを除く)の所有を目的とし、かつ、存続期間を10年として借地権を設定する場合には、建物買取請求権の規定は適用しない(借地借家法23条2項、13条1項参照)。よって、本肢は正しい。

ステップ105

☆ **❷ 誤 債務不履行による契約終了の場合、建物買取請求不可。**

ステップ104

債務不履行による土地賃貸借契約解除の場合には、借地人は、建物買取請求権を有しない(判例)。したがって、Bの債務不履行を原因とする契約終了の場合には、Bは、Aに対して建物の買取りを請求することはできない。よって、本肢は誤りであり、本問の正解肢となる。

☆ **❸ 正** 転借地権が設定され、転借地権者が借地上に建物を所有している場合において、借地権の存続期間が満了したが、契約の更新がないときは、転借地権者は、借地権設定者に対して、直接、建物買取請求権を行使することができる(借地借家法13条1項、3項)。したがって、Cは、Aに対し直接建物買取請求権を有する。よって、本肢は正しい。

18-4
18-5-1

❹ 正 建物買取請求権が行使された場合、買取請求権者の建物移転義務と賃貸人の代金支払義務とは、同時履行の関係に立つから、買取請求権者は、賃貸人が代金を支払うまで、建物の引渡しを拒むことができる(民法533条、判例)。したがって、BはAが代金を支払うまで、建物の引渡しを拒むことができる。よって、本肢は正しい。

●第1編　権利関係

不法行為

問129 不法行為による損害賠償に関する次の記述のうち，民法の規定及び判例によれば，誤っているものはどれか。

❶ 不法行為による損害賠償の支払債務は，催告を待たず，損害発生と同時に遅滞に陥るので，その時以降完済に至るまでの遅延損害金を支払わなければならない。

❷ 不法行為によって名誉を毀損された者の慰謝料請求権は，被害者が生前に請求の意思を表明しなかった場合でも，相続の対象となる。

❸ 加害者数人が，共同不法行為として民法第719条により各自連帯して損害賠償の責任を負う場合，その1人に対する履行の請求は，他の加害者に対してはその効力を有しない。

❹ 不法行為による損害賠償の請求権の消滅時効の期間は，権利を行使することができることとなった時から10年である。

（本試験2007年問5出題）

正解肢 4

合格者正解率 **30.5%** 　不合格者正解率 **14.6%**
受験者正解率 23.9%

☆❶ **正**　不法行為による損害賠償債務は，催告を待たずに損害発生の時（不法行為の時）から遅滞に陥（おちい）る（判例）。したがって，その時以降完済に至るまでの遅延損害金を支払わなければならない。よって，本肢は正しい。 ステップ106

❷ **正**　不法行為による慰謝料請求権は，被害者が生前に請求の意思を表明しなくても，当然に相続される（判例）。よって，本肢は正しい。

❸ **正**　共同不法行為が成立する場合，各加害者は損害全体について「連帯」して賠償する義務を負う（民法719条1項）。もっとも，連帯債務者の1人に対する履行の請求は，別段の意思表示のない限り，他の連帯債務者に対しては，その効力は及ばない（民法441条）。よって，本肢は正しい。 ステップ108

☆❹ **誤**　権利を行使することができる時から10年ではない。 ステップ106

　不法行為による損害賠償の請求権は，被害者又はその法定代理人が損害及び加害者を知った時から3年間又不法行為の時から20年間行使しないときは，時効によって消滅する（民法724条1号2号）。なお，人の生命又は身体を害する不法行為による損害賠償請求権の消滅時効は，被害者又はその法定代理人が損害及び加害者を知った時から5年間行使しないときは，時効により消滅する（民法724条の2）。よって，本肢は誤りであり，本問の正解肢となる。

●第1編 権利関係

不法行為

問130 Aが，その過失によってB所有の建物を取り壊し，Bに対して不法行為による損害賠償債務を負担した場合に関する次の記述のうち，民法の規定及び判例によれば，正しいものはどれか。

❶ Aの不法行為に関し，Bにも過失があった場合でも，Aから過失相殺の主張がなければ，裁判所は，賠償額の算定に当たって，賠償金額を減額することができない。

❷ 不法行為がAの過失とCの過失による共同不法行為であった場合，Aの過失がCより軽微なときでも，Bは，Aに対して損害の全額について賠償を請求することができる。

❸ Bが，不法行為による損害と加害者を知った時から1年間，損害賠償請求権を行使しなければ，当該請求権は消滅時効により消滅する。

❹ Aの損害賠償債務は，BからAへ履行の請求があった時から履行遅滞となり，Bは，その時以後の遅延損害金を請求することができる。

(本試験 2000 年問 8 出題)

正解肢 2

合格者正解率 **65.3%**
不合格者正解率 —
受験者正解率 53.1%

☆❶ **誤** 過失相殺の主張がなくても、賠償金額の減額はできる。 ステップ106

　不法行為においては、裁判所は、被害者の過失を認定することができるときには、当事者が過失相殺の主張をしていなくても、損害賠償の額を定めるにあたってこれを考慮することができる（民法722条2項）。したがって、Aから過失相殺の主張がなくても、Bの過失を認定することができれば、裁判所は賠償額の算定にあたって賠償金額を減額することができる。よって、本肢は誤り。

☆❷ **正** 数人が共同の不法行為によって他人に損害を加えたときは、各自連帯して全損害につき賠償の責任を負う（民法719条1項）。したがって、Aの過失がCより軽微であったとしても、Bは、Aに対して損害の全額について賠償を請求することができる。よって、本肢は正しく、本問の正解肢となる。 ステップ108

☆❸ **誤** 1年間ではなく、3年間である。 ステップ106

　不法行為による損害賠償請求権は、被害者又はその法定代理人が損害及び加害者を知った時から3年間行使しないと、時効により消滅する（民法724条1号）。したがって、Bが、不法行為による損害と加害者を知った時から1年間損害賠償請求権を行使しなくても、当該請求権は消滅時効により消滅しない。よって、本肢は誤り。

☆❹ **誤** 請求があった時ではなく、損害発生時から遅滞となる。 ステップ106

　不法行為に基づく損害賠償債務は、期限の定めのない債務であるが、被害者保護の見地から催告を待たず、損害発生と同時に遅滞に陥る（判例）。したがって、Bは損害発生以後の遅延損害金を請求することができる。よって、本肢は誤り。

●第1編　権利関係

不法行為

問131

不法行為（令和4年4月1日以降に行われたもの）に関する次の記述のうち，民法の規定及び判例によれば，誤っているものはどれか。

❶ 建物の建築に携わる設計者や施工者は，建物としての基本的な安全性が欠ける建物を設計し又は建築した場合，設計契約や建築請負契約の当事者に対しても，また，契約関係にない当該建物の居住者に対しても損害賠償責任を負うことがある。

❷ 被用者が使用者の事業の執行について第三者に損害を与え，第三者に対してその損害を賠償した場合には，被用者は，損害の公平な分担という見地から相当と認められる額について，使用者に対して求償することができる。

❸ 責任能力がない認知症患者が線路内に立ち入り，列車に衝突して旅客鉄道事業者に損害を与えた場合，当該責任無能力者と同居する配偶者は，法定の監督義務者として損害賠償責任を負う。

❹ 人の生命又は身体を害する不法行為による損害賠償請求権は，被害者又はその法定代理人が損害及び加害者を知った時から5年間行使しない場合，時効によって消滅する。

（本試験 2020 年 12 月問 1 出題）

正解肢 3

合格者正解率 **48.9%** | 不合格者正解率 **42.2%**
受験者正解率 **47.5%**

❶ **正** 設計者や施工者は，設計契約や建築請負契約の当事者に対して，契約不適合責任に基づく損害賠償責任を負うことがある（民法559条，562条1項，564条，415条）。また，当該建物の居住者に生じた損害が，設計者や施工者の故意又は過失による場合，当該設計者や施工者は居住者に対しても不法行為に基づく損害賠償責任を負うことがある（民法709条）。よって，本肢は正しい。

ステップ106

❷ **正** 被用者が使用者の事業の執行について第三者に損害を与え，「被用者」が第三者に対してその損害を賠償した場合には，被用者は，損害の公平な分担という見地から相当と認められる額について，使用者に対して求償することができる（いわゆる「逆求償」，判例，民法715条3項参照）。よって，本肢は正しい。

19-2-3

❸ **誤** 同居する配偶者が直ちに監督義務者になるわけではない。

責任無能力者が第三者に与えた損害につき，当該責任無能力者が不法行為責任を負わない場合において，当該責任無能力者の監督義務者がその義務を怠らなかったとき又はその義務を怠らなくても損害が生ずべきであったときを除き，当該監督義務者が当該損害を賠償する責任を負う（民法714条1項）。しかし，配偶者が責任無能力者と同居するからといって，直ちに当該配偶者が法定の「監督義務者」となるわけではない。本肢の場合，責任無能力者と同居する配偶者が損害賠償責任を負うとは限らない。よって，本肢は誤りであり，本問の正解肢となる。

☆❹ **正** 人の生命又は身体を害する不法行為による損害賠償請求権は，被害者又はその法定代理人が損害及び加害者を「知った時から5年間」行使しない場合は，時効により消滅する（民法724条1号，724条の2）。よって，本肢は正しい。

ステップ106

●第1編 権利関係

不法行為

問 132

不法行為に関する次の記述のうち、民法の規定及び判例によれば、正しいものはどれか。

❶ 不法行為の被害者は、損害賠償債権を自働債権として、加害者に対する金銭返還債務と相殺することができない。

❷ 不法行為に基づく損害賠償債務は、被害者が催告をするまでもなく、その損害の発生のときから遅滞に陥る。

❸ 売主及び買主がそれぞれ別の宅地建物取引業者に媒介を依頼し、両業者が共同して媒介を行った場合において、両業者の共同不法行為により買主が損害を受けたときは、買主は、買主が依頼した業者に損害賠償を請求することはできるが、売主が依頼した業者に損害賠償を請求することはできない。

❹ 従業員Aが宅地建物取引業者Bの業務を遂行中に第三者Cに不法行為による損害を与えた場合、Bは、その損害を賠償しなければならないが、Aに対してその求償をすることはできない。

(本試験 1992 年問 9 出題)

正解肢 2

☆❶ 誤　被害者から加害者に相殺することはできる。

　悪意による不法行為に基づく損害賠償債務の債務者は，相殺をもって債権者に対抗することができない（民法509条1号）が，被害者の側から不法行為に基づく損害賠償債権を自働債権として相殺することはできる。よって，本肢は誤り。

☆❷ 正　不法行為に基づく損害賠償債務は，被害者保護の見地から，被害者が催告を行わなくとも，不法行為の時から直ちに遅滞に陥る（判例）。よって，本肢は正しく，本問の正解肢となる。

❸ 誤　買主は，売主が依頼した業者にも損害賠償請求できる。

　数人の者が共同の不法行為によって他人に損害を加えたときは，各不法行為者は，生じた損害について連帯して責任を負う（民法719条1項）。そこで，本肢の場合にも，両業者は買主に生じた損害について連帯して責任を負うから，買主は売主が依頼した業者に対しても，損害賠償を請求することができる。よって，本肢は誤り。

☆❹ 誤　業者Bは，加害者である従業員Aに求償できる。

　他人に使用されている者（被用者）が，その使用者の事業を執行するについて他人に違法な損害を加えた場合，使用者も被用者の選任及び事業の監督につき過失があれば損害賠償責任を負う（使用者責任，民法715条1項）。そして，使用者が被害者に損害を賠償したときには，被用者に求償することができる（民法715条3項）。本来の責任は被用者にあるからである。よって，本肢は誤り。

●第1編 権利関係

不法行為

問 133 事業者Aが雇用している従業員Bが行った不法行為に関する次の記述のうち，民法の規定及び判例によれば，正しいものはどれか。

❶ Bの不法行為がAの事業の執行につき行われたものであり，Aに使用者としての損害賠償責任が発生する場合，Bには被害者に対する不法行為に基づく損害賠償責任は発生しない。

❷ Bが営業時間中にA所有の自動車を運転して取引先に行く途中に前方不注意で人身事故を発生させても，Aに無断で自動車を運転していた場合，Aに使用者としての損害賠償責任は発生しない。

❸ Bの不法行為がAの事業の執行につき行われたものであり，Aに使用者としての損害賠償責任が発生する場合，Aが被害者に対して売買代金債権を有していれば，被害者は不法行為に基づく損害賠償債権で売買代金債務を相殺することができる。

❹ Bの不法行為がAの事業の執行につき行われたものであり，Aが使用者としての損害賠償責任を負担した場合，A自身は不法行為を行っていない以上，Aは負担した損害額の2分の1をBに対して求償できる。

(本試験 2006 年問 11 出題)

正解肢 3

合格者正解率 **76.5%** 不合格者正解率 **48.1%**
受験者正解率 **66.0%**

☆❶ **誤** Bは加害者である以上，被害者に対する賠償責任がある。　　ステップ107

民法715条1項によって使用者が負担する損害賠償債務と，民法709条によって被用者自身が負担する損害賠償債務とは，一種の連帯債務となる（判例）。したがって，AとBとは連帯して被害者に対して損害賠償責任を負担することになる。よって，本肢は誤り。

❷ **誤** 本肢の場合でも，Aには損害賠償責任がある。　　19-2-2

「事業の執行について」とは，被用者の行為の外形から客観的に観察して，あたかも被用者の職務行為の範囲内に属するものと認められれば足りる（民法715条1項，判例）。したがって，BがAに無断で自動車を運転していた場合であっても，営業時間中に取引先に行く途中で発生した人身事故であり，外形から客観的に観察して「事業の執行について」といえるため，Aには使用者としての損害賠償責任が発生する。よって，本肢は誤り。

☆❸ **正** 悪意による不法行為に基づく損害賠償債務の債務者（加害者）は，相殺をもって債権者に対抗することができない（民法509条1号）が，被害者は不法行為に基づく損害賠償債権で売買代金債務を相殺することができる。よって，本肢は正しく，本問の正解肢となる。　　23-2

❹ **誤** Aは信義則上相当な額をBに求償できる。　　ステップ107

被害者に対して損害の賠償をした使用者が，被用者に対して求償権を行使することは妨げられない（民法715条3項）。そして，損害の公平な分担という見地から信義則上相当と認められる限度において，被用者に対して求償できる（判例）。したがって，Aは負担した損害額の2分の1をBに求償できるわけではない。よって，本肢は誤り。

●第1編　権利関係

不法行為

問 134

Aに雇用されているBが，勤務中にA所有の乗用車を運転し，営業活動のため得意先に向かっている途中で交通事故を起こし，歩いていたCに危害を加えた場合における次の記述のうち，民法の規定及び判例によれば，正しいものはどれか。

❶ BのCに対する損害賠償義務が消滅時効にかかったとしても，AのCに対する損害賠償義務が当然に消滅するものではない。

❷ Cが即死であった場合には，Cには事故による精神的な損害が発生する余地がないので，AはCの相続人に対して慰謝料についての損害賠償責任を負わない。

❸ Aの使用者責任が認められてCに対して損害を賠償した場合には，AはBに対して求償することができるので，Bに資力があれば，最終的にはAはCに対して賠償した損害額の全額を常にBから回収することができる。

❹ Cが幼児である場合には，被害者側に過失があるときでも過失相殺が考慮されないので，AはCに発生した損害の全額を賠償しなければならない。

(本試験 2012 年問 9 出題)

正解肢 1

合格者正解率 **83.8%** 不合格者正解率 **58.9%**
受験者正解率 **75.2%**

❶ **正** 被用者が負う損害賠償債務と使用者が負う損害賠償債務とは，連帯債務の関係に立つ。そして，連帯債務者の1人のために時効が完成したとしても，別段の意思表示のない限り，他の連帯債務者にその効力は生じないことから（民法441条），一方の債務が時効によって消滅したとしても，そのことによって，もう一方の債務が消滅することはない。よって，本肢は正しく，本問の正解肢となる。

19-2-3

❷ **誤** 即死の場合でも，Cの相続人は慰謝料請求権を相続する。

被害者が即死した場合でも，被害者に精神的損害についての損害賠償請求権が発生し，相続人がこれを承継する（民法710条，896条本文，判例）。したがって，Cが即死した場合，Cに慰謝料請求権が発生し，Cの相続人がこれを承継する。よって，本肢は誤り。

19-1

☆❸ **誤** Aは信義則上相当な額をBに求償できる。

被害者に対して損害の賠償をした使用者が，被用者に対して求償権を行使することは妨げられない（民法715条3項）。そして，損害の公平な分担という見地から信義則上相当と認められる限度において，被用者に対して求償できる（判例）。したがって，Aは常に全額をBに求償できるわけではない。よって，本肢は誤り。

ステップ107

❹ **誤** 被害者側の過失も過失相殺において考慮される。

不法行為によって生じた損害の公平な分担を図るため，被害者と身分上ないし生活関係上一体をなすと認められる関係にある者（＝被害者側）の過失を考慮することができる（判例，民法722条2項）。したがって，AはCに対して過失相殺が考慮された額を賠償する必要がある。よって，本肢は誤り。

●第1編 権利関係

不法行為

問 135 AがBとの請負契約によりBに建物を建築させてその所有者となり、その後Cに売却した。Cはこの建物をDに賃貸し、Dが建物を占有していたところ、この建物の建築の際におけるBの過失により生じた瑕疵により、その外壁の一部が剥離して落下し、通行人Eが重傷を負った。この場合の不法行為責任に関する次の記述のうち、民法の規定によれば、正しいものはどれか。

❶ Aは、この建物の建築の際において注文又は指図に過失がなかったときでも、Eに対して不法行為責任を負うことがある。

❷ Bは、Aに対してこの建物の建築の請負契約に基づく債務不履行責任を負うことがあっても、Eに対して不法行為責任を負うことはない。

❸ Cは、損害の発生を防止するため必要な注意をしていたときでも、瑕疵ある土地の工作物の所有者として、Eに対して不法行為責任を負うことがある。

❹ Dは、損害の発生を防止するため必要な注意をしていたときでも、瑕疵ある土地の工作物の占有者として、Eに対して不法行為責任を負うことがある。

(本試験 1996 年問 6 改題)

❶ **誤** Aは注文・指図に過失がなく，不法行為責任を負わない。

請負契約の注文者は，注文又は指図につき過失がない限り，請負人が第三者に与えた損害を賠償する責任を負わない（民法716条）。したがって，Aは建物の建築の際の注文又は指図につき過失がない以上，第三者Eに対し不法行為責任を負わない。よって，Aが不法行為責任を負うことがある，とする本肢は誤り。

❷ **誤** Bの過失が原因である以上，Bは不法行為責任を負う。 ステップ106

Eの負傷は，Bの過失により生じた建物の瑕疵が原因で起きているから，Bは，契約関係がないEに対しても，不法行為責任を負う（民法709条）。よって，Bは不法行為責任を負うことはないとする本肢は誤り。

☆❸ **正** 土地の工作物により第三者に損害を与えた場合には，第一次的には占有者が責任を負う（民法717条1項本文）。しかし，占有者が免責事由（損害の発生を防止するために必要な注意をしたこと）を証明した場合は，第二次的に所有者が責任を負う（民法717条1項但書）。この所有者の責任は，免責を認めない絶対的な無過失責任である。したがって，占有者Dが，免責事由を証明した場合には，Cは損害発生を防止するために必要な注意をしていたときでも不法行為責任を負う。よって，本肢は正しく，本問の正解肢となる。 ステップ109

☆❹ **誤** Dは必要な注意をしていた以上不法行為責任を負わない。 ステップ109

❸で述べたように，土地の工作物の占有者は，損害発生を防止するために必要な注意をしていたときには不法行為責任を免れる（民法717条1項但書）。本肢において，占有者Dは，損害発生を防止するために必要な注意をしていたのであるから，Eに対して不法行為責任を負わない。よって，DはEに対して不法行為責任を負うことがあるとする本肢は誤り。

●第1編　権利関係

不法行為

問136　Aに雇用されているBが，勤務中にA所有の乗用車を運転し，営業活動のため顧客Cを同乗させている途中で，Dが運転していたD所有の乗用車と正面衝突した（なお，事故についてはBとDに過失がある。）場合における次の記述のうち，民法の規定及び判例によれば，正しいものはどれか。

❶ Aは，Cに対して事故によって受けたCの損害の全額を賠償した。この場合，Aは，BとDの過失割合に従って，Dに対して求償権を行使することができる。

❷ Aは，Dに対して事故によって受けたDの損害の全額を賠償した。この場合，Aは，被用者であるBに対して求償権を行使することはできない。

❸ 事故によって損害を受けたCは，AとBに対して損害賠償を請求することはできるが，Dに対して損害賠償を請求することはできない。

❹ 事故によって損害を受けたDは，Aに対して損害賠償を請求することはできるが，Bに対して損害賠償を請求することはできない。

(本試験 2013 年問 9 出題)

正解肢 1

合格者正解率 93.9%　不合格者正解率 83.4%
受験者正解率 89.9%

❶ 正　使用者Aは，被害者Cに損害全額の賠償をした場合に，Dに対し，求償権を行使できるかが問題となる。自動車事故によってCに損害を負わせたBD各自の行為には，不法行為（民法709条）とともに共同不法行為責任が成立する（民法719条1項前段）。また，BはAの被用者であるところ，勤務中にA所有の乗用車を運転して営業活動のため顧客Cを同乗させている途中で事故を起こしているため，事業の執行についてなされた不法行為として，Aは使用者責任を負う（民法715条1項本文）。使用者は，被害者の損害を全額賠償した場合，被用者と共同不法行為者である第三者との過失割合に従って定められる第三者の負担部分について，第三者に対し，求償権を行使できる（判例）。使用者は，被用者と一体をなすものとして，被用者と同一の責任を負うからである。したがって，Aは，Dに対し，BとDの過失割合に従って求償権を行使できる。よって，本肢は正しく，本問の正解肢となる。

☆❷ 誤　信義則上相当と認められる限度で求償請求することができる。
　本肢では，使用者Aは，Dに損害全額の賠償をした場合に，Bに対し求償権を行使できるか問題となる。使用者は，被害者の損害を全額賠償した場合，被用者に対して求償権を行使できる（民法715条3項）。もっとも，使用者から被用者に対する求償権の行使は，損害の公平な分担という見地から信義則上相当と認められる限度に制限される（判例）。使用者は被用者を使用することによって利益を上げているのに，被用者が生じさせた損害の全てを被用者に転嫁できるとするのは報償責任の原理から相当でないからである。したがって，使用者Aは，信義則上相当と認められる限度で，被用者Bに対し求償権を行使できる。よって，本肢は誤り。

☆❸ 誤　共同不法行為者に対しても損害賠償請求できる。
　肢1の解説で言及したように，被害者CはABに対し損害賠償請求できる。また，BDには共同不法行為が成立するが，共同不法行為が成立する場合，被害者は各不法行為者に対し損害全額の賠償を請求することができ（判例），各不法行為者の損害賠償債務は連帯債務となる。したがって，Cは，Dに対し損害賠償請求できる。よって，本肢は誤り。

ステップ108

☆❹ 誤　使用者責任が成立する場合でも，被用者に対し損害賠償請求できる。
　Bは，自動車事故によってDに損害を負わせているため，Dに対し損害賠償責任を負う（民法709条）。また，事業の執行についてなされた被用者Bの不法行為として，Aは使用者責任を負う（民法715条1項本文）。そして，被用者の不法行為責任と使用者責任は，連帯債務となるため，被害者は被用者と使用者のいずれに対しても損害全額の賠償を請求することができる。したがって，Dは，A及びBに対し損害賠償請求できる。よって，本肢は誤り。

19-2-3

●第1編 権利関係

請 負

問137

AがBに対して建物の建築工事を代金3,000万円で注文し、Bがこれを完成させた。この場合に関する次の記述のうち、民法の規定及び判例によれば、正しいものはどれか。

❶ 請負契約の目的物たる建物に種類・品質に関する契約内容の不適合がある場合において、目的物の修補が可能であれば、AはBに対して損害賠償請求を行う前に、修補を請求しなければならない。

❷ 請負契約の目的物たる建物に種類・品質に関する契約内容の不適合があるためにこれを建て替えざるを得ない場合には、Aは当該建物の建替えに要する費用相当額の損害賠償を請求することができる。

❸ 請負契約の目的物たる建物に種類・品質に関する契約内容の不適合があり、修補に要する費用が契約代金を超える場合には、Aは請負契約を解除することができない。

❹ 請負契約の目的物たる建物の種類・品質に関する契約内容の不適合について、Bが担保責任を負わない旨の特約をした場合には、Aは当該建物の契約不適合についてBの責任を一切追及することができなくなる。

(本試験2006年問6改題)

正解肢 2

合格者正解率 **71.7%** / 不合格者正解率 **49.5%**
受験者正解率 **63.5%**

❶ **誤** 損害賠償請求する前に修補請求する必要はない。 20-2

注文者が請負人に対して契約不適合責任を追及する場合，目的物の修補とともに損害賠償を請求することができる（民法559条，562条，564条）。よって，本肢は誤り。

❷ **正** 請負契約の目的物たる建物に種類・品質に関する契約内容の不適合がある場合，注文者は請負人に対して損害賠償請求をすることができる（民法559条,564条,415条1項）。したがって，請負目的物である建物に建て替えざるを得ない契約不適合が存在する場合，注文者は請負人に対し，建物の建替え費用相当額の損害賠償を請求することができる。よって，本肢は正しく，本問の正解肢となる。 20-2

☆❸ **誤** 注文者は請負契約を解除することができる。 ステップ110

請負契約の目的物たる建物に種類・品質に関する契約内容の不適合があり，修補に要する費用が契約代金を超える場合にも，注文者は請負契約を解除することができる（民法559条，564条，541条）。よって，本肢は誤り。

❹ **誤** 担保責任を負わない旨の特約をしても責任追及しうる。 20-2

請負人が担保責任を負わない旨の特約をしているときであっても，請負人が知りながら告げなかった事実については担保責任を免れることはできない（民法559条，572条）。したがって，一切責任を追及することができなくなるわけではない。よって，本肢は誤り。

●第1編 権利関係

請 負

問138 Aを注文者, Bを請負人とする請負契約(以下「本件契約」という。)が締結された場合における次の記述のうち, 民法の規定及び判例によれば, 誤っているものはどれか。

❶ 本件契約の目的物たる建物が契約の内容に適合しないためこれを建て替えざるを得ない場合には, AはBに対して当該建物の建替えに要する費用相当額の損害賠償を請求することができる。

❷ 本件契約の目的物たる事務所の用に供するコンクリート造の建物が契約の内容に適合しない場合, Aは, 建物の引渡しの時から1年以内にその旨をBに通知しないときは, 担保責任を追及できなくなる。

❸ 本件契約の目的が建物の増築である場合, Aの失火により当該建物が焼失し増築できなくなったときは, Bは本件契約に基づく未履行部分の仕事完成債務を免れる。

❹ Bが仕事を完成しない間は, AはいつでもBに対して損害を賠償して本件契約を解除することができる。

(本試験 2019 年問 8 改題)

❶ 正 請負契約の目的物である建物に契約の内容の不適合があるためにこれを建て替えざるを得ない場合，注文者は，請負人に対し，建て替えに要する費用相当額の損害賠償を請求することができる（判例）。よって，本肢は正しい。

❷ 誤 請負人の担保責任の通知期間は，注文者が不適合を知った時から1年以内である。

請負人が種類又は品質に関して契約の内容に適合しない仕事の目的物を注文者に引き渡した場合において，注文者がその不適合を「知った時」から1年以内にその旨を請負人に通知しないときは，原則として，注文者は，その不適合を理由として，契約不適合責任を追及することができなくなる(民法637条1項)。「引渡しの時」ではない。よって，本肢は誤りであり，本問の正解肢となる。

❸ 正 請負契約の目的たる工事が注文者の責めに帰すべき事由で完成不能になったときは，請負人は残債務を免れる（民法536条2項，判例）。したがって，注文者Aの失火という責めに帰すべき事由によって建物が焼失し増築できなくなったときは，請負人Bは請負契約に基づく未履行部分の仕事完成債務を免れる。よって，本肢は正しい。

❹ 正 請負人が建物を完成しない間は，注文者は，いつでも損害を賠償して契約の解除をすることができる(民法641条)。よって，本肢は正しい。

●第1編　権利関係

委任

問139

Aが，A所有の不動産の売買をBに対して委任する場合に関する次の記述のうち，民法の規定によれば，正しいものはどれか。なお，A及びBは宅地建物取引業者ではないものとする。

❶ 不動産のような高価な財産の売買を委任する場合には，AはBに対して委任状を交付しないと，委任契約は成立しない。

❷ Bは，委任契約をする際，有償の合意をしない限り，報酬の請求をすることができないが，委任事務のために使った費用とその利息は，Aに請求することができる。

❸ Bが当該物件の価格の調査など善良な管理者の注意義務を怠ったため，不動産売買についてAに損害が生じたとしても，報酬の合意をしていない以上，AはBに対して賠償の請求をすることができない。

❹ 委任はいつでも解除することができるから，有償の合意があり，売買契約成立寸前にAが理由なく解除してBに不利益を与えたときでも，BはAに対して損害賠償を請求することはできない。

(本試験 2002 年問 10 改題)

正解肢 2

合格者正解率 94.9%　不合格者正解率 79.7%
受験者正解率 88.0%

❶ 誤　委任契約の成立に委任状の交付は不要。

　委任も契約の一類型であるから、委任契約により成立する（民法643条）。したがって、たとえ高価な財産の売買の委任であったとしても、当事者の合意がありさえすれば、委任状なくして委任契約は成立する。よって、本肢は誤り。

☆❷ 正　委任契約は無償が原則であり、受任者は、有償の特約をしなければ、委任者に対して報酬を請求することができない（民法648条1項）。また、受任者が委任事務を処理するのに必要な費用を出したときは、その費用及び利息を請求できる（民法650条1項）。よって、本肢は正しく、本問の正解肢となる。

☆❸ 誤　無報酬の場合でも賠償請求できる。

　受任者の注意義務は、有償無償にかかわらず、善良な管理者の注意義務である（民法644条）。受任者がかかる義務に違反し、委任者に損害が発生した場合は、損害賠償請求できる（民法415条参照）。したがって、AはBに損害賠償請求できる。よって、本肢は誤り。

☆❹ 誤　Aの解除によりBが不利益を被った以上、賠償請求可。

　委任は、各当事者が、いつでも解除することができる。また、当事者の一方が、やむを得ない理由もなく、相手方にとって不利な時期に委任を解除した場合は、その損害を賠償しなければならない（民法651条2項1号）。したがって、Bは、Aに対して損害賠償請求できる。よって、本肢は誤り。

●第1編　権利関係

委任

重要度 B

問140　AとBとの間で令和4年7月1日に締結された委任契約において，委任者Aが受任者Bに対して報酬を支払うこととされていた場合に関する次の記述のうち，民法の規定によれば，正しいものはどれか。

❶　Aの責めに帰すべき事由によって履行の途中で委任が終了した場合，Bは報酬全額をAに対して請求することができるが，自己の債務を免れたことによって得た利益をAに償還しなければならない。

❷　Bは，契約の本旨に従い，自己の財産に対するのと同一の注意をもって委任事務を処理しなければならない。

❸　Bの責めに帰すべき事由によって履行の途中で委任が終了した場合，BはAに対して報酬を請求することができない。

❹　Bが死亡した場合，Bの相続人は，急迫の事情の有無にかかわらず，受任者の地位を承継して委任事務を処理しなければならない。

(本試験 2020 年 10 月問 5 出題)

正解肢 1	合格者正解率	不合格者正解率
	65.8%	**41.2%**
	受験者正解率	55.6%

❶ **正** 債権者の責めに帰すべき事由によって債務を履行することができなくなったときは、債権者は、反対給付の履行を拒むことができない。この場合において、債務者は、自己の債務を免れたことによって利益を得たときは、これを債権者に償還しなければならない（民法536条2項）。本肢では、Aの責めに帰すべき事由によって委任が終了しているため、Bは報酬全額をAに対して請求することができ、自己の債務を免れたことによって得た利益をAに償還しなければならない。よって、本肢は正しく、本問の正解肢となる。

☆❷ **誤** 受任者は「善良な管理者の注意」義務を負う。

ステップ111

受任者は、委任の本旨に従い、善良な管理者の注意をもって、委任事務を処理する義務を負う（民法644条）。自己の財産に対するのと同一の注意ではない。よって、本肢は誤り。

❸ **誤** 既にした履行の割合に応じて報酬を請求できる。

委任者の責めに帰することができない事由によって委任事務の履行をすることができなくなったときは、受任者は、既にした履行の割合に応じて報酬を請求することができる（民法648条3項1号）。「委任者の責めに帰することができない事由」とは、当事者双方の責めに帰することができない事由、又は受任者の責めに帰すべき事由を意味する。本肢では、受任者Bの責めに帰すべき事由によって履行の途中で委任が終了しており、「委任者の責めに帰することができない事由」によって委任事務の履行ができなくなったときに該当するため、BはAに対して報酬を請求することができる。よって、本肢は誤り。

❹ **誤** 「急迫の事情があるときは」、必要な処分をしなければならない。

21-3

委任は委任者又は受任者の死亡によって終了する（民法653条1号）。そして、委任が終了した場合において、急迫の事情があるときは、受任者又はその相続人もしくは法定代理人は、委任者又はその相続人もしくは法定代理人が委任事務を処理することができるに至るまで、必要な処分をしなければならない（民法654条）。よって、本肢は誤り。

●第1編 権利関係

債権譲渡

問141 Aが，Bに対して有する金銭債権をCに譲渡した場合に関する次の記述のうち，民法の規定及び判例によれば，誤っているものはどれか。

❶ 譲渡通知は，AがBに対してしなければならないが，CがAの代理人としてBに対して通知しても差し支えない。

❷ Bが譲渡を承諾する相手方は，A又はCのいずれでも差し支えない。

❸ Aが，CとDとに二重譲渡し，それぞれについて譲渡通知をした場合で，Cに係る通知の確定日付はDに係るものより早いが，Bに対しては，Dに係る通知がCに係る通知より先に到達したとき，Dへの債権譲渡が優先する。

❹ Bが，既にAに弁済をしていたのに，AのCに対する譲渡をAが通知した場合，Bは，弁済したことをCに主張することができない。

(本試験2000年問6改題)

正解肢 4

合格者正解率 **39.5%**　不合格者正解率 ―
受験者正解率 **36.2%**

☆ ❶ **正**　債権譲渡において，譲受人は，譲渡人に代位して債務者に債権譲渡の通知をすることはできないが，譲渡人の代理人として，債務者に債権譲渡の通知をすることができる（民法467条1項，判例）。したがって，CがAの代理人としてBに対して通知しても差し支えない。よって，本肢は正しい。 _{ステップ112}

☆ ❷ **正**　債権譲渡についての債務者の承諾の相手方は，譲渡人又は譲受人のいずれでも差し支えない（民法467条1項，判例）。したがって，BはA又はCのいずれに対して承諾をしてもよい。よって，本肢は正しい。 _{ステップ112}

☆ ❸ **正**　債権が二重譲渡され，いずれの譲渡についても確定日付ある証書による通知がなされた場合，譲受人間の優劣は，通知が債務者に到達した日時の先後による（民法467条2項，判例）。したがって，Dの通知が先にBに到達しているからDへの債権譲渡が優先する。よって，本肢は正しい。 _{ステップ112}

❹ **誤**　BはAに弁済したことを，Cに主張できる。 _{ステップ112}

　債務者は，対抗要件具備時までに譲渡人に対して生じた事由をもって譲受人に対抗することができる（民法468条1項）。そして，債務者に対する債権譲渡の対抗要件は，債務者への通知又は承諾である（民法467条1項）。本肢の場合，Cが対抗要件を具備するよりも前に，BがAに弁済している。したがって，Bは，弁済したことをCに主張することができる。よって，本肢は誤りであり，本問の正解肢となる。

●第1編 権利関係

債権譲渡

問 142 Aは、Bに対して貸付金債権を有しており、Aはこの貸付金債権をCに対して譲渡した。この場合、民法の規定及び判例によれば、次の記述のうち誤っているものはどれか。

❶ 貸付金債権に譲渡禁止特約が付いている場合で、Cが譲渡禁止特約の存在を過失なく知らないとき、BはCに対して債務の履行を拒むことはできない。

❷ Bが債権譲渡を承諾しない場合、CがBに対して債権譲渡を通知するだけでは、CはBに対して自分が債権者であることを主張することができない。

❸ Aが貸付金債権をDに対しても譲渡し、Cへは確定日付のない証書、Dへは確定日付のある証書によってBに通知した場合で、いずれの通知もBによる弁済前に到達したとき、Bへの通知の到達の先後にかかわらず、DがCに優先して権利を行使することができる。

❹ Aが貸付金債権をEに対しても譲渡し、Cへは令和4年10月10日付、Eへは同月9日付のそれぞれ確定日付のある証書によってBに通知した場合で、いずれの通知もBによる弁済前に到達したとき、Bへの通知の到達の先後にかかわらず、EがCに優先して権利を行使することができる。

(本試験 2003 年問 8 改題)

正解肢 4

合格者正解率 **64.7%**　不合格者正解率 **29.4%**
受験者正解率 **46.2%**

☆ ❶ **正** 債権に譲渡禁止特約が付されている場合であっても，当該債権譲渡は有効である（民法466条2項）。しかし，譲渡禁止特約について悪意・重過失の譲受人その他の第三者に対しては，債務者は，その債務の履行を拒むことができ，かつ，譲渡人に対する弁済その他の債務を消滅させる事由をもってその第三者に対抗することができる（民法466条3項）。したがって，Bは譲渡禁止特約について善意・無過失のCに対して，債務の履行を拒むことができない。よって，本肢は正しい。　ステップ112

☆ ❷ **正** 債権譲渡は，譲渡人が債務者に通知するか，又は，債務者が承諾しなければ，債務者に対抗することができない（民法467条1項）。したがって，債権譲渡の通知は債権の譲渡人であるAが行わなければならず，譲受人であるCが債務者に対して通知をしたとしても，債務者Bの承諾がない以上，Cは，Bに対して自分が債権者であることを主張することができない。よって，本肢は正しい。　ステップ112

☆ ❸ **正** 債権が二重に譲渡された場合において，一方の譲渡の通知が確定日付のある証書によってなされ，他方の譲渡の通知が確定日付のない証書によってなされたとき，確定日付のある証書による通知が優先する（民法467条2項，判例）。したがって，確定日付のある通知がなされているDがCに優先して権利を行使することができる。よって，本肢は正しい。　ステップ112

☆ ❹ **誤** Bへの通知が先に到達した方が優先する。　ステップ112
　債権が二重に譲渡された場合において，双方の譲渡の通知が確定日付のある証書によってなされたとき，譲受人相互の優劣は，その通知が債務者に到達した日時の先後により決する（判例）。したがって，Bへの通知の到達の先後により，CとEの優劣が決することになる。よって，本肢は誤りであり，本問の正解肢となる。

●第1編　権利関係

債権譲渡

問143 AがBに対して1,000万円の代金債権を有しており、Aがこの代金債権をCに譲渡した場合における次の記述のうち、民法の規定及び判例によれば、誤っているものはどれか。

❶ AB間の代金債権には譲渡禁止特約があり、Cがその特約の存在を知らないことにつき重大な過失がある場合には、BはCに対して債務の履行を拒むことができる。

❷ AがBに対して債権譲渡の通知をすれば、その譲渡通知が確定日付によるものでなくても、CはBに対して自らに弁済するように主張することができる。

❸ BがAに対して期限が到来した1,000万円の貸金債権を有していても、AがBに対して確定日付のある譲渡通知をした場合には、BはCに譲渡された代金債権の請求に対して貸金債権による相殺を主張することができない。

❹ AがBに対する代金債権をDに対しても譲渡し、Cに対する債権譲渡もDに対する債権譲渡も確定日付のある証書でBに通知した場合には、CとDの優劣は、確定日付の先後ではなく、確定日付のある通知がBに到着した日時の先後で決まる。

(本試験 2011 年問 5 改題)

正解肢 3

合格者正解率 **72.7%** 不合格者正解率 **50.5%**
受験者正解率 **61.8%**

☆❶ **正** 債権に譲渡禁止特約が付されている場合であっても、当該債権譲渡は有効である（民法466条2項）が、譲渡禁止特約について悪意・重過失の譲受人その他の第三者に対しては、債務者は、その債務の履行を拒むことができる（民法466条3項）。したがって、Bは、譲渡禁止特約の存在を知らないことにつき重大な過失があるCに対して債務の履行を拒むことができる。よって、本肢は正しい。 [ステップ112]

☆❷ **正** 債権譲渡の債務者に対する対抗要件については、譲渡人からの債務者に対する通知があれば足り、確定日付のある証書による必要はない（民法467条1項）。したがって、AがBに対して債権譲渡の通知をすれば、CはBに対して自らに弁済するように主張することができる。よって、本肢は正しい。 [ステップ112]

❸ **誤** 債務者は通知を受けるまでに譲渡人に対して生じた債権をもって譲受人に相殺を対抗できる。

債務者は、対抗要件具備時より前に取得した譲渡人に対する債権による相殺をもって譲受人に対抗することができる（民法469条1項）。したがって、Bは、AがBに対して確定日付のある譲渡通知をする前に、期限が到来した1,000万円の貸金債権を有していたため、当該債権をもって、譲受人であるCに対し相殺を対抗することができる。よって、本肢は誤りであり、本問の正解肢となる。

☆❹ **正** 債権が二重譲渡され、いずれの通知も確定日付のある証書でなされた場合、当該債権の譲受人の優劣は、通知が到達した日時の先後によって決する（判例）。よって、本肢は正しい。 [ステップ112]

●第1編　権利関係

地役権

問144

地役権に関する次の記述のうち、民法の規定及び判例によれば、誤っているものはどれか。

❶ 地役権は、継続的に行使されるもの、又は外形上認識することができるものに限り、時効取得することができる。

❷ 地役権者は、設定行為で定めた目的に従い、承役地を要役地の便益に供する権利を有する。

❸ 設定行為又は設定後の契約により、承役地の所有者が自己の費用で地役権の行使のために工作物を設け、又はその修繕をする義務を負担したときは、承役地の所有者の特定承継人もその義務を負担する。

❹ 要役地の所有権とともに地役権を取得した者が、所有権の取得を承役地の所有者に対抗し得るときは、地役権の取得についても承役地の所有者に対抗することができる。

(本試験 2020 年 12 月問 9 出題)

合格者正解率 **43.7%** 不合格者正解率 **26.7%**
受験者正解率 **40.2%**

❶ **誤** 継続的行使と外形上の認識可能性の両方が必要である。

地役権は，継続的に行使され，かつ，外形上認識することができるものに限り，時効によって取得することができる（民法283条）。「かつ」であり，「又は」ではない。継続的行使と外形上認識可能の両方が必要という意味であり，いずれかでは足りないということである。よって，本肢は誤りであり，本問の正解肢となる。

❷ **正** 地役権者は，設定行為で定めた目的に従い，他人の土地（承役地）を自己の土地（要役地）の便益に供する権利を有する（民法280条本文）。よって，本肢は正しい。

❸ **正** 設定行為又は設定後の契約により，承役地の所有者が自己の費用で地役権の行使のために工作物を設け，又はその修繕をする義務を負担したときは，承役地の所有者の特定承継人も，その義務を負担する（民法286条）。よって，本肢は正しい。

❹ **正** 地役権は，要役地の所有権に従たるものとして，その所有権とともに移転する（民法281条1項本文）。そのため，要役地の所有権の取得とともに地役権を取得した者は，要役地の所有権の取得を承役地の所有者に対抗しうるときは，地役権の取得についても承役地の所有者に対抗できる。よって，本肢は正しい。

●第1編 権利関係

相隣関係

問 145

Aが購入した甲土地が他の土地に囲まれて公道に通じない土地であった場合に関する次の記述のうち，民法の規定及び判例によれば，正しいものはどれか。

❶ 甲土地が共有物の分割によって公道に通じない土地となっていた場合には，Aは公道に至るために他の分割者の所有地を，償金を支払うことなく通行することができる。

❷ Aは公道に至るため甲土地を囲んでいる土地を通行する権利を有するところ，Aが自動車を所有していても，自動車による通行権が認められることはない。

❸ Aが，甲土地を囲んでいる土地の一部である乙土地を公道に出るための通路にする目的で賃借した後，甲土地をBに売却した場合には，乙土地の賃借権は甲土地の所有権に従たるものとして甲土地の所有権とともにBに移転する。

❹ Cが甲土地を囲む土地の所有権を時効により取得した場合には，AはCが時効取得した土地を公道に至るために通行することができなくなる。

（本試験 2020 年 10 月問 1 出題）

正解肢 1

合格者正解率 68.8%
不合格者正解率 56.1%
受験者正解率 63.5%

❶ 正 分割によって公道に通じない土地が生じたときは、その土地の所有者は、公道に至るため、他の分割者の所有地のみを通行することができる（隣地通行権）。この場合においては、償金を支払うことを要しない（民法213条1項）。よって、本肢は正しく、本問の正解肢となる。

24-3

❷ 誤 自動車による隣地通行権が認められる場合がある。

24-3

自動車による通行を前提とする公道に至るための他の土地の通行権の成否及びその具体的内容は、他の土地について自動車による通行を認める必要性、周辺の土地の状況、自動車による通行を前提とする通行権が認められることにより他の土地の所有者が被る不利益等の諸事情を総合考慮して判断すべきである（判例）。したがって、自動車による隣地通行権が認められる場合がある。よって、本肢は誤り。

❸ 誤 乙土地の賃借権は甲土地の所有権とともには移転しない。

地役権は、要役地の所有権に従たるものとして、その所有権とともに移転する（民法281条1項、地役権の付従性）。しかし、賃貸借についてこのような規定はない。よって、本肢は誤り。

❹ 誤 時効取得された土地を通行することができる。

袋地の所有者に認められる隣地通行権は、隣地が時効取得された場合であっても消滅しない。よって、本肢は誤り。

●第1編 権利関係

占有権

問 146

売主A・買主B間の建物売買契約（所有権移転登記は行っていない。）が解除され、建物の所有者Aが、B居住の建物をCに売却して所有権移転登記をした場合に関する次の記述のうち、民法の規定及び判例によれば、正しいものはどれか。

❶ Aが、Bに対して建物をCのために占有することを指示し、Cがそれを承諾しただけでは、AがCに建物を引き渡したことにはならない。

❷ Bが建物占有中に、地震によって玄関のドアが大破したので修繕し、その費用を負担した場合でも、BはCに対してその負担額の償還を請求することはできない。

❸ Bは、占有中の建物の一部をDに使用させ賃料を受領した場合、その受領額をCに償還しなければならない。

❹ Cが暴力によって、Bから建物の占有を奪った場合、BはCに占有回収の訴えを提起できるが、CはBに対抗できる所有権があるので占有回収の訴えについては敗訴することはない。

(本試験 2002年問3出題)

正解肢 **3**

合格者正解率 **49.2%** / 不合格者正解率 **33.8%**
受験者正解率 **42.2%**

❶ 誤　指図による占有移転による引渡しが認められる。

売買契約が解除されたことにより、売主の所有物を買主が代理占有している場合において、この所有者が、その占有代理人に対して、第三者のためにその物を占有すべき旨を命じ、かつ、第三者がこれを承諾したときは、その第三者に占有が移転する（民法184条）。よって、本肢は誤り。

❷ 誤　占有者BはCに必要費の償還請求をすることができる。

占有者が占有物を返還する場合においては、原則としてその物の保存のために支出した金額その他の必要費をその返還の相手方に償還させることができる（民法196条1項本文）。よって、本肢は誤り。

❸ 正　悪意の占有者は、果実を所有権者に償還しなければならない（民法190条1項）。そして、賃料は果実にあたる。したがって、Bは、Dから受領した賃料額をCに償還しなければならない。よって、本肢は正しく、本問の正解肢となる。

❹ 誤　Cが敗訴することもある。

占有者がその占有を奪われたときは、占有回収の訴えによりその物の返還を請求することができるが、この占有回収の訴えは、所有権に関する理由に基づいて裁判をすることができない（民法200条1項、202条2項、判例）。したがって、Cが所有権を主張しても考慮されず、Cは、占有回収の訴えについて敗訴することもありうる。よって、本肢は誤り。

●第1編 権利関係

留置権

問147

留置権に関する次の記述のうち，民法の規定及び判例によれば，正しいものはどれか。

❶ 建物の賃借人が賃貸人の承諾を得て建物に付加した造作の買取請求をした場合，賃借人は，造作買取代金の支払を受けるまで，当該建物を留置することができる。

❷ 不動産が二重に売買され，第2の買主が先に所有権移転登記を備えたため，第1の買主が所有権を取得できなくなった場合，第1の買主は，損害賠償を受けるまで当該不動産を留置することができる。

❸ 建物の賃貸借契約が賃借人の債務不履行により解除された後に，賃借人が建物に関して有益費を支出した場合，賃借人は，有益費の償還を受けるまで当該建物を留置することができる。

❹ 建物の賃借人が建物に関して必要費を支出した場合，賃借人は，建物所有者ではない第三者が所有する敷地を留置することはできない。

(本試験 2013 年問 4 出題)

正解肢 4

合格者正解率 **63.6%** / 不合格者正解率 **47.2%**
受験者正解率 **57.3%**

❶ **誤** 造作買取代金債権を被担保債権として建物を留置することはできない。

24-4-2

造作買取代金債権を被担保債権とする建物に関する留置権は認められるかが問題となる。造作買取代金債権は、造作に関して生じた債権であって、建物に関して生じた債権ではないので、「その物について生じた債権」（民法295条1項）に該当せず、建物に対する留置権は認められない（判例）。したがって、建物の賃借人が造作買取代金債権によりその建物を留置することはできない。よって、本肢は誤り。

❷ **誤** 第一買主の損害賠償請求には留置権は成立しない。

不動産が二重に譲渡され、第2の買主が先に所有権移転登記を備えて、第1の買主が所有権を取得できなくなった場合において、第1の買主は売主に対して取得する損害賠償請求権によって、その不動産に対する留置権が認められるかが問題となる。この場合において、その損害賠償請求権は、「その物について生じた債権」とはいえないため、留置権は成立しない（判例）。よって、本肢は誤り。

❸ **誤** 債務不履行解除の後に支出した有益費には留置権は成立しない。

建物賃貸借契約が賃借人の債務不履行により解除され、その解除後に賃借人が有益費を支出している。そこで、占有開始時には占有権原があったが、その後に占有権原がなくなった場合に、民法295条2項が適用されて留置権を行使することができるのかが問題となる。占有開始後に占有権原を失った場合、その後の占有は不法な占有となるので、民法295条2項が類推適用される（判例）。したがって、債務不履行による解除の場合、解除後に賃借人が占有をしている間に有益費を支出しても、民法295条2項の類推適用により、留置権は成立しない。よって、本肢は誤り。

❹ **正** 借地上にある建物の賃借人が有する費用償還請求権を被担保債権として、敷地を留置することができるのかが問題となる。借地上にある建物の賃借人が有する費用償還請求権は、借地に生じた債権ではないため、「その物について生じた債権」に該当せず、建物所有者でない者が所有する敷地を留置することはできない（判例）。よって、本肢は正しく、本問の正解肢となる。

●第1編 権利関係

質 権

問 148

Aは，Bから建物を賃借し，Bに3,000万円の敷金を預託した。その後，Aは，Bの承諾を得て，この敷金返還請求権につき，Cからの借入金債務を担保するために，Cのために適法に質権を設定した。この場合，民法の規定によれば，次の記述のうち正しいものはどれか。

❶ Cは，Bの承諾が書面によるものであれば，確定日付を得ていなくても，この質権設定を，B以外の第三者に対しても対抗することができる。

❷ CのAに対する利息請求権は，常に満期となった最後の2年分についてのみ，この質権の被担保債権となる。

❸ CのAに対する債権の弁済期の前に，この敷金返還請求権の弁済期が到来した場合は，Cは，Bに対し，当該敷金を供託するよう請求できる。

❹ CのAに対する債権の弁済期が到来した場合，Cは，Bに対し，Bがこの質権設定を承諾したことを根拠に，この敷金返還請求権の弁済期の前に，当該敷金を直ちにCに交付するよう請求できる。

(本試験2002年問5出題)

正解肢 3

合格者正解率 **62.8%** 　不合格者正解率 **46.2%**
受験者正解率 **55.3%**

❶ **誤** 確定日付を得ていなければ，第三者に対抗できない。

債権に対する質権の設定を受けたことを第三債務者以外の第三者に対抗するためには，第三債務者に確定日付のある証書によって通知をするか，第三債務者が確定日付のある証書によって承諾をすることが必要である（民法 364 条，467 条 2 項）。したがって，Bの承諾が確定日付を得ていないのであれば，Cは，質権を第三者に対して対抗することができない。よって，本肢は誤り。

❷ **誤** 満期となった最後の2年分に限定されない。

質権は元本の他利息等を担保するが（民法 362 条，346 条），債権質の場合，不動産質のように，利息は最後の2年分という制限はない（民法 361 条，375 条参照）。よって，本肢は誤り。

❸ **正** 第三債務者の債務の弁済期が，債権質権者の債権の弁済期前に到来したときは，質権者は，第三債務者にその弁済金額を供託させることができる（民法 366 条 3 項）。したがって，Cは，Bに対し，敷金を供託するよう請求することができる。よって，本肢は正しく，本問の正解肢となる。

❹ **誤** 直ちに敷金を返還するようには請求できない。

質権者は，質権の目的である債権を直接に取り立てることができるが（民法 366 条 1 項），第三債務者も期限の利益を有する（民法 136 条 1 項）。したがって，Cは，Bに対し，敷金をただちに交付するよう請求することはできない。よって，本肢は誤り。

●第1編　権利関係

相 殺

問 149

Aは，令和4年10月1日，A所有の甲土地につき，Bとの間で，代金1,000万円，支払期日を同年12月1日とする売買契約を締結した。この場合の相殺に関する次の記述のうち，民法の規定及び判例によれば，正しいものはどれか。

❶ BがAに対して同年12月31日を支払期日とする貸金債権を有している場合には，Bは同年12月1日に売買代金債務と当該貸金債権を対当額で相殺することができる。

❷ 同年11月1日にAの売買代金債権がAの債権者Cにより差し押さえられても，Bは，同年11月2日から12月1日までの間にAに対する別の債権を取得した場合には，同年12月1日に売買代金債務と当該債権を対当額で相殺することができる。

❸ 同年10月10日，BがAの自動車事故によって被害を受け，Aに対して不法行為に基づく損害賠償債権を取得した場合には，Bは売買代金債務と当該損害賠償債権を対当額で相殺することができる。

❹ BがAに対し同年9月30日に消滅時効の期限が到来する貸金債権を有していた場合には，Aが当該消滅時効を援用したとしても，Bは売買代金債務と当該貸金債権を対当額で相殺することができる。

（本試験 2018 年問 9 改題）

❶ **誤** 自働債権が弁済期にないので相殺できない。

相殺は，自働債権（本肢の場合，Bの債権）が弁済期にある場合にすることができる（民法505条1項）。本肢のBの自働債権の支払期日は12月31日であるため，Bは12月1日に相殺をすることはできない。よって，本肢は誤り。

❷ **誤** 差押後に取得された債権なので相殺できない。

自働債権が差押前に取得されたものであれば，差押後においても相殺をすることができる（民法511条1項）。本肢の場合，Bの自働債権はCの差押後に取得されたものであるので，Bは相殺をすることができない。よって，本肢は誤り。

☆❸ **正** 悪意による不法行為に基づく損害賠償債務の債務者（加害者）は，相殺をもって債権者に対抗することができない（民法509条1号）が，不法行為の被害者であるBは相殺をすることができる。よって，本肢は正しく，本問の正解肢となる。

❹ **誤** 時効完成前に相殺適状になっていないので相殺できない。

時効消滅した債権がその時効消滅前に相殺適状になっていた場合，その債権者は，相殺をすることができる（民法508条）。本肢の場合，貸金債権の時効完成時である9月30日には代金債権の弁済期は到来していないことから，時効完成前に相殺適状になっていない。したがって，Bは相殺をすることができない。よって，本肢は誤り。

●第1編　権利関係

贈　与

問150 Aは，生活の面倒をみてくれている甥のBに，自分が居住している甲建物を贈与しようと考えている。この場合に関する次の記述のうち，民法の規定によれば，正しいものはどれか。

❶ AからBに対する無償かつ負担なしの甲建物の贈与契約が，書面によってなされた場合，Aはその履行前であれば贈与を解除することができる。

❷ AからBに対する無償かつ負担なしの甲建物の贈与契約が，書面によらないでなされた場合，Aが履行するのは自由であるが，その贈与契約は法的な効力を生じない。

❸ Aが，Bに対し，Aの生活の面倒をみることという負担を課して，甲建物を書面によって贈与した場合，甲建物の欠陥については，Aはその負担の限度において，売主と同じく担保責任を負う。

❹ Aが，Bに対し，Aの生活の面倒をみることという負担を課して，甲建物を書面によって贈与した場合，Bがその負担をその本旨に従って履行しないときでも，Aはその贈与契約を解除することはできない。

(本試験 2009 年問 9 改題)

正解肢 3

合格者正解率 **43.4%** 　不合格者正解率 **28.3%**
受験者正解率 **38.7%**

❶ 誤　Aは履行前であっても贈与を解除できない。

　贈与契約が書面によってなされた場合，履行前であっても，贈与を解除することはできない（民法550条参照）。よって，本肢は誤り。なお，書面によらない贈与であれば，履行前において，各当事者は解除することができる（民法550条）。

❷ 誤　贈与契約が結ばれた以上，法的な効力を生じる

　贈与は，当事者の一方がある財産を無償で相手方に与える意思を表示し，相手方が受諾をすることによって，その効力を生ずる（民法549条）。贈与契約がなされた以上，それが無償かつ負担なしのものであっても，法的な効力を生じることになる。よって，本肢は誤り。

❸ 正　負担付贈与の場合，贈与者は，その負担の限度において，売主と同じく担保責任を負う（民法551条2項）。よって，本肢は正しく，本問の正解肢となる。

❹ 誤　Aは贈与契約を解除できる。

　負担付贈与の場合，受贈者（＝贈与を受けた者）がその負担である義務の履行を怠るときは，贈与者は贈与契約を解除することができる（民法553条，541条，判例）。よって，本肢は誤り。

● 第 1 編　権利関係

民法総合

重要度 B

問 151　AとBとの間で、5か月後に実施される試験（以下この問において「本件試験」という。）にBが合格したときにはA所有の甲建物をBに贈与する旨を書面で約した（以下この問において「本件約定」という。）。この場合における次の記述のうち、民法の規定及び判例によれば、誤っているものはどれか。

❶　本件約定は、停止条件付贈与契約である。

❷　本件約定の後、Aの放火により甲建物が滅失し、その後にBが本件試験に合格した場合、AはBに対して損害賠償責任を負う。

❸　Bは、本件試験に合格したときは、本件約定の時点にさかのぼって甲建物の所有権を取得する。

❹　本件約定の時点でAに意思能力がなかった場合、Bは、本件試験に合格しても、本件約定に基づき甲建物の所有権を取得することはできない。

（本試験 2018 年問 3 出題）

正解肢 **3**

合格者正解率 **81.4%** 不合格者正解率 **61.8%**
受験者正解率 **72.8%**

☆**❶ 正** 停止条件とは，法律行為（契約）の効力の発生が将来発生するか否か不確実な事実にかかっている条件のことをいう。本問の「合格したときには贈与する」の「合格したときには」という条件が停止条件である。したがって，本問の贈与契約は停止条件付贈与契約である。よって，本肢は正しい。

1-1-2

❷ 正 条件付法律行為の各当事者は，条件の成否が未定である間は，条件が成就した場合にその法律行為から生ずべき相手方の利益を害することができない（民法128条）。本肢のような停止条件付贈与の受贈者も条件が成就した場合には目的物を取得することができ，その期待権は保護される。したがって，目的物を故意に滅失したAは，Bに対して債務不履行又は不法行為による損害賠償請求を負う（民法415条，709条）。よって，本肢は正しい。

1-1-2

❸ 誤 効果が生じるのは条件成就の時からである。

停止条件付法律行為は，停止条件が成就した時からその効力を生ずる（民法127条1項）。契約の時点にさかのぼるものではない。よって，本肢は誤りであり，本問の正解肢となる。

☆**❹ 正** 意思能力を欠いている者の意思表示は，無効である（民法3条の2）。したがって，本問の停止条件付贈与契約はそもそも無効であることから，条件を満たしたとしても甲建物の所有権を取得することはできない。よって，本肢は正しい。

2-1-3

●第1編 権利関係

民法総合

問152

所有権の移転又は取得に関する次の記述のうち,民法の規定及び判例によれば,正しいものはどれか。

❶ Aの所有する甲土地をBが時効取得した場合,Bが甲土地の所有権を取得するのは,取得時効の完成時である。

❷ Aを売主,Bを買主としてCの所有する乙建物の売買契約が締結された場合,BがAの無権利について善意無過失であれば,AB間で売買契約が成立した時点で,Bは乙建物の所有権を取得する。

❸ Aを売主,Bを買主として,丙土地の売買契約が締結され,代金の完済までは丙土地の所有権は移転しないとの特約が付された場合であっても,当該売買契約締結の時点で丙土地の所有権はBに移転する。

❹ AがBに丁土地を売却したが,AがBの強迫を理由に売買契約を取り消した場合,丁土地の所有権はAに復帰し,初めからBに移転しなかったことになる。

(本試験2017年問2出題)

正解肢 4

合格者正解率 **50.0%** / 不合格者正解率 **50.9%**
受験者正解率 **50.4%**

☆❶ **誤** 時効の効力は起算日にさかのぼる。

　時効の効力は，その起算日にさかのぼる（民法144条）。取得時効が完成すると起算日から権利を有していたことになるのであって，取得時効の完成時に権利を取得するわけではない。したがって，Bが甲土地の所有権を取得するのは，Bが甲土地の占有を開始した時点であり，取得時効の完成時ではない。よって，本肢は誤り。

❷ **誤** 不動産には即時取得の規定は適用されない。

　民法192条は，「取引行為によって，平穏に，かつ，公然と動産の占有を始めた者は，善意であり，かつ，過失がないときは，即時にその動産について行使する権利を取得する。」と規定するが，これは動産に限られている。したがって，Bは，不動産である乙建物の所有権を即時取得することはできない。よって，本肢は誤り。

☆❸ **誤** 売買契約締結の時点で所有権が移転するわけではない。

　物権の移転は，当事者の意思表示のみによって，その効力を生じるのが原則である（意思主義，民法176条）。ただし，特約を結ぶことによって，この効力発生時期を意思表示の時とは異なる時期にすることは可能である。したがって，本件売買契約によるBへの所有権移転時期は，代金の完済の時点であり，当該売買契約締結の時点ではない。よって，本肢は誤り。

☆❹ **正** 取り消された行為は，初めから無効であったものとみなされる（民法121条）。したがって，契約を取り消せば，所有権は初めから移転しなかったことになる。したがって，Aが契約を取り消した場合，所有権はAに復帰し，初めからBに移転しなかったことになる。よって，本肢は正しく，本問の正解肢となる。

3-5-3

10-1

1-1-3

●第1編 権利関係

民法総合

問 153

次の1から4までの記述のうち,民法の規定及び下記判決文によれば,誤っているものはどれか。
(判決文)
賃借人は,賃貸借契約が終了した場合には,賃借物件を原状に回復して賃貸人に返還する義務があるところ,賃貸借契約は,賃借人による賃借物件の使用とその対価としての賃料の支払を内容とするものであり,賃借物件の損耗の発生は,賃貸借という契約の本質上当然に予定されているものである。それゆえ,建物の賃貸借においては,賃借人が社会通念上通常の使用をした場合に生ずる賃借物件の劣化又は価値の減少を意味する通常損耗に係る投下資本の減価の回収は,通常,減価償却費や修繕費等の必要経費分を賃料の中に含ませてその支払を受けることにより行われている。そうすると,建物の賃借人にその賃貸借において生ずる通常損耗についての原状回復義務を負わせるのは,賃借人に予期しない特別の負担を課すことになるから,賃借人に同義務が認められるためには,(中略)その旨の特約(以下「通常損耗補修特約」という。)が明確に合意されていることが必要であると解するのが相当である。

❶ 賃借物件を賃借人がどのように使用しても,賃借物件に発生する損耗による減価の回収は,賃貸人が全て賃料に含ませてその支払を受けることにより行っている。

❷ 通常損耗とは,賃借人が社会通念上通常の使用をした場合に生ずる賃借物件の劣化又は価値の減少を意味する。

❸ 賃借人が負担する通常損耗の範囲が賃貸借契約書に明記されておらず口頭での説明等もない場合に賃借人に通常損耗についての原状回復義務を負わせるのは,賃借人に予期しない特別の負担を課すことになる。

❹ 賃貸借契約に賃借人が原状回復義務を負う旨が定められていても,それをもって,賃借人が賃料とは別に通常損耗の補修費を支払う義務があるとはいえない。

(本試験 2018 年問 8 出題)

正解肢 1

合格者正解率 **85.8%** 不合格者正解率 **68.6%**
受験者正解率 **78.3%**

❶ **誤** 含まれているのは通常の使用によって生じた減価である。

判決文では、「賃借人が社会通念上通常の使用をした場合に生ずる賃借物件の劣化又は価値の減少を意味する通常損耗に係る投下資本の減価の回収は、通常、減価償却費や修繕費等の必要経費分を賃料の中に含ませてその支払を受けることにより行われている。」とされている。本肢では、賃借人がどのように使用しても、賃借物件に発生する損耗による減価の回収は、賃貸人が全て賃料に含ませてその支払を受けるとされている。よって、本肢は誤りであり、本問の正解肢となる。

❷ **正** 判決文では、通常損耗について、「賃借人が社会通念上通常の使用をした場合に生ずる賃借物件の劣化又は価値の減少を意味する」とされている。よって、本肢は正しい。

❸ **正** 判決文では、「建物の賃借人にその賃貸借において生ずる通常損耗についての原状回復義務を負わせるのは、賃借人に予期しない特別の負担を課すことになるから、賃借人に同義務が認められるためには、(中略)その旨の特約(以下「通常損耗補修特約」という。)が明確に合意されていることが必要であると解するのが相当である。」とされている。よって、本肢は正しい。

❹ **正** 判決文では、「賃借物件の損耗の発生は、賃貸借という契約の本質上当然に予定されているものである。」とされている。また、「通常損耗に係る投下資本の減価の回収は、通常、減価償却費や修繕費等の必要経費分を賃料の中に含ませてその支払を受けることにより行われている。」とされている。さらに、賃借人に通常損耗についての原状回復義務が認められるためには、「その旨の特約(以下「通常損耗補修特約」という。)が明確に合意されていることが必要であると解するのが相当である。」とされている。よって、本肢は正しい。

●第1編 権利関係

民法総合

問 154

Aは、隣人Bの留守中に台風が接近して、屋根の一部が壊れていたB宅に甚大な被害が生じる差し迫ったおそれがあったため、Bからの依頼なくB宅の屋根を修理した。この場合における次の記述のうち、民法の規定によれば、誤っているものはどれか。

❶ Aは、Bに対して、特段の事情がない限り、B宅の屋根を修理したことについて報酬を請求することができない。

❷ Aは、Bからの請求があったときには、いつでも、本件事務処理の状況をBに報告しなければならない。

❸ Aは、B宅の屋根を善良な管理者の注意をもって修理しなければならない。

❹ AによるB宅の屋根の修理が、Bの意思に反することなく行われた場合、AはBに対し、Aが支出した有益な費用全額の償還を請求することができる。

(本試験 2018 年問 5 出題)

正解肢 3

合格者正解率 **34.3%** 不合格者正解率 **27.2%**
受験者正解率 **31.2%**

　本問のように，法律義務がないにも係わらず，他人のために事務を行うことを事務管理という。義務なく他人のために事務の管理を始めた者は，その事務の性質に従い，最も本人の利益に適合する方法によって，その事務の管理をしなければならない（民法697条1項）。

❶ **正**　事務管理を行った者は，本人のために有益な費用を支出したときは，本人に対し，その償還を請求することができる（民法702条1項）。しかし，報酬を請求できる旨の規定は存在しない。よって，本肢は正しい。

❷ **正**　事務管理を行った者は，本人からの請求があるときは，いつでも，事務管理の処理の状況を本人に報告しなければならない（民法701条，645条）。よって，本肢は正しい。

❸ **誤**　急迫の場合，善良な管理者の注意義務は負わない。

　事務管理を行う者は，原則として善良な管理者の注意義務をもって事務を行う。しかし，本人の財産に対する急迫の危害を免れさせるために事務管理をしたときは，悪意又は重大な過失がなければ，損害賠償責任を負わない（民法698条）。すなわち，このような場合は善良な管理者の注意義務を負わないということである。本問の場合，「台風の接近」「甚大な被害が生じる差し迫ったおそれ」というのであるからこの場合に該当し，善良な管理者の注意義務を負わない。よって，本肢は誤りであり，本問の正解肢となる。

❹ **正**　事務管理を行った者は，本人のために有益な費用を支出したときは，本人に対し，その全額の償還を請求することができる（民法702条1項）。よって，本肢は正しい。なお，管理者が本人の意思に反して事務管理をしたときは，本人が現に利益を受けている限度においてのみ費用の償還を請求することができる（民法702条3項）。

●第1編 権利関係

民法総合

問155

次の記述のうち、民法の規定及び判例によれば、正しいものはどれか。

❶ 倒壊しそうなA所有の建物や工作物について、Aが倒壊防止の措置をとらないため、Aの隣に住むBがAのために最小限度の緊急措置をとったとしても、Aの承諾がなければ、Bはその費用をAに請求することはできない。

❷ 建物所有を目的とする借地人は、特段の事情がない限り、建物建築時に土地に石垣や擁壁の設置、盛土や杭打ち等の変形加工をするには、必ず賃貸人の承諾を得なければならない。

❸ 建物の賃貸人が必要な修繕義務を履行しない場合、賃借人は目的物の使用収益に関係なく賃料全額の支払を拒絶することができる。

❹ 建物の賃貸人が賃貸物の保存に必要な修繕をする場合、賃借人は修繕工事のため使用収益に支障が生じても、これを拒むことはできない。

(本試験 2013 年問 8 出題)

正解肢 4

合格者正解率 **73.7%** ／ 不合格者正解率 **51.7%**
受験者正解率 **65.3%**

❶ 誤　事務管理者は，本人の承諾はなくとも，その費用の償還を請求できる。

BがAのために倒壊しそうなA所有の建物や工作物について最小限度の緊急措置をとったことは，事務管理（民法697条1項）に該当する。事務管理者が本人のために有益な費用を支出したときは，当該事務管理について本人が承諾していなくとも，本人に対し，その費用の償還を請求することができる（民法702条1項）。したがって，事務管理者Bは，本人Aのためにとった緊急措置に支出した費用の償還をAに請求することができる。よって，本肢は誤り。

❷ 誤　賃貸人の承諾はなくとも，建築に必要な土地の変形加工をすることができる。

建物所有を目的とする土地の賃貸借においては，賃貸借契約の内容として，建物の建築に必要な範囲で土地を変更加工することが当然に予定されていると解される。したがって，賃借人は，賃貸人の承諾がなくとも，土地の使用収益の一内容として（民法601条参照），建物建築に必要な範囲で土地を変更加工することができる。よって，本肢は誤り。

❸ 誤　使用収益が妨げられた割合に応じて賃料の支払を拒絶できるのみである。

本肢では，建物の賃貸人が必要な修繕義務を履行しない場合，賃借人は，目的物の使用収益を妨げられた程度に関係なく賃料全額の支払を拒絶することができるのかが問題となる。賃貸人が賃借人に対し目的物を使用収益させる義務と，賃借人が賃貸人に対し賃料を支払う義務とは，対価関係に立つ（民法601条）。したがって，賃貸人が目的物の使用収益に必要な修繕義務（民法606条1項）を履行せず，これがため賃借人の目的物の使用収益が不能又は著しく困難になるほどの支障が生じた場合には，賃借人は賃料全額の支払を拒絶し得る（判例）。これに対して，目的物の使用収益が不能又は著しく困難になるほどの支障が生じない場合には，賃借人は賃料全額の支払を拒絶することはできない。つまり，賃借人は，目的物の使用収益を妨げられた割合に応じて賃料の支払を拒絶し得るのみである（判例）。よって，本肢は誤り。

☆❹ 正　賃貸人は，目的物の使用収益に必要な修繕をする義務を負う（民法606条1項）。賃貸人がこの義務の履行として目的物の保存に必要な行為をしようとするときは，賃借人は，修繕工事のため使用収益に支障が生じたとしても，これを拒むことができない（民法606条2項）。よって，本肢は正しく，本問の正解肢となる。

ステップ84

第2編
令和3年度
(10月試験)
本試験問題

【権利関係の出題傾向と対策】

全体的には,例年と変わらず平易な問題と難問が混在して出題されているといえます。

たとえば【問10】は過去に出題例のない「選択債権」からの出題であり,感覚で解答できる問題でもないことから難問であったといえます。

一方で,たとえば【問5】の正解肢である肢4は,「意思能力を有しない＝無効」という頻出テーマからの出題であり,過去問演習を繰り返していた受験生であれば迷わず正解できた問題といえるでしょう。

難問に気を取られることなく,過去問を繰り返し学習し,基本知識を正確に習得することによって,正解すべき問題を確実に得点するようにしてください。

また,【問2 連帯債務】【問4 相続】【問7 契約不適合責任】と,民法の改正点が多数出題されています。【問8】もテーマは不法行為ですが,肢4で消滅時効に関する改正点が出題されています。改正点は今後も出題されると予想されますので,改正を意識した学習は継続する必要があるでしょう。

問	内容・項目	本試験	難易度
156	賃貸借	問1	易
157	連帯債務	問2	普
158	民法総合	問3	普
159	相続	問4	難
160	制限行為能力者	問5	易
161	債権譲渡	問6	普
162	契約不適合責任	問7	易
163	不法行為	問8	易
164	相続	問9	難
165	選択債権	問10	難
166	借地借家法(借地)	問11	難
167	借地借家法(借家)	問12	難
168	建物区分所有法	問13	普
169	不動産登記法	問14	普

●第2編 令和3年度（10月試験）本試験問題

賃貸借

問156

次の1から4までの記述のうち、民法の規定、判例及び下記判決文によれば、正しいものはどれか。

（判決文）

賃貸人は、特別の約定のないかぎり、賃借人から家屋明渡を受けた後に前記の敷金残額を返還すれば足りるものと解すべく、したがつて、家屋明渡債務と敷金返還債務とは同時履行の関係にたつものではないと解するのが相当であり、このことは、賃貸借の終了原因が解除（解約）による場合でああっても異なるところはないと解すべきである。

❶ 賃借人の家屋明渡債務が賃貸人の敷金返還債務に対し先履行の関係に立つと解すべき場合、賃借人は賃貸人に対し敷金返還請求権をもって家屋につき留置権を取得する余地はない。

❷ 賃貸借の終了に伴う賃借人の家屋明渡債務と賃貸人の敷金返還債務とは、1個の双務契約によって生じた対価的債務の関係にあるものといえる。

❸ 賃貸借における敷金は、賃貸借の終了時点までに生じた債権を担保するものであって、賃貸人は、賃貸借終了後賃借人の家屋の明渡しまでに生じた債権を敷金から控除することはできない。

❹ 賃貸借の終了に伴う賃借人の家屋明渡債務と賃貸人の敷金返還債務の間に同時履行の関係を肯定することは、家屋の明渡しまでに賃貸人が取得する一切の債権を担保することを目的とする敷金の性質にも適合する。

（本試験 2021 年 10 月問 1 出題）

❶ 正 賃借人の家屋明渡債務が賃貸人の敷金返還債務よりも先に履行すべきと考える場合，敷金返還請求権は明渡し時には存在していないことになる（民法622条の2参照）。したがって，存在していない敷金返還請求権をもって留置権を取得できる余地はない。よって，本肢は正しく，本問の正解肢となる。

ステップ89

❷ 誤 1個の双務契約によって生じたものではない。

ステップ89

敷金契約は，賃貸借契約に付随するものではあるが，別個独立の契約であり，賃貸借契約そのものではない。したがって，賃貸借の終了に伴う賃借人の家屋明渡債務と賃貸人の敷金返還債務は，1個の双務契約によって生じた対価的債務の関係にあるものとはいえない（民法622条の2参照）。また，家屋明渡債務と敷金返還債務が1個の双務契約によって生じた対価的債務の関係にあるのであれば，両者は同時履行の関係にたつことになるであろうが，判決文は同時履行の関係にたつものではないとしている。このことからも，対価的債務の関係ではないと判断される。よって，本肢は誤り。

☆**❸ 誤** 敷金は賃貸借に基づいて生ずる債務を担保するものである。

ステップ89

敷金とは，いかなる名目によるかを問わず，賃料債務その他の賃貸借に基づいて生ずる賃借人の賃貸人に対する金銭の給付を目的とする債務を担保する目的で，賃借人が賃貸人に交付する金銭をいう（民法622条の2第1項）。そのため，賃貸借終了後賃借人の家屋の明渡しまでに生じた債権を敷金から控除することはできる。よって，本肢は誤り。

☆**❹ 誤** 同時履行の関係を肯定することは敷金の性質に適合しない。

ステップ89

判決文も民法の規定も，敷金の返還は家屋の明渡し後に行えば足りるとしている（判決文，民法622条の2第1項1号）。賃借人の家屋明渡債務と賃貸人の敷金返還債務の間に同時履行の関係を肯定することは，この考え方を否定するものであり，敷金の性質に適合しない。よって，本肢は誤り。

●第2編　令和3年度（10月試験）本試験問題

連帯債務

問157

債務者A，B，Cの3名が，令和3年7月1日に，内部的な負担部分の割合は等しいものとして合意した上で，債権者Dに対して300万円の連帯債務を負った場合に関する次の記述のうち，民法の規定によれば，誤っているものはどれか。

❶ DがAに対して裁判上の請求を行ったとしても，特段の合意がなければ，BとCがDに対して負う債務の消滅時効の完成には影響しない。

❷ BがDに対して300万円の債権を有している場合，Bが相殺を援用しない間に300万円の支払の請求を受けたCは，BのDに対する債権で相殺する旨の意思表示をすることができる。

❸ DがCに対して債務を免除した場合でも，特段の合意がなければ，DはAに対してもBに対しても，弁済期が到来した300万円全額の支払を請求することができる。

❹ AとDとの間に更改があったときは，300万円の債権は，全ての連帯債務者の利益のために消滅する。

（本試験2021年10月問2出題）

正解肢 2

受験者正解率 66.1%

☆ ❶ 正 連帯債務の債権者がした裁判上の請求は，原則として相対効であり，他の債務者に影響しない（民法441条）。したがって，DがAに対して裁判上の請求を行ったとしても，BとCの消滅時効の完成には影響しない。よって，本肢は正しい。

ステップ68

☆ ❷ 誤 履行を拒むことができるだけで，相殺はできない。

13-6-2

連帯債務者の1人が債権者に対して債権を有する場合，債権を有する連帯債務者が相殺を援用しない間は，その連帯債務者の負担部分の限度で，他の連帯債務者は，債権者に対して債務の履行を拒むことができる（民法439条2項）。したがって，Dからの請求に対し，Cは，履行を拒むことはできるが，積極的に相殺の意思表示ができるわけではない。よって，本肢は誤りであり，本問の正解肢となる。

☆ ❸ 正 連帯債務者の1人に対する債務の免除は，原則として相対効であり，他の債務者に影響しない（民法441条）。したがって，DがCに対して債務を免除しても，AD間，BD間に特段の合意がなければ，DはABの両者に対してそれぞれ全額の請求をすることができる。よって，本肢は正しい。

ステップ68

☆ ❹ 正 連帯債務者の1人と債権者との間に更改があったときは，債権は，全ての連帯債務者の利益のために消滅する（民法438条）。したがって，AD間に更改があれば，Dの債権はBCに対する関係でも全額が消滅する。よって，本肢は正しい。なお，更改とは，旧債務と重要な部分の異なる新債務を成立させることによって旧債務を消滅させる契約のことである（民法513条以下参照）。

ステップ68

●第2編 令和3年度（10月試験）本試験問題

民法総合

問 158 個人として事業を営むAが死亡した場合に関する次の記述のうち、民法の規定によれば、誤っているものはいくつあるか。なお、いずれの契約も令和3年7月1日付けで締結されたものとする。

ア AがBとの間でB所有建物の清掃に関する準委任契約を締結していた場合、Aの相続人は、Bとの間で特段の合意をしなくても、当該準委任契約に基づく清掃業務を行う義務を負う。

イ AがA所有の建物について賃借人Cとの間で賃貸借契約を締結している期間中にAが死亡した場合、Aの相続人は、Cに賃貸借契約を継続するか否かを相当の期間を定めて催告し、期間内に返答がなければ賃貸借契約をAの死亡を理由に解除することができる。

ウ AがA所有の土地について買主Dとの間で売買契約を締結し、当該土地の引渡しと残代金決済の前にAが死亡した場合、当該売買契約は原始的に履行が不能となって無効となる。

エ AがE所有の建物について貸主Eとの間で使用貸借契約を締結していた場合、Aの相続人は、Eとの間で特段の合意をしなくても、当該使用貸借契約の借主の地位を相続して当該建物を使用することができる。

❶ 一つ
❷ 二つ
❸ 三つ
❹ 四つ

（本試験 2021 年 10 月問 3 出題）

正解肢 4

合格者正解率 ―
不合格者正解率 ―
受験者正解率 **54.4%**

☆**ア　誤**　準委任契約は，準受任者の死亡により終了する。

　準委任契約は，委任契約と同様，準委任者又は準受任者の死亡によって終了する（民法653条1号，656条）。したがって，準受任者であるAが死亡した場合，その相続人が契約当事者の地位を相続によって承継しない。よって，本肢は誤り。なお，契約当事者間で準委任契約の終了時期について特約を締結した場合は，それに従うが，本肢において特約（特段の合意）はないため，原則どおり終了する。

イ　誤　本肢のような規定はない。

　民法上，賃貸人が死亡した場合に建物の賃貸借契約を解除できる旨の規定はない。したがって，賃貸人が死亡した場合に，賃借人に対して期間を定めて催告し，その期間内に返答がなかったとしても，そのことを理由として賃貸借契約を解除することはできない。よって，本肢は誤り。なお，賃貸借契約の当事者の一方が死亡した場合，賃貸借契約の当事者の地位は，その相続人が相続する（民法896条本文）。

ウ　誤　売買契約は無効とならない。

　契約が原始的不能となるか否かは，契約締結時を基準とする。本肢では契約締結時に土地は存在しているため売買契約は原始的不能にはならない。その後に売主が死亡しても，売主の債務は相続の対象となるので，契約の効力は有効なまま存続する（民法896条本文）。よって，本肢は誤り。

エ　誤　使用貸借契約は，借主の死亡により終了する。

25-4-2

　使用貸借は，借主の死亡によって終了する（民法597条3項）。したがって，借主Aの死亡によってAE間の使用貸借契約は終了する。よって，本肢は誤り。なお，AE間の特約によって使用借権を相続の対象とすることは可能であるが，本肢において特約（特段の合意）はないため，原則どおり借主の地位は相続されない。

　以上より，誤っているものはア，イ，ウ，エの四つであり，**❹**が本問の正解肢となる。

●第2編　令和3年度（10月試験）本試験問題

相　続

問159

被相続人Aの配偶者Bが，A所有の建物に相続開始の時に居住していたため，遺産分割協議によって配偶者居住権を取得した場合に関する次の記述のうち，民法の規定によれば，正しいものはどれか。

❶ 遺産分割協議でBの配偶者居住権の存続期間を20年と定めた場合，存続期間が満了した時点で配偶者居住権は消滅し，配偶者居住権の延長や更新はできない。

❷ Bは，配偶者居住権の存続期間内であれば，居住している建物の所有者の承諾を得ることなく，第三者に当該建物を賃貸することができる。

❸ 配偶者居住権の存続期間中にBが死亡した場合，Bの相続人CはBの有していた配偶者居住権を相続する。

❹ Bが配偶者居住権に基づいて居住している建物が第三者Dに売却された場合，Bは，配偶者居住権の登記がなくてもDに対抗することができる。

（本試験 2021 年 10 月問 4 出題）

正解肢 1

合格者正解率 ─
不合格者正解率 ─
受験者正解率 25.7%

❶ 正 当事者が配偶者居住権の期間を定めたときは，配偶者居住権は，その期間が満了することによって終了する（民法1036条，597条1項）。配偶者居住権の延長や更新をすることはできない。よって，本肢は正しく，本問の正解肢となる。 ステップ44

❷ 誤 所有者の承諾が必要。 9-6-1

配偶者は，居住建物の所有者の承諾を得なければ，第三者に居住建物の使用もしくは収益をさせることができない（民法1032条3項）。よって，本肢は誤り。

❸ 誤 配偶者の死亡により終了し，相続されない。 9-6-1

配偶者居住権は配偶者の死亡によって終了する（民法1036条，597条3項）。したがって，配偶者居住権は相続されない。よって，本肢は誤り。

❹ 誤 第三者に対抗するには登記をしなければならない。 9-6-1

配偶者居住権を居住建物について物権を取得した者その他の第三者に対抗するためには，配偶者居住権の登記をしなければならない（民法1031条2項，605条）。よって，本肢は誤り。

●第2編　令和3年度（10月試験）本試験問題

制限行為能力者

重要度 B

問160

次の記述のうち，民法の規定及び判例によれば，正しいものはどれか。

❶ 令和3年4月1日において18歳の者は成年であるので，その時点で，携帯電話サービスの契約や不動産の賃貸借契約を1人で締結することができる。

❷ 養育費は，子供が未成熟であって経済的に自立することを期待することができない期間を対象として支払われるものであるから，子供が成年に達したときは，当然に養育費の支払義務が終了する。

❸ 営業を許された未成年者が，その営業に関するか否かにかかわらず，第三者から法定代理人の同意なく負担付贈与を受けた場合には，法定代理人は当該行為を取り消すことができない。

❹ 意思能力を有しないときに行った不動産の売買契約は，後見開始の審判を受けているか否かにかかわらず効力を有しない。

（本試験 2021 年 10 月問 5 出題）

正解肢 4

合格者正解率 ―
不合格者正解率 ―
受験者正解率 **88.8%**

❶ 誤　18歳の者は，未成年者である。

　令和3年4月1日時点において18歳の者は未成年者である（民法4条参照）。そして，未成年者が契約をしようとする場合，法定代理人の同意を得なければならない（民法5条1項本文）。したがって，18歳の者が携帯電話サービスの契約や不動産の賃貸借契約を1人で締結することはできない。よって，本肢は誤り。

（注意）令和4（2022）年4月1日施行の民法改正により、18歳の者は成年者となるので、「令和4年4月1日」時点として問われた場合には、本肢は正しい肢となる。

❷ 誤　養育費の支払義務は子が経済的，社会的に自立するまで生じる。

　養育費とは，未成熟である子の監護について必要な費用をいう（民法766条1項参照）。一般的に親の扶養義務は，未成熟の子が経済的，社会的に自立するまで継続することから，子が成年に達したとしても，持病・障がい・在学等の理由を根拠として養育費の負担が継続する場合がある（判例）。子が成年に達したことを根拠として当然に終了するものではない。よって，本肢は誤り。

☆❸ 誤　営業に関しない場合，法定代理人は取り消すことができる。

　営業を許された未成年者は，その営業に関しては，成年者と同一の行為能力を有する（民法6条1項）。そのため，営業に関しない部分について未成年者が法律行為をするには法定代理人の同意を要し，法定代理人の同意がない負担付贈与契約は取り消すことができる（民法5条1項，2項）。よって，本肢は誤り。

☆❹ 正　契約の当事者が意思表示をした時に意思能力を有しなかったとき，その契約は無効である（民法3条の2）。後見開始の審判を受けているか否かは影響しない。よって，本肢は正しく，本問の正解肢となる。

●第2編　令和3年度（10月試験）本試験問題

債権譲渡

問161 売買代金債権（以下この問において「債権」という。）の譲渡（令和3年7月1日に譲渡契約が行われたもの）に関する次の記述のうち，民法の規定によれば，誤っているものはどれか。

---

❶ 譲渡制限の意思表示がされた債権が譲渡された場合，当該債権譲渡の効力は妨げられないが，債務者は，その債権の全額に相当する金銭を供託することができる。

❷ 債権が譲渡された場合，その意思表示の時に債権が現に発生していないときは，譲受人は，その後に発生した債権を取得できない。

❸ 譲渡制限の意思表示がされた債権の譲受人が，その意思表示がされていたことを知っていたときは，債務者は，その債務の履行を拒むことができ，かつ，譲渡人に対する弁済その他の債務を消滅させる事由をもって譲受人に対抗することができる。

❹ 債権の譲渡は，譲渡人が債務者に通知し，又は債務者が承諾をしなければ，債務者その他の第三者に対抗することができず，その譲渡の通知又は承諾は，確定日付のある証書によってしなければ，債務者以外の第三者に対抗することができない。

(本試験 2021 年 10 月問 6 出題)

正解肢 2

合格者正解率 ―
不合格者正解率 ―
受験者正解率 58.1%

☆❶ 正 当事者が譲渡制限の意思表示をしたときであっても、債権の譲渡は、その効力を妨げられない（民法466条2項）。また、債務者は、譲渡制限の意思表示がされた金銭の給付を目的とする債権が譲渡されたときは、その債権の全額に相当する金銭を供託することができる（民法466条の2第1項）。よって、本肢は正しい。 ステップ112

❷ 誤 **現に債権が発生していなくても、将来発生する債権を譲渡することができる。**

債権の譲渡は、その意思表示の時に債権が現に発生していることを要しない（民法466条の6第1項）。そして、意思表示の時に現に発生していない債権が譲渡された場合、譲受人は、その後に発生した債権を当然に取得する（民法466条の6第2項）。よって、本肢は誤りであり、本問の正解肢となる。

❸ 正 譲渡制限の意思表示がされた債権の譲受人が、譲渡制限の意思表示がされたことを知り、又は重大な過失によって知らなかった場合、債務者は、その債務の履行を拒むことができ、かつ、譲渡人に対する弁済その他の債務を消滅させる事由をもってその譲受人に対抗することができる（民法466条3項）。よって、本肢は正しい。 ステップ112

☆❹ 正 債権の譲渡は、譲渡人が債務者に通知をし、又は債務者が承諾をしなければ、債務者その他の第三者に対抗することができない（民法467条1項）。そして、当該通知又は承諾は、確定日付のある証書によってしなければ、債務者以外の第三者に対抗することができない（民法467条2項）。よって、本肢は正しい。 ステップ112

●第2編　令和3年度（10月試験）本試験問題

契約不適合責任

問162

Aを売主，Bを買主として，A所有の甲自動車を50万円で売却する契約（以下この問において「**本件契約**」という。）が令和3年7月1日に締結された場合に関する次の記述のうち，民法の規定によれば，誤っているものはどれか。

---

❶ Bが甲自動車の引渡しを受けたが，甲自動車のエンジンに契約の内容に適合しない欠陥があることが判明した場合，BはAに対して，甲自動車の修理を請求することができる。

❷ Bが甲自動車の引渡しを受けたが，甲自動車に契約の内容に適合しない修理不能な損傷があることが判明した場合，BはAに対して，売買代金の減額を請求することができる。

❸ Bが引渡しを受けた甲自動車が故障を起こしたときは，修理が可能か否かにかかわらず，BはAに対して，修理を請求することなく，本件契約の解除をすることができる。

❹ 甲自動車について，第三者CがA所有ではなくC所有の自動車であると主張しており，Bが所有権を取得できないおそれがある場合，Aが相当の担保を供したときを除き，BはAに対して，売買代金の支払を拒絶することができる。

(本試験2021年10月問7出題)

正解肢 3

受験者正解率 **86.2%**

☆❶ 正　引き渡された目的物が品質等に関して契約の内容に適合しないものであるときは、買主は、売主に対し、目的物の修補等による履行の追完を請求することができる（民法562条1項）。甲自動車の修理は、目的物を修補することにあたる。よって、本肢は正しい。

ステップ38

☆❷ 正　引き渡された目的物が品質等に関して契約の内容に適合しないものである場合において、修補等による履行の追完が不能であるとき、買主は、直ちに代金の減額を請求することができる（民法563条第2項1号、1項、562条1項）。したがって、修理不能な損傷がある本肢の場合、代金の減額を請求することができる。よって、本肢は正しい。

ステップ38

❸ 誤　Bは本件契約を解除することができない。

5-5-4
8-2-3

本肢は、肢1・肢2とは異なり、「契約の内容に適合しない」との設定がないことから、Aに契約不適合責任や債務不履行責任は生じないことを前提とする選択肢と考えられる。したがって、Bはそもそも契約を解除できる立場にないことになる（民法541条、542条参照）。また、仮に契約不適合責任や債務不履行責任が生じる設問であると仮定しても、修理が不能である場合は無催告解除も可能であるが、修理が可能である場合は、まず修理の請求等の履行の催告をした上で、履行されなかったときにはじめて解除することができるので、修理を請求することなく解除することができるわけではない（民法542条1項1号、541条本文）。いずれにしろ、本肢のBは本件契約を解除することはできない。よって、本肢は誤りであり、本問の正解肢となる。

❹ 正　売買の目的について権利を主張する者があることその他の事由により、買主がその買い受けた権利の全部もしくは一部を取得することができず、又は失うおそれがあるときは、買主は、その危険の程度に応じて、代金の全部又は一部の支払を拒むことができる。ただし、売主が相当の担保を供したときは、この限りでない（民法576条）。よって、本肢は正しい。

●第2編 令和3年度（10月試験）本試験問題

不法行為

問163

Aが1人で居住する甲建物の保存に瑕疵があったため，令和3年7月1日に甲建物の壁が崩れて通行人BがケガをしたAした場合（以下この問において「本件事故」という。）における次の記述のうち，民法の規定によれば，誤っているものはどれか。

❶ Aが甲建物をCから賃借している場合，Aは甲建物の保存の瑕疵による損害の発生の防止に必要な注意をしなかったとしても，Bに対して不法行為責任を負わない。

❷ Aが甲建物を所有している場合，Aは甲建物の保存の瑕疵による損害の発生の防止に必要な注意をしたとしても，Bに対して不法行為責任を負う。

❸ 本件事故について，AのBに対する不法行為責任が成立する場合，BのAに対する損害賠償請求権は，B又はBの法定代理人が損害又は加害者を知らないときでも，本件事故の時から20年間行使しないときには時効により消滅する。

❹ 本件事故について，AのBに対する不法行為責任が成立する場合，BのAに対する損害賠償請求権は，B又はBの法定代理人が損害及び加害者を知った時から5年間行使しないときには時効により消滅する。

（本試験2021年10月問8出題）

☆ ❶ **誤** 損害の発生の防止に必要な注意をしなかった占有者は不法行為責任を負う。 ステップ109

　土地の工作物の設置又は保存に瑕疵があることによって他人に損害を生じたときは，その工作物の占有者は，損害の発生を防止するのに必要な注意をしたときを除いて，被害者に対してその損害を賠償する責任を負う（民法717条1項）。AはCから甲建物を賃借しているので占有者にあたる。そして，Aは損害の発生の防止に必要な注意をしていなかったのであるから，Bに対して不法行為責任を負う。よって，本肢は誤りであり，本問の正解肢となる。

☆ ❷ **正** 土地の工作物の設置又は保存に瑕疵があることによって ステップ109
他人に損害を生じた場合において，その工作物の占有者が損害の発生を防止するのに必要な注意をしたときは，占有者は損害を賠償する責任を負わず，所有者がその損害を賠償しなければならない（民法717条1項但書）。この場合の所有者の責任は無過失責任である。したがって，所有者であるAは，必要な注意をしたとしても不法行為責任を負う。よって，本肢は正しい。

☆ ❸ **正** 不法行為による損害賠償請求権は，被害者又はその法定 ステップ106
代理人が損害及び加害者を知らないときでも，不法行為の時から20年間行使しないときは，時効によって消滅する（民法724条2号）。よって，本肢は正しい。

☆ ❹ **正** 不法行為による損害賠償請求権は，被害者又はその法定 ステップ106
代理人が損害及び加害者を知った時から3年間行使しない場合には，時効によって消滅する（民法724条1号）。ただし，人の生命又は身体を害する不法行為による損害賠償請求権の消滅時効の場合，この期間は「3年」ではなく「5年」となる（民法724条の2）。本肢の被害者Bはケガをしているので，人の身体を害する場合であり，期間は「5年」となる。よって，本肢は正しい。

●第2編 令和3年度（10月試験）本試験問題

相 続

重要度 B

問 164

Aには死亡した夫Bとの間に子Cがおり、Dには離婚した前妻Eとの間に子F及び子Gがいる。Fの親権はEが有し、Gの親権はDが有している。AとDが婚姻した後にDが令和3年7月1日に死亡した場合における法定相続分として、民法の規定によれば、正しいものはどれか。

❶ Aが2分の1、Fが4分の1、Gが4分の1
❷ Aが2分の1、Cが6分の1、Fが6分の1、Gが6分の1
❸ Aが2分の1、Gが2分の1
❹ Aが2分の1、Cが4分の1、Gが4分の1

（本試験 2021 年 10 月問 9 出題）

正解肢 1

合格者正解率	不合格者正解率
―	―

受験者正解率 **27.0**%

ステップ39
ステップ40

はじめに、本問において誰がDの相続人になるか検討する。

Aは、Dの配偶者なので、相続人となる（民法890条）。また、FとGは、Dの子であることから、相続人となる（民法887条1項）。Fについては、親権はEが有するものの、親権の存否と相続人になるかならないかは関係がないことからFが相続人になることに変わりはない。そして、Cは、Dの実子ではなく、Dとの間で養子縁組をしたとの記述もないことから、相続人とはならない。

したがって、相続人はA・F・Gとなる。

次に、A・F・Gの相続分について検討する。

AはDの配偶者であり、F・GはDの子なので、配偶者Aの相続分は2分の1、子であるF・Gの相続分は残りの2分の1を均等の割合で分けることになる（民法900条4号）。

以上から、Dが死亡した場合の相続分は、Aが2分の1、F・Gはそれぞれ4分の1となる。よって、❶が本問の正解肢となる。

●第2編 令和3年度（10月試験）本試験問題

選択債権

問165 AとBとの間で，Aを売主，Bを買主とする，等価値の美術品甲又は乙のいずれか選択によって定められる美術品の売買契約（以下この問において「本件契約」という。）が令和3年7月1日に締結された場合に関する次の記述のうち，民法の規定によれば，正しいものはどれか。

❶ 本件契約において，給付の目的を甲にするか乙にするかについて，第三者Cを選択権者とする合意がなされた場合，Cが選択をすることができないときは，選択権はBに移転する。

❷ 本件契約において，給付の目的を甲にするか乙にするかについて，Aを選択権者とする合意がなされた後に，Aの失火により甲が全焼したときは，給付の目的物は乙となる。

❸ 本件契約において，給付の目的を甲にするか乙にするかについての選択権に関する特段の合意がない場合，Bが選択権者となる。

❹ 本件契約において，給付の目的を甲にするか乙にするかについて，第三者Dを選択権者とする合意がなされた場合，Dが選択権を行使するときは，AとBの両者に対して意思表示をしなければならない。

(本試験 2021 年 10 月問 10 出題)

本設問のように、数個の給付の中から選択によって定まる1個の給付をすることを目的とする債権を選択債権という。その給付の中から選択する権利（選択権）は、原則として債務者にある（民法406条）。ただし、特約によって債権者ないし第三者を選択権者とする場合にはその定めによる。

❶ **誤** 選択権は債務者Aに移転する。

選択権者を第三者と定めた場合でも、第三者が選択をすることができず又は選択をする意思を有しないときは、選択権は、債務者に移転する（民法409条2項）。本肢の場合、第三者Cが選択をすることができないときは、選択権は美術品の引渡債務者であるAに移転する。よって、本肢は誤り。

❷ **正** 債権の目的である給付の中に不能のものがある場合において、その不能が選択権を有する者の過失によるものであるときは、債権は、その残存するものについて存在する（民法410条）。本肢の場合、選択権者Aの失火によって甲が全焼したのであるから、給付の目的物は残存する乙となる。よって、本肢は正しく、本問の正解肢となる。

❸ **誤** 選択権は債務者Aに属する。

上述の通り、選択権者は、原則として債務者となる（民法406条）。したがって、本肢の場合、選択権は引渡債務を負うAに帰属することになり、Bには帰属しない。よって、本肢は誤り。

❹ **誤** 選択は債権者又は債務者のどちらかに対してすれば足りる。

第三者が選択をすべき場合には、その選択は、債権者又は債務者に対する意思表示によってする（民法409条1項）。Dは、A又はBのいずれかに対して選択の意思表示をすれば足り、両者にする必要はない。よって、本肢は誤り。

●第2編 令和3年度（10月試験）本試験問題

借地借家法（借地）

問166

Aは，所有している甲土地につき，Bとの間で建物所有を目的とする賃貸借契約（以下この問において「借地契約」という。）を締結する予定であるが，期間が満了した時点で，確実に借地契約が終了するようにしたい。この場合に関する次の記述のうち，借地借家法の規定によれば，誤っているものはどれか。

❶ 事業の用に供する建物を所有する目的とし，期間を60年と定める場合には，契約の更新や建物の築造による存続期間の延長がない旨を書面で合意すれば，公正証書で合意しなくても，その旨を借地契約に定めることができる。

❷ 居住の用に供する建物を所有することを目的とする場合には，公正証書によって借地契約を締結するときであっても，期間を20年とし契約の更新や建物の築造による存続期間の延長がない旨を借地契約に定めることはできない。

❸ 居住の用に供する建物を所有することを目的とする場合には，借地契約を書面で行えば，借地権を消滅させるため，借地権の設定から20年が経過した日に甲土地上の建物の所有権を相当の対価でBからAに移転する旨の特約を有効に定めることができる。

❹ 借地契約がBの臨時設備の設置その他一時使用のためになされることが明らかである場合には，期間を5年と定め，契約の更新や建物の築造による存続期間の延長がない旨を借地契約に定めることができる。

（本試験2021年10月問11出題）

正解肢 3

合格者正解率 —
不合格者正解率 —
受験者正解率 44.1%

☆❶ 正 存続期間を50年以上として借地権を設定する場合においては、公正証書による等書面によって、契約の更新及び建物の築造による存続期間の延長がないこととする旨を定めることができる（借地借家法22条）。この合意は書面ですればよく、公正証書による必要はない。よって、本肢は正しい。なお、本肢は「事業の用に供する」としているが、事業用定期借地権は、存続期間を30年以上50年未満として設定する必要があるので、期間を60年とする本肢で事業用定期借地権を考える必要はない。 ステップ105

☆❷ 正 契約の更新や建物の築造による存続期間の延長がない旨を定める方法として「定期借地権」、「事業用定期借地権」、「建物譲渡特約付借地権」の設定が考えられるが、「定期借地権」は期間を50年以上とする必要があり、「事業用定期借地権」は居住の用に供する建物に設定することはできず、「建物譲渡特約付借地権」は期間を30年以上とする必要があることからいずれも認められない（借地借家法22条、23条1項かっこ書、24条1項）。よって、本肢は正しい。 ステップ105

❸ 誤 本肢のような特約は、期間が30年以上であることを要する。 ステップ105

借地権の消滅を内容とする建物譲渡特約付借地権契約は、契約期間が30年以上であることを要する（借地借家法24条1項）。よって、本肢は誤りであり、本問の正解肢となる。

☆❹ 正 本肢のように臨時設備の設置その他一時使用のために借地権を設定したことが明らかな場合には、存続期間の更新（延長）等に関する借地借家法の規定が適用されず、民法が適用される（借地借家法25条）。そして、民法では、本肢のような契約を締結することは自由である（民法604条1項）。よって、本肢は正しい。 ステップ100

●第2編 令和3年度（10月試験）本試験問題

借地借家法（借家）

問167

Aを賃貸人、Bを賃借人とする甲建物の賃貸借契約（以下この問において「本件契約」という。）が令和3年7月1日に締結された場合に関する次の記述のうち、民法及び借地借家法の規定並びに判例によれば、正しいものはどれか。

❶ 本件契約について期間の定めをしなかった場合、AはBに対して、いつでも解約の申入れをすることができ、本件契約は、解約の申入れの日から3月を経過することによって終了する。

❷ 甲建物がBに引き渡された後、甲建物の所有権がAからCに移転した場合、本件契約の敷金は、他に特段の合意がない限り、BのAに対する未払賃料債務に充当され、残額がCに承継される。

❸ 甲建物が適法にBからDに転貸されている場合、AがDに対して本件契約が期間満了によって終了する旨の通知をしたときは、建物の転貸借は、その通知がされた日から3月を経過することによって終了する。

❹ 本件契約が借地借家法第38条の定期建物賃貸借契約で、期間を5年、契約の更新がない旨を定めた場合、Aは、期間満了の1年前から6月前までの間に、Bに対し賃貸借が終了する旨の通知をしなければ、従前の契約と同一条件で契約を更新したものとみなされる。

（本試験 2021 年 10 月問 12 出題）

正解肢 2

受験者正解率 **46.7%**

☆❶ 誤 解約申入れの日から6カ月を経過することによって終了する。

　期間の定めのない建物賃貸借は、賃貸人から賃借人に解約の申入れがあった場合、正当事由のある場合に限って、解約申入れの日から「6カ月」の経過によって終了する（借地借家法27条1項, 28条）。解約申入れの日から「3カ月」ではない。よって、本肢は誤り。

❷ 正　賃貸不動産が譲渡され、賃貸人たる地位が譲渡人（旧賃貸人）から譲受人（新賃貸人）に移転した場合、敷金の返還に係る債務は譲受人が承継する（民法605条の2第4項）。この場合、譲渡人（旧賃貸人）に対する賃借人の未払賃料債務があるときは、まず当該未払賃料債務に充当され、その残額が譲受人（新賃貸人）に移転する（判例）。よって、本肢は正しく、本問の正解肢となる。

☆❸ 誤 通知をした日から6カ月を経過することによって終了する。

　建物の賃貸借が期間の満了によって終了するときは、建物の賃貸人は、建物の転借人にその旨の通知をすれば、その終了を建物の転借人に対抗することができ、その通知がされた日から「6カ月」経過後に転貸借が終了する（借地借家法34条1項, 2項）。通知がされた日から「3カ月」ではない。よって、本肢は誤り。

☆❹ 誤　終了を対抗できないのであって、更新されるわけでない。

　定期建物賃貸借であっても、その期間が1年以上である場合には、建物の賃貸人は、期間の満了の1年前から6カ月前までの間に建物の賃借人に対し期間の満了により建物の賃貸借が終了する旨の通知をしなければ、その終了を建物の賃借人に対抗することができない（借地借家法38条4項本文）。通知をしないと従前の契約と同一条件で契約を更新したものとみなされるわけでない。よって、本肢は誤り。なお、建物の賃貸人が上記の通知期間が経過した後に建物の賃借人に対し通知をした場合、その通知の日から4カ月を経過した後は終了を対抗することができる（借地借家法38条4項但書）。

●第2編 令和3年度（10月試験）本試験問題

建物区分所有法

問168

建物の区分所有等に関する法律（以下この問において「法」という。）に関する次の記述のうち，誤っているものはどれか。

❶ 法又は規約により集会において決議をすべき場合において，区分所有者が1人でも反対するときは，集会を開催せずに書面によって決議をすることはできない。

❷ 形状又は効用の著しい変更を伴う共用部分の変更については，区分所有者及び議決権の各4分の3以上の多数による集会の決議で決するものであるが，規約でこの区分所有者の定数を過半数まで減ずることができる。

❸ 敷地利用権が数人で有する所有権その他の権利である場合には，規約に別段の定めがあるときを除いて，区分所有者は，その有する専有部分とその専有部分に係る敷地利用権とを分離して処分することができない。

❹ 各共有者の共用部分の持分は，規約に別段の定めがある場合を除いて，その有する専有部分の床面積の割合によるが，この床面積は壁その他の区画の中心線で囲まれた部分の水平投影面積である。

（本試験 2021 年 10 月問 13 出題）

❶ 正 集会において決議をすべき場合において、区分所有者全員の承諾があるときは、書面又は電磁的方法による決議をすることができる（区分所有法45条1項）。全員の承諾が必要であることから、1人でも反対するときは、集会を開催せずに書面によって決議をすることはできない。よって、本肢は正しい。

☆❷ 正 形状又は効用の著しい変更を伴う共用部分の変更（重大変更）は、区分所有者及び議決権の各4分の3以上の多数による集会の決議で決するものであるが、この区分所有者の定数は、規約で過半数まで減ずることができる（区分所有法17条1項）。よって、本肢は正しい。

☆❸ 正 敷地利用権が数人で有する所有権その他の権利である場合には、規約に別段の定めがあるときを除き、区分所有者は、その有する専有部分とその専有部分に係る敷地利用権とを分離して処分することができない（区分所有法22条1項）。よって、本肢は正しい。

☆❹ 誤 「中心線」ではなく「内側線」である。

各共有者の持分は、規約に別段の定めがある場合を除き、その有する専有部分の床面積の割合によるが、その床面積は、壁その他の区画の「内側線」で囲まれた部分の水平投影面積による（区分所有法14条3項）。「中心線」ではない。よって、本肢は誤りであり、本問の正解肢となる。

●第2編 令和3年度（10月試験）本試験問題

不動産登記法

問169 不動産の登記に関する次の記述のうち，不動産登記法の規定によれば，正しいものはどれか。

❶ 所有権の登記の抹消は，所有権の移転の登記がある場合においても，所有権の登記名義人が単独で申請することができる。

❷ 登記の申請をする者の委任による代理人の権限は，本人の死亡によって消滅する。

❸ 法人の合併による権利の移転の登記は，登記権利者が単独で申請することができる。

❹ 信託の登記は，受託者が単独で申請することができない。

(本試験 2021 年 10 月問 14 出題)

正解肢 3

受験者正解率 **62.6%**

❶ 誤　所有権の移転登記がない場合に限り単独で抹消できる。

　権利に関する登記の申請は、原則として、登記権利者及び登記義務者が共同してしなければならない（共同申請主義、不登法60条）。しかし、所有権の登記の抹消は、所有権の移転の登記がない場合（所有権の保存の登記の場合）に限り、所有権の登記名義人が単独で申請することができる（不登法77条）。したがって、所有権の移転の登記がなされている場合には、当該所有権の登記の抹消は、原則どおり、登記権利者及び登記義務者が共同して申請しなければならない。よって、本肢は誤り。

11-4-3

☆❷ 誤　本人の死亡によっては消滅しない。

　登記の申請をする者の委任による代理人の権限は、本人の死亡によって消滅しない（不登法17条1号）。よって、本肢は誤り。

11-4-1

☆❸ 正　法人の合併による権利の移転の登記は、登記権利者が単独で申請することができる（不登法63条2項）。よって、本肢は正しく、本問の正解肢となる。

ステップ52

❹ 誤　受託者が単独で申請できる。

　信託の登記は、受託者が単独で申請することができる（不登法98条2項）。よって、本肢は誤り。

出る順宅建士シリーズ
2022年版
出る順宅建士 ウォーク問 過去問題集　■1 権利関係

1988年 8月24日	第 1 版　第 1 刷発行
2021年12月20日	第35版　第 1 刷発行

　　　　　　　編著者●株式会社　東京リーガルマインド
　　　　　　　　　　　LEC総合研究所　宅建士試験部

　　発行所●株式会社　東京リーガルマインド
　　　　　〒164-0001　東京都中野区中野4-11-10
　　　　　　　　　　　アーバンネット中野ビル
　　　　　LECコールセンター　☎ 0570-064-464
　　　　　　　　　　受付時間　平日9:30～20:00／土・祝10:00～19:00／日10:00～18:00
　　　　　　　　　　※このナビダイヤルは通話料お客様ご負担となります。
　　　　　書店様専用受注センター　TEL 048-999-7581／FAX 048-999-7591
　　　　　　　　　　受付時間　平日9:00～17:00／土・日・祝休み
　　　　　www.lec-jp.com/

　　　　　　　カバーデザイン●ブルーデザイン有限会社
　　　　　　　本文デザイン●エー・シープランニング　千代田　朗
　　　　　　　本文イラスト●髙橋　雅彦
　　　　　　　印刷・製本●倉敷印刷株式会社

©2021 TOKYO LEGAL MIND K.K., Printed in Japan　　　　　　ISBN978-4-8449-9720-7
複製・頒布を禁じます。

本書の全部または一部を無断で複製・転載等することは、法律で認められた場合を除き、著作者及び出版者の権利侵害になりますので、その場合はあらかじめ弊社あてに許諾をお求めください。
なお、本書は個人の方々の学習目的で使用していただくために販売するものです。弊社と競合する営利目的での使用等は固くお断りいたしております。
落丁・乱丁本は、送料弊社負担にてお取替えいたします。出版部（TEL03-5913-6336）までご連絡ください。

宅建士 LEC渾身の書籍ラインナップ

インプット&アウトプットの "リンク学習"で効率的に合格しよう

ゼロから一気に合格したい！
宅建士 合格の トリセツ

テキストはオールカラー&イラスト図解&やさしい文章でスラスラ学べる

完全リンク

基本テキスト 　**基本問題集** 　**頻出 一問一答式 過去問題集（仮題）**
（2022年4月発刊予定）

購入特典 基本テキストには ★無料講義動画20本 ★スマホ対応一問一答

自信満々に合格したい！
出る順 宅建士 シリーズ

試験範囲を全網羅！詳しい解説で難問にも打ち勝つ合格力を身につける

完全リンク

第①巻：権利関係
第②巻：宅建業法
第③巻：法令上の制限・税・その他

合格テキスト 全3巻 　**ウォーク問 過去問題集 全3巻**

購入特典 ウォーク問過去問題集には 最新12月試験問題&解説 ダウンロード

| 試験日 | 例年10月第3日曜日 | 受験申込期間：例年7月上旬～下旬
※最新情報は試験指定機関HPをご確認ください。 |

直前期！本試験形式の演習で試験対策を万全に！

過去30年良問厳選問題集
(2022年4月発刊予定)

リンク 合格テキスト

当たる！直前予想模試
(2022年6月発刊予定)

購入特典 当たる！直前予想模試には
WEB無料解説動画4回分＆無料採点サービス
順位や平均点・偏差値が一目瞭然

短期学習に特化したテキスト

ウォーク問 過去問題集

リンク

どこでも宅建士 とらの巻 短期決戦型 速習テキスト
(2022年5月発刊予定)

付録 試験当日まで使える別冊暗記集「とらの子」

アプリ＆オーディオブックで効率学習

 合格テキスト

一問一答 ○×1000肢問題集 赤シート付き
(2022年1月発刊予定)

購入特典 スマホで学べるアプリ

・合格テキスト
・とらの巻

逆解き式！最重要ポイント555 赤シート付き
(2022年4月発刊予定)

購入特典 オーディオブック

※特典の名称や書籍のタイトル・表紙・デザイン・内容・発刊予定等は、実際と異なる場合がございます。予めご了承ください。

基礎から万全!「合格のトレーニングメニュー」を完全網羅!

プレミアム合格フルコース 全78回

スーパー合格講座 (34回×2.5h)	出た順必勝 総まとめ講座 (12回×2.5h)	とにかく6点アップ! 直前かけこみ講座 (2回×2h)
分野別! コレだけ演習 総まとめ講座 (3回×3.5h)	究極のポイント300 攻略講座 (3回×2h)	全日本宅建公開模試 基礎編(2回) 実戦編(3回)
マスター演習講座 (15回×2.5h)	試験に出るトコ 大予想会 (3回×2h)	ファイナル模試 (1回)

※講座名称は変更となる場合がございます。予めご了承ください。

受講形態

通学クラス　　　**通信クラス**

● 各受講スタイルのメリット

通学 各本校での生講義が受講できます。講師に直接質問したい方、勉強にリズムを作りたい方にオススメ!

通信 Web通信動画はPC以外にもスマートフォンやタブレットでも視聴可能。シーンに応じた使い分けで学習効率UP。

内容 「スーパー合格講座」では合格に必要な重要必須知識を理解・定着させることを目標とします。講師が、難しい専門用語を極力使わず、具体例をもって分かりやすく説明します。「分野別! これだけ演習総まとめ講座」ではスーパー合格講座の分野終了時に演習を行いながら総まとめをします。WebまたはDVDでの提供となりますので進捗にあわせていつでもご覧いただけます。「マスター演習講座」では、スーパー合格講座で学んだ内容を、○×式の演習課題を実際に解きながら問題の解き方をマスターし、重要知識の定着をさらに進めていきます。「出た順必勝総まとめ講座」は、過去の本試験問題のうち、合格者の正答率の高い問題を題材にして、落としてはならない論点を実際に解きながら総復習します。最後に、「全日本公開模試・ファイナル模試」で本試験さながらの演習トレーニングを受けて、その後の直前講座で実力の総仕上げをします。

対象者
・初めて宅建の学習を始める方
・何を勉強すればよいか分からず不安な方

● **受講料**

受講形態	一般価格(税込)
通信・Web動画+スマホ+音声DL	154,000円
通信・DVD	170,500円
通学・フォロー(Web動画+スマホ+音声DL)付	181,500円

詳細はLEC宅建サイトをご覧ください
⇒ http://www.lec-jp.com/takken/

圧倒的な演習量を誇るリベンジ講座に徹底復習のための基礎講座をプラスアルファ！

再チャレンジ合格フルコース

学習経験者専用コース

＋スーパー合格講座　全73回

スーパー合格講座 (34回×2.5h)	総合実戦答練 (3回×4h)	全日本宅建公開模試 基礎編(2回) 実戦編(3回)
ハイレベル合格講座 (18回×3h)	直前バックアップ 総まとめ講座 (3回×3h)	ファイナル模試 (1回)
分野別ベーシック答練 (6回×3h)	過去問対策 ナビゲート講座 (2回×3h)	ラスト1週間の 重要ポイント見直し講座 (1回×3h)

※講座名称は変更となる場合がございます。予めご了承ください。

受講形態

通学クラス

通信クラス

● **各受講スタイルのメリット**

通学 各本校での生講義が受講できます。講師に直接質問したい方、勉強にリズムを作りたい方にオススメ！

通信 Web通信動画はPC以外にもスマートフォンやタブレットでも視聴可能。シーンに応じた使い分けで学習効率UP。

内容　「スーパー合格講座」で徹底的に基礎知識を復習し、あやふやな部分を取り除きましょう。「ハイレベル合格講座」と2種類の答練を並行学習することで最新の出題パターンと解法テクニックを習得します。さらに4肢択一600問(模試6回+答練9回)という業界トップクラスの演習量があなたを合格に導きます。

対象者
・基礎から学びなおしてリベンジしたい方
・テキストの内容は覚えたのに過去問が解けない方

● **受講料**

受講形態	一般価格(税込)
通信・Web動画＋スマホ＋音声DL	148,500円
通信・DVD	165,000円
通学・フォロー(Web動画＋スマホ＋音声DL)付	176,000円

詳細はLEC宅建サイトをご覧ください
⇒ http://www.lec-jp.com/takken/

「とら」+「模試」が効く!
5月〜8月に始める方のための
短期集中講座ラインナップ

合格まで全力疾走できる短期合格目標コース
ウルトラ合格フルコース <全48回>

- ウルトラ速習35時間完成講座 (15回×2.5h)
- 出た順必勝総まとめ講座 (12回×2.5h)
- とにかく6点アップ!直前かけこみ講座 (2回×2h)
- 短期合格を目指す宅建スタートダッシュ講座 (3回×2.5h)
- 究極のポイント300攻略講座 (3回×2h)
- 全日本宅建公開模試 (実戦編3回)
- ウルトラ演習解きまくり講座 (6回×2.5h)
- 試験に出るトコ大予想会 (3回×2h)
- ファイナル模試 (1回)

<講座内容>

5月以降に学習を始めて今年の宅建士試験に合格するためには、めったに出題されない論点や他の受験生が得点できない論点を思い切って切り捨てることが必要です。LECは、過去の出題傾向・正解率データをもとに、膨大な論点をダウンサイジングし、「合格に必要な知識」に絞り込みました。この「合格に必要な知識」を何度も繰り返し学習することで、「引っ掛け問題」や「受験生心理を揺さぶる問題」にも対応できる「合格力」が身につきます。合格まで一気に駆け抜けましょう。

- ①短期合格を目指す宅建スタートダッシュ講座⇒しっかり入門!
- ②ウルトラ速習35時間完成講座⇒短期学習の決定版!
- ③ウルトラ演習解きまくり講座⇒習得した知識を"使える"知識へ
- ④出た順必勝総まとめ講座⇒出た順で知識を総まとめ
- ⑤全日本宅建公開模試⇒自分の弱点を発見・克服する
- ⑥究極のポイント300攻略講座⇒○×チェック
- ⑦試験に出るトコ大予想会⇒本試験予想
- ⑧とにかく6点アップ!かけこみ講座⇒超直前!
- ⑨ファイナル模試⇒最後の予想模試

詳細はLEC宅建ホームページまたはコールセンターまで

<別売テキスト(税込)>

2022どこでも宅建士とらの巻	定価2,420円	
2022ウォーク問過去問題集 ❶権利関係	定価1,760円	
❷宅建業法	定価1,760円	
❸法令上の制限・税・その他	定価1,980円	合計4冊/7,920円

<受講料>

受講形態	一般価格(税込)
通信・Web動画+スマホ+音声DL	110,000円
通学・フォロー(Web動画+スマホ+音声DL)付	121,000円

※通信DVDもございます。また、通学・提携校通学の詳細はLEC宅建サイトをご覧ください。
※上記の内容は発行日現在のものであり、事前の予告なく変更する場合がございます。あらかじめご了承ください。

詳細はLEC宅建サイトをご覧ください ⇒ http://www.lec-jp.com/takken/

○×チェックでスピーディーにまとめる!

究極のポイント300攻略講座 全3回 <通学/通信>

内容 合格のためには、知識を確実に身につけなければなりません。試験直前期には、その知識をより確実なものにする必要があります。この講座では、「合格に必要な知識」をさらに精錬した究極の300のポイントを示し、知識の再確認をします。

こんな人にオススメです
・合格に必要な知識を確実にし、合格を不動のものにしたい方
・直前期の勉強法に悩んでいる方

使用教材
究極のポイント300攻略講座
オリジナルテキスト(受講料込)

受講料

受講形態	一般価格(税込)	講座コード
通信・Web動画+スマホ+音声DL	14,300円	TB22571

※通学・通信DVDなどその他受講形態もございます。詳しくはLEC宅建ホームページをご覧ください。

今年も当てます!本試験!!

試験に出るトコ大予想会 全3回 <通学/通信>

内容 過去問の徹底分析に基づき、LEC宅建講師陣が総力をあげて2022年度の宅建士試験に「出るトコ」を予想する講座です。復習必要度の高い重要論点ばかりで問題が構成されています。2022年度の宅建士試験合格を、より確実なものにできます。

こんな人にオススメです
・今年の宅建本試験に何がなんでも合格したい方
・一発逆転を狙う方
・2021年度宅建本試験にあと一歩だった方

使用教材
試験に出るトコ大予想会
オリジナルテキスト(受講料込)

受講料

受講形態	一般価格(税込)	講座コード
通信・Web動画+スマホ+音声DL	14,300円	TB22576

※通学・通信DVDなどその他受講形態もございます。詳しくはLEC宅建ホームページをご覧ください。

本試験前日の超直前講座!

とにかく6点アップ!直前かけこみ講座 全2回 <通学/通信>

内容 2022年度宅建士試験は10月16日(日)に実施されます(予定)。本講座は、その前日、10月15日(土)に行います。本試験前日ともなると、なかなか勉強が手につかないもの。やり残した細かい所が気になってしまうのも受験生の心理でしょう。そんなときこそ、当たり前のことを落ち着いて勉強することが重要です。本講座で重要ポイントをチェックして、本試験に臨んでください。

こんな人にオススメです
・本試験に向けて最後の総まとめをしたい方
・最後の最後に合格を確実にしたい方

使用教材
とにかく6点アップ!直前かけこみ講座
オリジナルテキスト(受講料込)

受講料

受講形態	一般価格(税込)	講座コード
通信・Web動画+スマホ+音声DL	7,150円	TB22565

※通学・通信DVDなどその他受講形態もございます。詳しくはLEC宅建ホームページをご覧ください。

※上記の内容は発行日現在のものであり、事前の予告なく変更する場合がございます。あらかじめご了承ください。

■お電話での講座に関するお問い合わせ(平日9:30~20:00 土・祝10:00~19:00 日10:00~18:00)

LECコールセンター ☎0570-064-464

※このナビダイヤルは通話料お客様ご負担となります。
※固定電話・携帯電話共通(一部のPHS・IP電話からもご利用可能)。

全国のライバルと真剣勝負!

2022 全日本宅建公開模試 (全5回)

多くの受験者数を誇るLECの全日本宅建公開模試。個人成績表で全国順位や偏差値、その時点での合格可能性が分かります。問題ごとに全受験生の正解率が出ますので、弱点を発見でき、その後の学習に活かせます。

基礎編(2回) 試験時間 2時間(50問)

内容 本試験の時期に近づけば近づくほど瑣末な知識に目が奪われがちなもの。そのような時期だからこそ、過去に繰り返し出題されている重要論点の再確認を意識的に行うことが大切になります。「基礎編」では、合格するために不可欠な重要論点の知識の穴を発見できるとともに、直前1ヶ月の学習の優先順位を教えてくれます。

対象者 全宅建受験生

実戦編(3回) 試験時間 2時間(50問)

内容 本試験と同じ2時間で50問解くことで、今まで培ってきた知識とテクニックが、確実に習得できているかどうかを最終チェックします。「実戦編」は可能な限り知識が重ならないように作られています。ですから、1回の公開模試につき200の知識(4肢×50問)、3回全て受けると600の知識の確認ができます。各問題の正解率データを駆使して効率的な復習をし、自分の弱点を効率よく克服しましょう。

対象者 全宅建受験生

● 実施スケジュール(一例)

			会場受験		
			水曜クラス	土曜クラス	日曜クラス
実施日	基礎編	第1回	7/20(水)	7/23(土)	7/24(日)
		第2回	8/ 3(水)	8/ 6(土)	8/ 7(日)
	実戦編	第1回	8/24(水)	8/27(土)	8/28(日)
		第2回	8/31(水)	9/ 3(土)	9/ 4(日)
		第3回	9/ 7(水)	9/10(土)	9/11(日)

※成績発表は、「Score Online(Web個人成績表)」にて行います。成績表の送付をご希望の方は、別途、成績表送付オプションをお申込みください。

● 実施校(予定)

新宿エルタワー・渋谷駅前・池袋・水道橋・立川・町田・横浜・千葉・大宮・新潟・水戸見川・梅田駅前・京都駅前・神戸・難波駅前・福井南・和歌山駅前・札幌・仙台・静岡・名古屋駅前・富山・岡山・広島・山口・高松・福岡・那覇・金沢・松江殿町・長崎駅前

※現時点で実施が予定されているものです。実施校については変更の可能性がございます。
※実施曜日、実施時間については学校によって異なります。お申込み前に必ずお問合せください。

● 出題例

公開模試 実戦編 第3回 問3

【問 3】 Aの子BがAの代理人と偽って、Aの所有地についてCと売買契約を締結した場合に関する次の記述のうち、民法の規定及び判例によれば、誤っているものはどれか。
1 Cは、Bが代理権を有しないことを知っていた場合でも、Aに対し、追認するか否か催告することができる。
2 BがCとの間で売買契約を締結した後に、Bの死亡によりAが単独でBを相続した場合、Cは甲土地の所有権を当然に取得する。
3 AがBの無権代理行為を追認するまでの間は、Cは、Bが代理権を有しないことについて知らなかったのであれば、過失があっても、当該契約を取り消すことができる。
4 Aが追認も追認拒絶もしないまま死亡して、Bが単独でAを相続した場合、BはCに対し土地を引き渡さなければならない。

解答 2

■お電話での講座に関するお問い合わせ(平日9:30〜20:00 土・祝10:00〜19:00 日10:00〜18:00)

LECコールセンター 0570-064-464

※このナビダイヤルは通話料お客様ご負担となります。
※固定電話・携帯電話共通(一部のPHS・IP電話からもご利用可能)。

本試験対策の最終確認!

2022 ファイナル模試 1回

本試験の約3週間前に実施するファイナル模試。受験者が最も多く、しかもハイレベルな受験生が数多く参加します。学習の完成度を最終確認するとともに、合格のイメージトレーニングをしましょう。

内容 本試験直前に、毎年高い的中率を誇るLECの模試で、本試験対策の総まとめができる最後のチャンスです!例年、本試験直前期のファイナル模試は特に受験者も多く、しかもハイレベルな受験生が数多く結集します。実力者の中で今年の予想問題を解くことで、ご自身の本試験対策の完成度を最終確認し、合格をより確実なものにしましょう。

試験時間 2時間(50問)

対象者 全宅建受験生

● 実施スケジュール(一例)

	会場受験		
	水曜クラス	土曜クラス	日曜クラス
実施日	9/21(水)	9/24(土)	9/25(日)

※成績発表は、「ScoreOnline(Web個人成績表)」にて行います。成績表の送付をご希望の方は、別途、成績表送付オプションをお申込みください。
※自宅受験(Web解説)の場合、問題冊子・解説冊子・マークシート等の発送は一切ございません。Webページからご自身でプリントアウトした問題を見ながら、「Score Online」に解答入力をしてください。成績確認も「Score Online」になります。

● 実施校(予定)

新宿エルタワー・渋谷駅前・池袋・水道橋・立川・町田・横浜・千葉・大宮・新潟・水戸見川・梅田駅前・京都駅前・神戸・難波駅前・福井南・和歌山駅前・札幌・仙台・静岡・名古屋駅前・富山・岡山・広島・山口・高松・福岡・那覇・金沢・松江殿町・長崎駅前

※現時点で実施が予定されているものです。実施校については変更の可能性がございます。
※実施曜日、実施時間については学校によって異なります。お申込み前に必ずお問合せください。

● 出題例

【問 19】 建築基準法(以下この問において「法」という。)に関する次のアからエまでの記述のうち、誤っているものの組合せはどれか。
ア 建築物が防火地域及び準防火地域にわたる場合においては、原則として、その全部について防火地域内の建築物に関する規定を適用する。
イ 公衆便所、巡査派出所その他これらに類する公益上必要な建築物は、特定行政庁の許可を受けずに道路内に建築することができる。
ウ 容積率を算定する上では、共同住宅の共用の廊下及び階段部分は、当該共同住宅の延べ面積の3分の1を限度として、当該共同住宅の延べ面積に算入しない。
エ 商業地域内にある建築物については、法第56条の2第1項の規定による日影規制は、適用されない。ただし、冬至日において日影規制の対象区域内の土地に日影を生じさせる、高さ10mを超える建築物については、この限りでない。
1 ア、イ
2 ア、エ
3 イ、ウ
4 ウ、エ

解答 3

■お電話での講座に関するお問い合わせ(平日9:30~20:00 土・祝10:00~19:00 日10:00~18:00)
LECコールセンター 0570-064-464
※このナビダイヤルは通話料お客様に負担となります。
※固定電話・携帯電話共通(一部のPHS・IP電話からもご利用可能)。

夏以降の学習の指針に!

2022 宅建実力診断模試 【1回】

高い的中率を誇るLECの「宅建実力診断模試」を、お試し価格でご提供します。まだ学習の進んでいないこの時期の模試は、たくさん間違うことが目的。弱点を知り、夏以降の学習の指針にしてください。

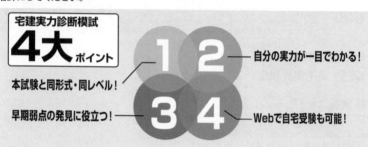

宅建実力診断模試 4大ポイント
1. 本試験と同形式・同レベル!
2. 自分の実力が一目でわかる!
3. 早期弱点の発見に役立つ!
4. Webで自宅受験も可能!

ねらい 本試験で自分の力を十分に発揮するためには、本試験の雰囲気や時間配分に慣れる必要があります。LECの実力診断模試は、本試験と全く同じ形式で行われるだけでなく、その内容も本試験レベルのものとなっています。早い時期に本試験レベルの問題に触れることで弱点を発見し、自分の弱点を効率よく克服しましょう。

試験時間 **2時間(50問)**

本試験と同様に50問の問題を2時間で解いていただきます。試験終了後、詳細な解説冊子をお配り致します(Web解説の方はWeb上での閲覧のみとなります)。また、ご自宅でWeb解説(1時間)をご覧いただけます。

対象者 **2022年宅建士試験受験予定の全ての方**
早期に力試しをしたい方

● **実施スケジュール**
6/8(水)～6/19(日)

スケジュール・受講料・実施校など詳細はLEC宅建ホームページをご覧下さい。

LEC宅建　検索

● **実施校(予定)**

新宿エルタワー・渋谷駅前・池袋・水道橋・立川・町田・横浜・千葉・大宮・水戸見川・梅田駅前・京都駅前・神戸・難波駅前・福井南・札幌・仙台・静岡・名古屋駅前・富山・金沢・岡山・広島・福岡・長崎駅前・那覇

※現時点で実施が予定されているものです。実施校については変更の可能性がございます。
※実施曜日、実施時間については学校によって異なります。お申込み前に必ずお問合せください。

● **出題例**

実力診断模試　問31

【問 31】　宅地建物取引業者Aが、Bの所有する宅地の売却の媒介の依頼を受け、Bと専属専任媒介契約(以下この問において「媒介契約」という。)を締結した場合に関する次の特約のうち、宅地建物取引業法の規定によれば、無効となるものはいくつあるか。
ア　媒介契約の有効期間を6週間とする旨の特約
イ　Aがその業務の処理状況を毎日定時に報告する旨の特約
ウ　媒介契約の有効期間が満了した場合、Bの更新拒絶の申出がなければ、媒介契約は自動的に更新したものとみなされるとする旨の特約
エ　当該宅地を国土交通大臣が指定する流通機構に登録しないこととする旨の特約
1　一つ
2　二つ
3　三つ
4　四つ

解答　2　(ア:有効、イ:有効、ウ:無効、エ:無効)

あなたの実力・弱点が明確にわかる!

公開模試・ファイナル模試成績表

ご希望の方のみ模試の成績表を送付します(有料)。

LECの成績表はココがすごい!

その① 正解率データが一目で分かる「総合成績表」で効率的に復習できる!
その② 自己分析ツールとしての「個人成績表」で弱点の発見ができる!
その③ 復習重要度が一目で分かる「個人成績表」で重要問題を重点的に復習できる!

■総合成績表

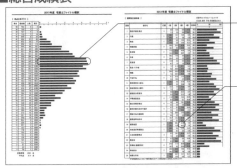

宅建士試験は競争試験です。
最も人数が多く分布している点数のおよそ2〜3点上が合格ラインとなります。
復習必要度aランクの肢はもちろん、合否を分けるbランクの肢も確実にしましょう。

ひっかけの肢である選択肢3を正解と判断した人が半数近くもいます。
ひっかけは正解肢よりも前にあることが多いです。早合点に注意しましょう。

■個人成績表

分野別の得点率が一目でわかるようにレーダーチャートになっています。

現時点での評価と、それを踏まえての今後の学習指針が示されます。

全受験生の6割以上が正解している肢です。
合否に影響するので復習が必要です。

全受験生のほとんどが間違った肢です。
合否には直接影響しません。深入りは禁物です。

講座及び受講料に関するお問い合わせは下記フリーダイヤルへ

LECコールセンター
☎ **0570-064-464** (平日9:30〜20:00 土・祝10:00〜19:00 日10:00〜18:00)

※このナビダイヤルは通話料お客様ご負担となります。
※固定電話・携帯電話共通(一部のPHS・IP電話からもご利用可能)。

LEC宅建登録実務講習のご案内

登録実務講習実施機関登録番号(6)第2号

宅建士は士業! 宅建の価値を上げるのはあなたの宅建士登録!

宅建登録実務講習とは

宅建登録実務講習とは、直近10年以内の実務経験が2年未満の方が宅地建物取引士登録をするために受講・修了が必要となる講習のことです。

試験合格から宅地建物取引士証交付までの流れ

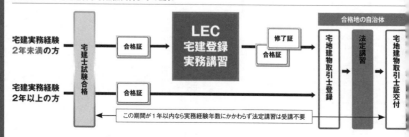

【LEC宅建登録実務講習の流れ】

【申込書入手方法】

申込書は下記の方法で入手可能です!
① https://personal.lec-jp.com/request/ より資料請求。
② お近くのLEC本校へ来校。
③ LEC宅建登録実務講習ホームページよりPDFをプリントアウト。
④ 宅建講習専用ダイヤルへ問合せ。

スクーリングクラスには定員がございますので、お早めのお申込みをオススメします!

法定講習免除ルートで宅建士登録申請したい…

就職前の年度末までに修了証が欲しい… 今から間に合う!?

ひとまずLECをあたってみ

2021年LEC登録実務講習修了率 99.9%以上！

※申込者数ではなく受講者数を基に算出しています。
また、不合格となった場合は1回のみ再受験が可能であり、
再受験された方については、2回目の結果のみ反映しています。

LEC宅建登録実務講習の特長

★無料再受講制度
万一修了試験が不合格でも、無料再受講制度(1回)により救済！(LEC登録実務講習**修了率は例年99%**を超えています)

★Web申込で一歩も外出せず申込完了
Web申込であれば、本来郵送が必要な提出物もデータ添付すれば申込完了。さらに希望日の座席が確保されます。

圧倒的なスクーリングクラスバリエーション

働く合格者が会社を休まず、休日を使わず受講できるLECならではのスクーリング！

★**2日間〈週またぎ〉クラス**(実施校限定) 連休が取れない方、週1日はオフを取りたい方に！

★**2日間〈連日〉クラス**(通常クラス) 全国24拠点で**550クラス**実施予定

★**短期集中1日クラス**(実施校限定) 多忙な社会人の方でも**会社を休まず**受講できる短期集中クラス！

★**修了証即日発行クラス** 札幌・仙台・中野・静岡・名古屋・京都・梅田・広島・福岡 一部日程で実施予定

[販売価格] **22,000円**(税込)

Web・LEC本校・郵送にて申込受付中！

◎合格発表前に申込まれる場合、合格証書コピーの提出は合格発表日以降で結構です

[LEC宅建講習専用ダイヤル] **0120-092-556** (携帯・PHSからは) 03-5913-6310
(受付時間／10:00～17:00)

[LEC宅建登録実務講習ホームページ] www.lec-jp.com/takken/kouza/jitsumu/

LEC 登録実務 ◀ 検索

LEC Webサイト ▷▷ www.lec-jp.com/

情報盛りだくさん！

資格を選ぶときも、
講座を選ぶときも、
最新情報でサポートします！

≫最新情報
各試験の試験日程や法改正情報、対策講座、模擬試験の最新情報を日々更新しています。

≫資料請求
講座案内など無料でお届けいたします。

≫受講・受験相談
メールでのご質問を随時受付けております。

≫よくある質問
LECのシステムから、資格試験についてまで、よくある質問をまとめました。疑問を今すぐ解決したいなら、まずチェック！

≫書籍・問題集（LEC書籍部）
LECが出版している書籍・問題集・レジュメをこちらで紹介しています。

充実の動画コンテンツ！

ガイダンスや講演会動画、
講義の無料試聴まで
Webで今すぐCheck！

≫動画視聴OK
パンフレットやWebサイトを見てもわかりづらいところを動画で説明。いつでもすぐに問題解決！

≫Web無料試聴
講座の第1回目を動画で無料試聴！気になる講義内容をすぐに確認できます。

スマートフォン・タブレットからはQRコードでのアクセスが便利です。 ▷▷▷

自慢のメールマガジン配信中！（登録無料）

LEC講師陣が毎週配信！ 最新情報やワンポイントアドバイス、改正ポイントなど合格に必要な知識をメールにて毎週配信。

www.lec-jp.com/mailmaga/

LEC E学習センター

新しい学習メディアの導入や、Web学習の新機軸を発信し続けています。また、LECで販売している講座・書籍などのご注文も、いつでも可能です。

online.lec-jp.com/

LEC電子書籍シリーズ

LECの書籍が電子書籍に！ お使いのスマートフォンやタブレットで、いつでもどこでも学習できます。

※動作環境・機能につきましては、各電子書籍ストアにてご確認ください。

www.lec-jp.com/ebook/

LEC書籍・問題集・レジュメの紹介サイト LEC書籍部 www.lec-jp.com/system/book/

LECが出版している書籍・問題集・レジュメをご紹介	当サイトから書籍などの直接購入が可能（*）
書籍の内容を確認できる「チラ読み」サービス	発行後に判明した誤字等の訂正情報を公開

＊商品をご購入いただく際は、事前に会員登録（無料）が必要です。
＊購入金額の合計・発送する地域によって、別途送料がかかる場合がございます。

※資格試験によっては実施していないサービスがありますので、ご了承ください。

LEC全国学校案内

＊講座のお問合せ、受講相談は最寄りのLEC各校へ

LEC本校

■北海道・東北

札 幌本校 ☎011(210)5002
〒060-0004 北海道札幌市中央区北4条西5-1 アスティ45ビル

仙 台本校 ☎022(380)7001
〒980-0021 宮城県仙台市青葉区中央3-4-12
仙台ＳＳスチールビルⅡ

■関東

渋谷駅前本校 ☎03(3464)5001
〒150-0043 東京都渋谷区道玄坂2-6-17 渋東シネタワー

池 袋本校 ☎03(3984)5001
〒171-0022 東京都豊島区南池袋1-25-11 第15野萩ビル

水道橋本校 ☎03(3265)5001
〒101-0061 東京都千代田区神田三崎町2-2-15 Daiwa三崎町ビル

新宿エルタワー本校 ☎03(5325)6001
〒163-1518 東京都新宿区西新宿1-6-1 新宿エルタワー

早稲田本校 ☎03(5155)5501
〒162-0045 東京都新宿区馬場下町62 三朝庵ビル

中 野本校 ☎03(5913)6005
〒164-0001 東京都中野区中野4-11-10 アーバンネット中野ビル

立 川本校 ☎042(524)5001
〒190-0012 東京都立川市曙町1-14-13 立川MKビル

町 田本校 ☎042(709)0581
〒194-0013 東京都町田市原町田4-5-8 町田イーストビル

横 浜本校 ☎045(311)5001
〒220-0004 神奈川県横浜市西区北幸2-4-3 北幸GM21ビル

千 葉本校 ☎043(222)5009
〒260-0015 千葉県千葉市中央区富士見2-3-1 塚本大千葉ビル

大 宮本校 ☎048(740)5501
〒330-0802 埼玉県さいたま市大宮区宮町1-24 大宮GSビル

■東海

名古屋駅前本校 ☎052(586)5001
〒450-0002 愛知県名古屋市中村区名駅4-6-23 第三堀内ビル

静 岡本校 ☎054(255)5001
〒420-0857 静岡県静岡市葵区御幸町3-21 ペガサート

■北陸

富 山本校 ☎076(443)5810
〒930-0002 富山県富山市新富町2-4-25 カーニープレイス富山

■関西

梅田駅前本校 ☎06(6374)5001
〒530-0013 大阪府大阪市北区茶屋町1-27 ABC-MART梅田ビル

難波駅前本校 ☎06(6646)6911
〒542-0076 大阪府大阪市中央区難波4-7-14 難波フロントビル

京都駅前本校 ☎075(353)9531
〒600-8216 京都府京都市下京区東洞院通七条下ル2丁目
東塩小路町680-2 木村食品ビル

京 都本校 ☎075(353)2531
〒600-8413 京都府京都市下京区烏丸通仏光寺下ル
大政所町680-1 第八長谷ビル

神 戸本校 ☎078(325)0511
〒650-0021 兵庫県神戸市中央区三宮町1-1-2 三宮セントラルビル

■中国・四国

岡 山本校 ☎086(227)5001
〒700-0901 岡山県岡山市北区本町10-22 本町ビル

広 島本校 ☎082(511)7001
〒730-0011 広島県広島市中区基町11-13 合人社広島紙屋町アネクス

山 口本校 ☎083(921)8911
〒753-0814 山口県山口市吉敷下東 3-4-7 リアライズⅢ

高 松本校 ☎087(851)3411
〒760-0023 香川県高松市寿町2-4-20 高松センタービル

松 山本校 ☎089(961)1333
〒790-0003 愛媛県松山市三番町7-13-13 ミツネビルディング

■九州・沖縄

福 岡本校 ☎092(715)5001
〒810-0001 福岡県福岡市中央区天神4-4-11 天神ショッパーズ福岡

那 覇本校 ☎098(867)5001
〒902-0067 沖縄県那覇市安里2-9-10 丸姫産業第2ビル

■EYE関西

EYE 大阪本校 ☎06(7222)3655
〒530-0013 大阪府大阪市北区茶屋町1-27 ABC-MART梅田ビル

EYE 京都本校 ☎075(353)2531
〒600-8413 京都府京都市下京区烏丸通仏光寺下ル
大政所町680-1 第八長谷ビル

【LEC公式サイト】www.lec-jp.com/ QRコードからかんたんアクセス！

LEC提携校

＊提携校はLECとは別の経営母体が運営をしております。
＊提携校は実施講座およびサービスにおいてLECと異なる部分がございます。

■北海道・東北

北見駅前校【提携校】 ☎0157(22)6666
〒090-0041 北海道北見市北1条西1-8-1 一燈ビル 志学会内

八戸中央校【提携校】 ☎0178(47)5011
〒031-0035 青森県八戸市寺横町13 第1朋友ビル 新教育センター内

弘前校【提携校】 ☎0172(55)8831
〒036-8093 青森県弘前市城東中央1-5-2
まなびの森 弘前城東予備校内

秋田校【提携校】 ☎018(863)9341
〒010-0964 秋田県秋田市八橋鯲沼町1-60
株式会社アキタシステムマネジメント内

■関東

水戸見川校【提携校】 ☎029(297)6611
〒310-0912 茨城県水戸市見川2-3092-3

所沢校【提携校】 ☎050(6865)6996
〒359-0037 埼玉県所沢市くすのき台3-18-4 所沢K・Sビル
合同会社LPエデュケーション内

東京駅八重洲口校【提携校】 ☎03(3527)9304
〒103-0027 東京都中央区日本橋3-7-7 日本橋アーバンビル
グランデスク内

日本橋校【提携校】 ☎03(6661)1188
〒103-0025 東京都中央区日本橋堀留町2-5-6 日本橋大江戸ビル
株式会社大江戸コンサルタント内

新宿三丁目駅前校【提携校】 ☎03(3527)9304
〒160-0022 東京都新宿区新宿2-6-4 KNビル グランデスク内

■東海

沼津校【提携校】 ☎055(928)4621
〒410-0048 静岡県沼津市新宿町3-15 萩原ビル
N-netパソコンスクール沼津校内

■北陸

新潟校【提携校】 ☎025(240)7781
〒950-0901 新潟県新潟市中央区弁天3-2-20 弁天501ビル
株式会社大江戸コンサルタント内

金沢校【提携校】 ☎076(237)3925
〒920-8217 石川県金沢市近岡町845-1 株式会社アイ・ピー金沢内

福井南校【提携校】 ☎0776(35)8230
〒918-8114 福井県福井市羽水2-701 株式会社ヒューマン・デザイン内

■関西

和歌山駅前校【提携校】 ☎073(402)2888
〒640-8342 和歌山県和歌山市友田町2-145
LEG教育センタービル 株式会社KEGキャリア・アカデミー内

■中国・四国

松江殿町校【提携校】 ☎0852(31)1661
〒690-0887 島根県松江市殿町517 アルファステイツ殿町
山路イングリッシュスクール内

岩国駅前校【提携校】 ☎0827(23)7424
〒740-0018 山口県岩国市麻里布町1-3-3 岡村ビル 英光学院内

新居浜駅前校【提携校】 ☎0897(32)5356
〒792-0812 愛媛県新居浜市坂井町2-3-8 パルティフジ新居浜駅前店内

■九州・沖縄

佐世保駅前校【提携校】 ☎0956(22)8623
〒857-0862 長崎県佐世保市白南風町5-15 智翔館内

日野校【提携校】 ☎0956(48)2239
〒858-0925 長崎県佐世保市椎木町336-1 智翔館日野校内

長崎駅前校【提携校】 ☎095(895)5917
〒850-0057 長崎県長崎市大黒町10-10 KoKoRoビル
minatoコワーキングスペース内

沖縄プラザハウス校【提携校】 ☎098(989)5909
〒904-0023 沖縄県沖縄市久保田3-1-11
プラザハウス フェアモール 有限会社スキップヒューマンワーク内

※上記は2021年11月1日現在のものです。

書籍の訂正情報の確認方法とお問合せ方法のご案内

このたびは、弊社発行書籍をご購入いただき、誠にありがとうございます。
万が一誤りと思われる箇所がございましたら、以下の方法にてご確認ください。

1 訂正情報の確認方法

発行後に判明した訂正情報を順次掲載しております。
下記サイトよりご確認ください。

www.lec-jp.com/system/correct/

2 お問合せ方法

上記サイトに掲載がない場合は、下記サイトの入力フォームより
お問合せください。

http://lec.jp/system/soudan/web.html

フォームのご入力にあたりましては、「Web教材・サービスのご利用について」の
最下部の「ご質問内容」に下記事項をご記載ください。

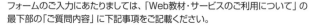

・対象書籍名(○○年版、第○版の記載がある書籍は併せてご記載ください)
・ご指摘箇所(具体的にページ数の記載をお願いします)

お問合せ期限は、次の改訂版の発行日までとさせていただきます。
また、改訂版を発行しない書籍は、販売終了日までとさせていただきます。

※インターネットをご利用になれない場合は、下記①～⑤を記載の上、ご郵送にてお問合せください。
①書籍名、②発行年月日、③お名前、④お客様のご連絡先(郵便番号、ご住所、電話番号、FAX番号)、⑤ご指摘箇所
送付先:〒164-0001 東京都中野区中野4-11-10 アーバンネット中野ビル
東京リーガルマインド出版部 訂正情報係

・正誤のお問合せ以外の書籍の内容に関する質問は受け付けておりません。
 また、書籍の内容に関する解説、受験指導等は一切行っておりませんので、あらかじめご了承ください。
・お電話でのお問合せは受け付けておりません。

講座・資料のお問合せ・お申込み

LECコールセンター ☎ 0570-064-464

受付時間:平日9:30～20:00/土・祝10:00～19:00/日10:00～18:00

※このナビダイヤルの通話料はお客様のご負担となります。
※このナビダイヤルは講座のお申込みや資料のご請求に関するお問合せ専用ですので、書籍の正誤に関する
ご質問をいただいた場合、上記②正誤のお問合せ方法のフォームをご案内させていただきます。